第1巻
よく似た日本語とその手話表現
日本語の指導と手話の活用に思いをめぐらせて

脇中起余子 著

北大路書房

　　　　　　　　は　し　が　き

　本書（『よく似た日本語とその手話表現―日本語の指導と手話の活用に思いをめぐらせて―』）は，『聾教育現場における手話表現―日本語の指導に思いをめぐらせて―』（以下「前書」とします）を修正・加筆したものです。本書は，ページ数との関係で，第1巻と第2巻に分冊させていただきました。

　前書および本書は，聴覚障害児教育現場（特に聾学校）で，聴覚障害児の日本語の力を高めるために，日本語の文章を手話でどう表せばよいかを考えながら，執筆したものです。

　筆者の脇中には聴覚障害があり，いろいろな方に手話通訳していただく中で，「この手話表現は，あの文章の手話表現と同じになるなあ」と思うことがたびたびありました。例えば「雨がふるそうだ」と「雨がふりそうだ」，「食べてほしい」と「食べたい」が，それぞれ同じ手話表現になっているのです。そこで，そのような例を京都府立聾学校の全校教員手話研修の題材として取り上げたりして，さらに意識的に考えるようになりました。

　2006年2月に，前書『聾教育現場における手話表現』を自費出版し，全国の聾学校にご購入をお願いしたところ，たくさんの先生方にご購入いただき，2006年4月に2回目の製本をしましたが，それも在庫が尽きました。そして，いろいろな方から，聾学校教員に今後もご購入いただけるよう，また保護者や聴覚障害児本人を含む一般の方々にもご購入いただけるよう，出版社からの継続的な出版を勧められました。

　聴覚障害児教育現場では，口話法の「有効性」と「限界」および手話法の「有効性」と「限界」を冷静に見つめながら，各種のコミュニケーション手段や各種の手話を効果的に活用してほしいと願っております。したがって，本書では，ある種のコミュニケーション手段やある種の手話を排除するような考え方はとりません。

　そして，本書で示したような「手話表現の例」が「模範解答」として「一人歩き」することを懸念しています。本書で示した「手話表現の例」は，現実に見られる手話表現例や教員有志で相談した結果としての手話表現例を含めています。このあたりをご理解いただきますよう，お願いいたします。

　「雨がふりそうだ」と「雨がふるそうだ」，「行ってほしい」と「行きたい」，「彼

i

が行く」と「彼と行く」のような文例を集め，日本語の文章の微妙な違いを説明するために，どのような手話を用いて説明すれば良いかを考えてみました。したがって，日常会話ではほとんど用いられないような手話表現の例も収集されています。また，手話の初心者にとって，「これなら私でもすぐ使える」と思っていただけるような手話表現を多くするよう心がけました。

　本書の日本語の文章の意味の解釈の仕方や，手話での表現方法あるいは説明の仕方をめぐって，様々なご意見もあろうかと思いますが，本書は，この文章はこのような手話で表すべきなどと「模範解答」を示すために作られたのではありません。「この2つの文章は，日本語としては意味が異なるのに，自分は今までどちらも同じ手話で表していたな」などと気づいていただき，日本語の文章の意味をより正確に伝えるような手話表現や聴覚障害児の日本語力の向上につながるような手話表現のあり方を考えるきっかけとしていただくことを願って作られたものです。

　本書で示した「手話表現の例」以外に，もっと良い例があるでしょう。また，地域によっては，別の手話表現が使われているかもしれません。「手話表現の例」の検討や編集にかかわる中で，手話の奥の深さと，手話と日本語の間の距離を感じさせられました。

　本書が，手話を効果的に活用しながら聴覚障害児の日本語力の向上を願う皆様のお役に立てば，幸いです。

　　　2007年4月

　　　　　　　　　　　　　　　　　　　　　　　　　　　　　　脇中起余子

推薦のことば

　全国手話通訳問題研究会の委員長を長年務められ、「手話通訳の草分け」と言われた伊東儁祐先生の励ましがなければ、前書（『聾教育現場における手話表現』）は日の目を見ることができませんでした。伊東先生は、前書を出版した後の2006年6月に亡くなられ、本書を伊東先生のお手元にお届けできないことを残念に思います。
　伊東儁祐先生の励ましがなければ本書も出版されることはなかったという意味で、「推薦のことば」の筆頭に、前書における伊東儁祐先生の「推薦のことば」を掲げさせていただきます。

伊東儁祐先生の推薦のことば

　『聾教育現場における手話表現―日本語の指導に思いをめぐらせて―』がいよいよ発行される運びとなり、たいへん喜んでおります。
　皆さんもご存じのように、聴覚障害児教育では、コミュニケーション手段に関してさまざまな配慮や工夫がなされる必要があります。とりわけ、教科指導の場合、日常会話とは異なり、厳密な日本語の使用が求められます。日常会話では、「雨がふりそうだ」と「雨がふるそうだ」の手話表現が同じになっても、意味は伝わるでしょう。しかし、日本語指導の場面などでは、両者の違いを厳密に説明する必要があります。両者の手話表現が同じになると、児童生徒は混乱するでしょう。
　この本は、さらにいっそうの洗練が必要です。手話表現の仕方など、さらに検討される必要があるでしょう。しかし、何事も、最初の一歩が大切です。「来てほしい」と「来たい」、「毎日来てもかまわない」と「いつでも来てかまわない」などが同じ手話表現になっていることに気づかずに手話を用いるよりは、同じ手話表現になることがあることを頭に入れた上で、どんな手話で表現すれば良いか日々意識的に考える方が望ましいでしょう。この本には、そのような文例が多数収集されており、「どちらの文章も同じ手話を使っていたな」と気づかされる例が多いことに、改めて驚かされるでしょう。その「気づき」が、児童生徒の日本語力向上につなげるための手話表現の仕方の検討につながるでしょう。

本書の発行が，学習場面などで使う手話に関する論議を引き起こす引き金となることを，期待します。聴覚障害児の日本語力向上のために手話をどのように効果的に用いれば良いか，日々真摯に取り組んでおられる先生方に，広く活用されることを望みます。

2006年1月

伊東雋祐

元京都府立聾学校教諭（国語科）
元全国手話通訳問題研究会運営委員長

南村洋子先生の推薦のことば

　先に発行された『聾教育現場における手話表現』が，瞬く間に全国の聾学校の多くの先生方からの注文で在庫がなくなったことを伺いました。日本語と手話の問題は，現在聴覚障害児教育に携わる者にとって避けて通ることのできない課題になっています。そのことを同書発行に対する関係者の反応が如実に示しています。
　今回，『よく似た日本語とその手話表現』という表題で，『聾教育現場における手話表現』に修正・加筆して発行されることになり，一読者として大変嬉しく思っております。
　筆者の脇中起余子氏は聾学校の現場で聴覚障害児を日々相手にしている自身も聾者である教員です。教育現場で丹念に収集されてきた日本語文の手話表現における課題や困難さを文例を出しながら丁寧に解説し，手話表現の方法についてもいくつかの例を出して私たちに問いかけています。
　この本は，日本語文の手話表現方法を模索する私たちにとっては，すなわち日本語文の深い意味理解や他の言い回しや表現方法を私たちに要求されていることを示唆しています。特に教育に携わる者や聴こえない子どもとかかわる保護者などにとっては必見であり，大いに利用価値のあるテキストであると思います。
　私は長年聴覚障害児教育に携わってきた者です。また，聴こえない娘を育てた親でもあります。長年の聴覚障害児教育の経験といっても，私が直接携わってきたのは０歳から就学までのお子さんと親御さんへの支援です。一方，幼いころに共に泣き，笑い，そしてたくましく成長した子どもたちと親御さんたちとは，直接の支援

体制がなくなった今でも絆を切らずにお付き合いさせていただいています。私はこうした聴覚障害児と親御さんたちとの長いお付き合いの中で多くのことを学び、教育の及ぼす影響について考えさせられてきました。

　最近では、聴覚障害児教育は聴覚口話法一辺倒から徐々に手話も用いられる教育に変化してきました。こうした変化の背景には、聴覚障害者自身が長年培ってきた手話に対する深い思いが強く関係していると思います。自分たちの人間としての生活を支える手話が、教育現場でも生きて活用されることを願った聴覚障害者の人々の声を無視することはできない時代になりました。また手話が社会的にその地位を得、一般社会の人々から「聴こえない人々は手話でコミュニケーションしている」と考えられる時代になってきました。その上、聴こえる人々の間にも手話でコミュニケーションすることに興味を示し、手話言語を学び手話通訳士として活動する人々が増えてきています。こうした時代の流れの中で、聴こえない子どもに対しての教育が音声言語のみでなく、手話を用いての教育に変化してきたのだと思います。

　生後間もない赤ちゃんを抱いて聾学校の乳幼児相談を訪れる聴こえる親御さんの中には、自己紹介を手話でやってのける方もいます。生まれた子どもが聴こえないとわかったとき、出産前に地域の手話サークルに自分の興味で通っていたことを、なんという幸せなめぐり合わせであるかと語る親御さんもいます。また、わが子が聴こえないとわかって、NHKの「みんなの手話」や「手話ニュース」をビデオにとって、繰り返し視聴し独学で手話を学ぼうと試みる親御さんもいます。手話は聴こえない子どもたちや人々の共通言語であることはいまや周知のこととなっています。たとえ聴覚口話法を謳っている聾学校や専門教育機関でも手話が何らかの形で用いられているのが現状です。

　新生児聴覚スクリーニング検査が広く実施されるようになり、最近では生まれて2日から3日で子どもの聴こえの程度がわかるようになりました。早期発見された子どもたちと親御さんが聾学校や専門の教育機関を訪れ、手話に早期から触れる時代になりました。しかし、子どもたちの90％の保護者は聴こえることから、保護者の手話言語の習得が急務になっています。基本言語が日本語である保護者にとって、保護者の伝えたい日本語の意味を十分に表現できる手話言語の習得はなかなか難しい問題です。このことは保護者だけでなく聴覚障害児教育に携わる教員にも言えるのではないでしょうか。子どもと通じ合いたい、教科学習の理解を進めたいと願っても自分自身の手話言語能力に限界を感じたり、習得する機会や場あるいは適切なテキストが少ない中で悪戦苦闘しているのが現状です。

　手話言語には、手による表現だけでなく表情や位置関係を表したり肩の向きなど

にも意味があると言われています。聴こえない人たちの間で培われてきた手話言語独特の表現方法・文法があるということです。しかし、聴こえる保護者や聴覚障害児教育に取り組んで日の浅い聴こえる教員にとって，そこまでの手話表現をすぐに求められるのは酷なことになります。子どもが聴こえないとわかった親御さんは，子どもととにかくコミュニケーションをしたい，こちらの気持ちを伝えたいと願って手話を用いますが，実際は親は知っている手話単語を並べてみせるだけで，精一杯となります。こうした現状を見るにつけ，私はこのことを非難することはできないのです。現状では，聴こえる親や教員が聴こえない子どもとやり取りする手段として，とにかく手話を用いて子どもとコミュニケーションをとろうとするそのことをまずは評価していきたいと思います。

　そのうち1歳半ごろになると子どもは「ボクは公園にいきたい。ママと一緒に行こう」などと手話で話をするようになります。すると親御さんから「その時，雨が降っていれば，降る雨を見せながら公園に行けないと説明できるが，雨がもうすぐ降りそうなとき，『今日はもうすぐ雨が降りそうだから，公園には行かない，あるいはかさを持っていこう』といった場合の『雨が降りそう』の手話表現はどうしたらいいのでしょうか？」といった質問が出てきます。この本にその例文がありますが，「雨がもうすぐ迫る」といった手話表現になっています。いわゆる「雨が降りそうだ」は「雨が降るのが迫ってきている」「後少しだけ時間がたつと雨が降る」といった言いかえを日本語でして，手話表現をする必要があるようです。これは親自身の日本語力（言い換える力・意味理解力）が問われることになります。私たちにはこうしたことばの捉えかたをする習慣がないことも手話表現を難しくしている一因かと思います。

　聴こえない子どもたちが手話言語を用いて豊かにコミュニケーションし，多くの雑学を身につけていくことは大変喜ばしいことです。と同時に「日本語」をしっかり身につけることも忘れてはならないことです。聴こえない子どもたちにとって日本語は，日本社会で生きていくための必需品であり武器になります。聴こえない子どもが「土砂降り」という日本語表記を見て「突然空から降ってくる多量の雨」という手話表現が頭に浮かぶようにしたいものです。また，街中で突然の雨に遭って「土砂降り」という日本語が脳裏に浮かぶ子どもになってほしいと思います。

　そのためには私たち自身が日本語をよりよく理解し，的確な手話表現を見つけていかなければなりません。そういった意味で，この本は私たち自身のことばの捉えかたや文の意味理解の仕方を多方面から促す必要性を示唆しています。日本語文の意味理解と同時に豊かなイメージ化ができないと的確な手話表現が可能にならない

ことがわかります。

　そういった意味でこの本は聴こえない子どもたちとかかわる者にとって，聴こえない子どもの日本語習得のための手話表現方法の一助となることと思います。

　私は手話言語に関して，はっきり申しましてずぶの素人です。手話言語学の研究者でもなく手話言語の堪能な使い手でもありません。こんな私がこの本の推薦文を書いていることに後ろめたさを感じているのも事実です。しかしずぶの素人である私がこの本を読んで目から鱗の思いをしたことも事実です。手話言語が社会的地位を得，教育現場で認められるようになって日の浅い今日，日々手話と日本語のはざまで悩んでいる人々が多いと思います。そんな人たちにとってこのような本に出会えることは，より手話を理解できると同時に日本語の理解をも深めることができます。例文も掲載されており，日本語力の評価と共に手話力の評価も可能です。聴こえない子どもにとっても聴こえる者にとっても必携のテキストと考えます。

　聴こえない子どもたちが手話を自由に操ることができるように，日本語も見事に操って社会の中で生き生きと暮らしていくことを願っている者として，この本を推薦いたします。

2007年4月

南村洋子

早稲田大学非常勤講師
東京都立大塚ろう学校講師

聴覚障害児教育に携わる方々へ

　一般の手話通訳場面においては，「意味を伝えること」に重きが置かれるのに対し，教育場面においては，「意味を伝えること」に加えて，「その日本語を本人が使えるよう働きかけること」が重要であると，私たち聴覚障害児教育にかかわる教員は考えています。
　私たち教員も，日本語の意味についてさらに意識し，学習したうえで，手話表現の仕方を考えることが求められるでしょう。

（1）「話しことば」と「書きことば」は異なる
　日本語の場合も，日常会話の時と，きちんとした文章を書く時とでは，文章の作り方が異なります。通常，日常会話では，冗長な話し方を避け，ポイントや必要な情報を短い時間で伝えることが多くなります。一方，小論文などまとまった文章を書く時は，事情を全く知らない人が読んでもわかるような書き方が求められます。
　聴児の場合も，「話しことば」のスムーズな使用と「書きことば」のスムーズな使用の間には，距離があると言われています。すなわち，「話しことばの獲得」イコール「書きことばの獲得」ではないのです。
　それと同じことが，手話にも言えるでしょう。
　「コーヒーでも飲もうか」について，日常会話では，単に「コーヒー／飲もうか」という手話で表せばよいのであって，それをわざわざ「例えば／コーヒー／他／かまわない／飲もうか」などという手話で表す必要はないでしょう。けれども，「コーヒーを飲もうか」と「コーヒーでも飲もうか」という2つの文章は，意味としてはやはり全く同一ではありません。そのような違いについても，聴覚障害児に理解させる必要があるでしょう。

（2）聴覚障害児がその日本語表現の使い手になるように働きかける
　小学部以降ともなれば，児童生徒に対して，日本語（単語・文章）の意味を手話で説明するだけではなく，児童生徒がそれ以降その日本語（単語・文章）を駆使できるよう働きかける必要があります。英語の学習で言えば，ある英語の文章の「日本語訳」を生徒に伝えるだけではなく，生徒がその英語表現をそれ以降駆使できる

よう働きかける必要があるのと同じです。「日本語訳」を言うだけで「教えたつもり」になってはいけないのと同様に，「手話訳」を言うだけで「教えたつもり」になってはいけないでしょう。

　例えば「行ってほしい」という文章を，「行く／頼む（お願い）」という手話で表すと，児童生徒には意味が伝わるでしょう。けれども，児童生徒がそれを日本語の文章に直して書く時，「行ってください」としか書けないのではなく，「行ってほしい」という文章もすらすら書けるようになってほしいと思います。

　本書では，文章を中心に取り上げましたが，現実には，同じ意味を表す単語であっても，文脈によっては用いることができない（または不自然になる）ものがあります。例えば，「大変」や「とても」，「たいそう」は同じ意味と説明されることが多いのですが，「彼はとても下手だ」などと比べると，「彼はたいそう下手だ」は，不自然な言い方になるでしょう。

　このような日本語の微妙な違いについても，聴覚障害児に理解・獲得してほしいと願い，実際に指導を重ねてみると，日本語の文法や微妙な言い回しなどは，日頃からその日本語を直接使用する回数が多い方が，定着度が高いことを感じています。

(3) 大量の情報をできるだけ短い時間で伝える

　手話通訳者が誰かの話を通訳する時，時間に追われるので，「意訳」に時間がかかる状態よりは，できるだけ短い時間で話し手の話を大量かつ正確に伝えられるようになる方が望ましいことは，言うまでもありません。そのためには，手話通訳者の通訳技術を高めるのと同時に，聞き手の受信能力を高める必要があるでしょう。

(4) 大量の情報をできるだけ原文や背景に忠実に伝える

　「文化」の違いも伝えられる方が望ましいでしょう。例えば，日本では，直截的な言い方と婉曲的な言い方のどちらを用いるかによって，その人の人柄が推測・判断されることがあります。①「難しい」と「無理」，②「お答えしかねる」と「答えられない」，③「ご遠慮ください」と「やめてください」などが，それぞれ①は「できない」，②は「答えられない」，③は「やめてください」という手話表現（日本語の口形や表情を伴わない表現）になった場合，聞き手は，話し手の気持ちや人柄を推測・判断することが難しくなるでしょう。その意味で，手話では，表情が非常に大切になってきます。音声言語の場合も，このあたりは難しいところですが，最初から「それは無理」とあきらめるのではなく，通訳者に工夫が求められるのと同時に，聞き手の受信能力も高める必要があるでしょう。

編集にあたっての「方針」

1) 本書では，「日本手話」と「日本語対応手話ないし口話併用手話」を区別し，いずれか一方を「否定視」する考え方はとりません。したがって，いろいろな論争のいずれか一方に与するような「手話表現（答え）」の書き方は，できる限り避けるようにしました。

2) 一般の多くの聾学校では，口話（聴覚活用・読話）に頼る者と手話に頼る者，手話を知らないで入学する者などが見られ，おおぜいの聴覚障害児を前にして話す時は，「口話併用手話」が基本となっています。したがって，本書でも，口話を併用する手話を中心に記載しました。

3) 聾学校教員として，教育現場で，2つの日本語の文章の違いをどう説明すればよいかを考えるための「ヒント」になるような手話表現の例を掲載するように留意しました。

4) 現場の教員としては，一日も早く手話を覚えて，児童生徒に日本語や教科の指導を行う必要がありますので，すぐにマスターできるような手話表現の例を掲載するように留意しました。

■文例について

以下の文例を，手話でどう表しますか？

【第1巻に所収されている文例の例】
① 「食べてもよい」「食べるとよい」
② 「行きたい」「行ってほしい」
③ 「雨がふりそうだ」「雨がふるそうだ」「雨がふるだろう」「雨がふっているようだ」
④ 「雪を見る」「雪が見える」「雪が見られる」
⑤ 「全部は解けなかった」「全部解けなかった」
⑥ 「これだけではダメ」「これだけはダメ」
⑦ 「地震の時何をしていたか」「地震の時何をしたか」
⑧ 「雨がふっても行く」「雨がふっているけど行く」
⑨ 「コーヒーを飲もうか」「コーヒーでも飲もうか」

「あれ，両方の文章が，同じ手話になってしまった。文章の意味は違うのに」というようなことはありませんでしたか？

筆者も，日本語の意味の微妙な違いを，手話でどう表現すればいいのか，日々悩んでいます。どのように区別して表現すればよいでしょうか？

■「手話表現の例」について

冒頭のところでも述べたように，本書は，2つの日本語の文章の意味の違いを説明するために，手話でどう区別して表せばよいか「ヒント」になるような手話表現の例（筆者たちで相談した結果）や，現実の通訳場面で見られる手話表現の例，手話の「初心者」でも「これなら，私でもすぐに使える」と思っていただけるような手話表現の例などを，「手話表現の例」として載せておきました。したがって，本書で示した手話表現だけが，「答え」なのではありません。

特に，表情や視線の向き，間の取り方やうなずき方など，それらは文章化することが難しく，また，「手話の初心者」にとっては習得が難しいところです。本書では，「手話の初心者」が覚えやすいよう，なるべく簡単な説明の仕方になるよう心がけました。

また，2つの日本語の違いをあえて説明するために，日常会話ではほとんど用いられないような手話表現の例が，本書では「手話表現の例」として収められている場合があります。

このあたりについて，ご理解をお願いします。

聴覚障害児の日本語力の向上のために，もっと良い手話表現の仕方がないか，今後も皆様と一緒に考えていければ，と思います。

「良い手話表現」とはどのようなものかについて，通訳場面では，相手にとってわかりやすいことが大切でしょう。その一方で，講演などの場面では，「話者の話をなるべく正確に通訳してほしい」と要望する聴覚障害者も見られ，その場合，短時間で効率良くかつ正確に伝える手話表現の仕方が求められるでしょう。さらに，教育場面では，それに加えて，「日本語の力の向上につながるような話し方」を意識的に考える必要があるでしょう。私たち教員は，聴覚障害児の実態（日本語の理解力や手話の理解力など）や場面，指導目標などに応じて，いろいろな手話表現を使い分けられるよう，日々心がける必要があると考えます。

■手話のイラストについて

【例1】

食べたい。

食べる／好き（～たい）

【例2】

毎日来てもかまわない。

いつも（毎日）

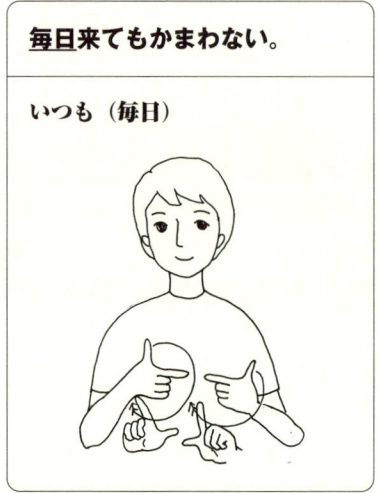

　【例1】では，「食べたい」の手話表現として，「食べる／**好き（～たい）**」を示し，太字で示した単語の手話イラストをその下に示しました。

　【例2】では，「毎日来てもかまわない」という日本語の文章について，下線部で示した「毎日」の手話表現として，「**いつも（毎日）**」とそのイラストをその下に示しました。

　また，巻末に手話イラスト名の索引を載せましたので，それもご利用ください。

■日本語を理解できているかを調べる問題

　手話の使用は，日本語力の獲得に直接結びつくわけではありません。

　「花子が太郎の家に遊びに来た。2人は楽しく遊んだ。夕方になり，花子が家に帰る時，『また来たいな』と言ったのは誰で，『また来てほしいな』と言ったのは誰か？」という問題に答えられない生徒が見られましたが，教師が，「来たい」のところで「来る／好き（～たい）」という手話を，「来てほしい」のところで「来る／頼む（お願い）」という手話を使って問題を読むと，その生徒は正答できていました。すなわち，手話を見ると意味を理解できても，日本語の文章だけを読んで理解できるとは限らないのです。教育現場では，このことを頭に入れながら，児童生徒が「～してほしい」や「～したい」という日本語を正確に理解・使用できるように働きかける必要があるでしょう。教師が問題の意味や答えを説明する時，「来てほ

しい」と「来たい」の手話が同じになると，児童生徒は混乱するでしょう。

　児童生徒が日本語を理解できているかを調べるために作成した問題を，各文例に挿入しました。この問題により，各文例の意味がさらにはっきりするところもあるでしょう。また，「この2つの文例は同じ意味だ」と思っても，問題を読むと，「あれ，この2つの文例はちょっと異なるな」などと気づかされることもあるでしょう。その気づきが，今後その2つの文例を児童生徒が使い分けられるように，日々どのように働きかける必要があるかをより意識して考えようとする姿勢につながるでしょう。

　本書では，各文例に日本語を理解できているかを調べる問題を挿入しましたが，その問題だけをコピーして児童生徒に実施することを希望される方がおられると思います。巻末に，問題だけを集めたものを載せましたので，どうぞご活用ください。

●目　次

　　はしがき　　i

　　推薦のことば　　iii

　　聴覚障害児教育に携わる方々へ　　viii

　　編集にあたっての「方針」　　x

1章　「よい（いい）」「よく」にかかわって　　1

2章　「あかん」「だめ」「悪い」にかかわって　　33

3章　「〜したい」「ほしい」などにかかわって　　45

4章　「らしい」「そうだ」「ようだ」「だろう」などにかかわって　　67

5章　「みる」「見る」「聞く」「わかる」などにかかわって　　93

6章　「遅い」「遅れる」「過ぎる」「早める」などにかかわって　　123

7章　「前」「後」「間」「中」「上」「下」にかかわって　　145

8章　「もの」「こと」「ところ」にかかわって　　179

9章　全体否定と部分否定などにかかわって　　219

10章　時制にかかわって　　239

11章　「〜ても」「〜でも」「〜けど」「〜時」「〜たら」「〜ながら」などにかかわって　　261

12章　「〜だけ」「ばかり」「くらい（ぐらい）」「ほど」などにかかわって　　307

　　日本語を理解できているかを調べる問題　　331

　　手話イラスト名索引　　349

　　あとがき　　353

第 2 巻目次

　　　はしがき
　　　推薦のことば
　　　聴覚障害児教育に携わる方々へ
　　　編集にあたっての「方針」
13章　「何」「どこ」「いつ」などにかかわって
14章　助詞などにかかわって
15章　「まだ」「ない」を含んだ文章にかかわって
16章　文末の表現などにかかわって
17章　「〜られる・れる」「あげる・くれる・もらう」「〜させる・せる」などにかかわって
18章　「行く」「来る」「帰る」などにかかわって
19章　「〜になる」「変わる」「する」などにかかわって
付章　よく似た手話単語
　　　COLUMN 1　あいまいな文章の通訳は難しい!!
　　　COLUMN 2　助詞が適切に使えるかな？
　　　日本語を理解できているかを調べる問題
　　　手話イラスト名索引
　　　あとがき

1章 「よい（いい）」「よく」にかかわって

文例 1-1
① 食べてもよい。
② 食べるとよい。

文例 1-2
①（地震が来てもこわれないような）いい家がほしい。
②（君の家族は理解があるから）君の家はいいね。

文例 1-3
①（今回も）ビールがいい。
②（今回は）ビールでいい。
③（もう）ビールはいい。

文例 1-4
① 良い行い
② 良い成績
③ 良い景色
④ 人が良い。

⑤良い値(ね)のアルバイト
⑥良い値(ね)で買う。
⑦この薬は腹痛に良い。
⑧海水浴に良い季節
⑨住み良い家
⑩今日のよき日

文例 1-5

①良い映画を見る。
②よく映画を見る。

文例 1-6

①状態が良くなる。
②（木に）実がよくなる。

文例 1-7

①よく映画を見る。
②よく転ぶ。
③よくがんばる。
④よく食べる。
⑤よく考える。
⑥よく聞きなさい。
⑦よくわかる（授業）。
⑧よくわかっている。
⑨よく歯をみがこう。
⑩よくお越しくださいました。
⑪皆によくしてもらった。
⑫（当たるのは非常に難しいのに）よく当たったなあ。
⑬よくも殴ったな！
⑭よく（も）そんなことが言えるな。

文例 1-8

①状態が良くなる。

②景気が良くなる。
③からだが良くなる。
④病気が良くなる。

文例 1 - 9

①良い気持ちになる。
②いい（ええ）気になる（なよ！）。

文例 1 - 10

①行くのが良い。
②行くがよい。

文例 1-1

①食べてもよい。　　②食べるとよい。

手話表現は？

①と②の両方とも，同じ手話表現になりませんでしたか？ ①と②の両方とも「良い」または「かまわない」という手話になる人が時々見られます。

日本語の意味は？　　　　　　　　　　　　　　　　問題1-1(1)

冷蔵庫の中に，アイスクリームがありました。太郎くんが，お母さんに「アイスクリームが食べたいな」と言いました。
それに対するお母さんの返事として，次のどちらの方が自然ですか？
　（　　）（ア）「1本だけなら，食べてもいいよ」
　（　　）（イ）「1本だけなら，食べるといいよ」

日本語の意味は？　　　　　　　　　　　　　　　　問題1-1(2)

お母さんが，病気の明子さんに食べ物をすすめました。
お母さんの言い方として，次のどちらの方が自然ですか？
　（　　）（ア）「これはからだに良いから，食べてもいいよ」
　（　　）（イ）「これはからだに良いから，食べるといいよ」

日本語の意味と答え

「①食べてもよい」は，「食べること」を「かまわない」と言っている意味です。そして，「②食べるとよい」は，「食べること」を「からだに良いから」などの理由から人に勧めている

問題1-1(1)の答え　（ア）
問題1-1(2)の答え　（イ）

意味です。言い換えると、①は「食べても食べなくてもどちらでもかまわない」、②は「食べると、からだに良い」のような文章になるでしょう。

手話表現の例	現実に見られる表現例を含む，以下同様
①食べてもよい。	②食べるとよい。
食べる／かまわない	食べる／良い

なお、「食べるのがよい」や「食べるがよい」の手話表現については、文例1－10を参照してください。

1章 「よい（いい）」「よく」にかかわって 5

文例 1-2

①（地震が来てもこわれないような）
いい家がほしい。

②（君の家族は理解があるから）
君の家はいいね。

手話表現は？

「いい」の手話表現が，両方とも「良い」になりませんでしたか？

日本語の意味は？　　　　　　　　　　　　　　　　問題1-2

「君の両親は，話がわかる人なんだなあ。君の家はいいなあ」と言う時の「君の家はいいな」の意味として，次のどちらの方が適切ですか？

(　)（ア）「君の家は，りっぱな家だね」というように，建物としての家をほめている。

(　)（イ）「君の家族は，良い家族だね」という意味であり，「うらやましい」という意味が強くこめられている。

日本語の意味と答え

「①いい家」は，「建物」としての家が立派（あるいは素敵，設備が良い，など）の意味です。そして，「②君の家はいい」は，「家庭」や「家族」が「良い」という意味であり，「うらやましいな」という話し手の気持ちが強くこめられています。

問題1-2の答え　（イ）

なお，「建物」としての家が立派な時，手話で「君／家／良い」と表現することはできますが，日本語に直すと，「君の家は良いね」という日本語よりは，「君の家は立派だね（素敵だね，など）」や「君の家は，いい家だね」という日本語の方が，どちらかと言えば自然なように思います。

手話表現の例

①（地震が来てもこわれないような） **いい家がほしい。**	②（君の家族は理解があるから） **君の家はいいね。**
(a) **良い**／家／好き（〜たい）	(a) あなた／家庭 or 家族／良い (b) あなた／家／**うらやましい**

(b) **強い**／家／好き（〜たい）	

　「②君の家はいいね」について，「君／家／良い」という手話で表すと，「君の家は，立派な家だね」などの意味になってしまうでしょう。

　他の場面で，「うらやましいなあ」という意味で「いいなあ」と言う時は，「うらやましい」という手話を使うのが良いように思います。

文例 1 - 3

| ①（今回も）ビールがいい。 | ②（今回は）ビールでいい。 | ③（もう）ビールはいい。 |

手話表現は？

「いい」の手話表現が同じになりませんでしたか？

日本語の意味は？　　　　　　　　　　　　　　　　問題 1-3

「ビールをお代わりされますか」と聞かれて，「もうビールはいいです」と答えた時，その意味として，次のどちらの方が適切ですか？
- （　）（ア）「ビールがほしい」という意味であり，注文している。
- （　）（イ）「ビールはいらない」という意味であり，断っている。

日本語の意味と答え

「①ビールがいい」と「②ビールでいい」は，注文場面で「ビール」を選んで注文していますが，どちらかと言えば，①は，「自分はビールが良い」

問題 1-3 の答え　（イ）

と言って積極的に選んでおり，それに対して，②は，「（他のでもいいけど）ビールでもいいです」と言っているような感じです。それに対して，「③（もう）ビールはいい」は，「ビールはいらない」と言って断っている意味です。

日本語には，「結構です」ということばがあって，「それで良い。お願いします」という意味と「いいえ，いりません」という意味があり，特に外国人はどちらの意味かを判断するのが難しいと聞いたことがあります。この文例の「いい」は，「結構です」と同じように使われている，と言ってもよいでしょう。

手話表現の例

① （今回も）ビールがいい。	② （今回は）ビールでいい。	③ （もう）ビールはいい。
(a) ビール／**良い**	ビール／**かまわない**	ビール／**必要ない**（いらない）
(b) 「自分はビールがほしい」などと言い換える		

　「手伝おうか」や「今度遊びにおいで」などと言われて、「了解」の意味で「かまわない」と答えると、日本語の場合「失礼な奴」と思われることがあります。しかし、手話の「かまわない」の場合、「その方向でお願いします」という意味があるので、「失礼」にならない、と言う人も見られます。また、手話の「かまわない」は、「その方向でいいです」という意味だけであり、「いいえ、必要ありません」のような意味では使わないと言う人も見られます。

　「マンション（mansion）」ということばについて、英語と日本語とでイメージが異なるのと同じようなものでしょう。

　その一方で、同じ日本語単語でも、時代とともに意味するところやイメージが変わってくることがありますから、手話の「かまわない」と日本語の「かまわない」の間のずれの度合についても、今後変わっていくかもしれません。

文例 1-4

①良い行い	②良い成績
③良い景色	④人が良い。
⑤良い値のアルバイト	⑥良い値で買う。
⑦この薬は腹痛に良い。	⑧海水浴に良い季節
⑨住み良い家	⑩今日のよき日

手話表現は？

「よい」とあれば，全て「良い」の手話を使う人が見られます。どう表現すれば良いでしょうか？

日本語の意味は？　　　　　　　　　　　　　　　　　問題1-4

「良い値で売れた」の意味として，次のどれが最も適切ですか？
- （　）（ア）高い値段で売れた。
- （　）（イ）安い値段で売れた。
- （　）（ウ）「言い値」（言った通りの値段）で売れた。

日本語の意味と答え

「良い」には，いろいろな意味があります。

「良い」というのは本人にとってという意味ですから，「良い値で売れる」は「高く売れる」意味です。「言い値」イコール「良い値」になることもありますが，必ずしもそうなるとは限りません。「良い値のアルバイト」は，本人にとって「良い」のですから，「高時給のアルバイト」という意味です。

　　　　　　　　　　　　　　問題1-4の答え　（ア）

蛇足ですが，音声を聞いて通訳する時，「良い値」の意味の「いい値」は，「言い値」と混同される恐れがありますね。

手話表現の例

①<u>良い</u>行い	②<u>良い</u>成績
良い	(a) 良い (b) **立派**

③<u>良い</u>景色	④<u>人が良い。</u>
きれい（美しい）	「人が良い」にはいろいろな意味があるので，話し手の意図をくんで表現する必要があります (a)「性格が良い」と言い換える (b)「おとなしい」と言い換える (c)「だまされやすい」と言い換える

⑤ 良い値のアルバイト

高い（高価な）

⑥ 良い値で買う。

安い

⑦ この薬は腹痛に良い。

(a) 「効く」意味で「効果」という手話を使う
(b) 「腹痛がなくなる（消える）」と言い換える

⑧ 海水浴に良い季節

ぴったり（合う）

⑨住み良い家	⑩今日のよき日
「**簡単**」「楽」「便利」などの手話単語を使って言い換える	祝う（「めでたい」意）

⑩の「よき日」は，どちらかと言えば「佳き日」と書くことが多いように思います。

文例 1-5

① 良い映画を見る。　　　② よく映画を見る。

手話表現は？

①と②の両方とも，同じ手話表現になりませんでしたか？

日本語の意味は？　　　　　　　　　　　問題1-5

「よく映画を見る」の意味として，次のどちらが正しいですか？
- (　) (ア) すばらしい（感動的な）映画を見る。
- (　) (イ) 何回も映画を見る。いろいろな映画を見る。

日本語の意味と答え

「①良い映画を見る」の「良い」は，「映画」を修飾しています。それに対して，「②よく映画を見る」の「よく」は，「見る」を修飾しています。②は，「映画をよく見る」と書き直すことができます。

　副詞としての「よく」は，ひらがなで書かれることが多いようです。

問題1-5の答え　（イ）

手話表現の例

① 良い映画を見る。	② よく映画を見る。
良い／映画／見る	何回も（たくさん）／映画／見る

「よく映画を見る」の「よく」のところで,「良い」という手話を使うと,「良い映画を見る」という意味になってしまいますね。

　なお,「海をよく見る」と「(この場所からは)海がよく見える」について,日本語としてはよく似ていますが,意味は異なります。手話では,前者は「海／何回も(たくさん)／見る」,後者は「海／はっきり／見る／(できる)」と表すと良いでしょう。しかし,後者の手話を見て日本語に直す時,「海をよく見る」「海をよく見える」「海がよく見る」と書くと間違いになることも,児童生徒には理解してほしいと思います(「見る」「見える」などについては,5章も参照してください)。

文例 1 - 6

| ①状態が良くなる。 | ②（木に）実がよくなる。 |

手話表現は？

①と②の両方とも，同じ手話表現になりませんでしたか？

日本語の意味は？

問題 1 - 6

「（木に）実がよくなる」の意味として，次のどちらが正しいですか？
- （　）（ア）木に実がたくさんつく。
- （　）（イ）木についた実が，見事な実（立派な実）になる。

日本語の意味と答え

①は「良い状態になる」意味ですが，②は「実が良い状態になる」意味ではありません。②の「よく」は，「たくさん」という意味であり，「実る」という意味の「実がなる」を修飾しています。①の場合の「よく」は漢字で，②の場合の「よく」はひらがなで書かれることが多いようです。

問題 1 - 6 の答え　（ア）

手話表現の例

①状態が良くなる。	②（木に）実がよくなる。
状態／良い／変わる（〜になる）	(a) 多い（たくさん）／実る (b) 実が何個もなっている様子を表す 　（実がなる動作を繰り返す）

「音がよくなる」について，「なる」がひらがなだけで書かれた場合，「音質が良くなる」という意味と「音が何回も鳴る」という意味の両方が考えられることになりますね。

文例 1-7

①よく映画を見る。	②よく転ぶ。
③よくがんばる。	④よく食べる。
⑤よく考える。	⑥よく聞きなさい。
⑦よくわかる（授業）。	⑧よくわかっている。
⑨よく歯をみがこう。	⑩よくお越しくださいました。
⑪皆によくしてもらった。	⑫（当たるのは非常に難しいのに）よく当たったなあ。
⑬よくも殴ったな！	⑭よく（も）そんなことが言えるな。

手話表現は？

「よく」のところで，「良い」の手話を使う人が見られます。

例えば，「よくがんばる」では，「がんばる」という手話を強調しながら何回も繰り返す表現もできますが，以下では，「よく」を別の単語に置き換えるならば，どんな単語が適切かを考えてみてください。

日本語の意味は？

問題1-7（1）

「よく考えなさい」の意味として，次のどれが最も適切ですか？
- （　）（ア）あなたに良いように（好きなように）考えなさい。
- （　）（イ）十分に（ゆっくり・時間をかけて・深く）考えなさい。
- （　）（ウ）物事を良いように（良い方向で）とらえて考えなさい。

1章　「よい（いい）」「よく」にかかわって

日本語の意味は？　　　　　　　　　　　　　　　　問題１-７（２）

いい加減に歯みがきをしていた子どもに対して，母親が「よく歯をみがきなさい」と言いました。この文の意味として，次のどれが正しいですか？
- （　）（ア）良い歯をみがきなさい。
- （　）（イ）１日に何回も歯をみがきなさい。
- （　）（ウ）ていねいに歯をみがきなさい。

日本語の意味は？　　　　　　　　　　　　　　　　問題１-７（３）

明子「A店のくじを引いたら，当たったわ」
太郎「A店のくじは，なかなか当たらないのに，よく当たったね」
この「よく当たった」の意味として，次のどれが正しいですか？
- （　）（ア）何回も当たった。
- （　）（イ）当たったなんて，すごい！
- （　）（ウ）引いたくじが全部当たった。

日本語の意味と答え

「よく」には，いろいろな意味があります。

「よく映画を見る」や「実がよくなる」の「よく」は，「何回も・たくさん」の意味です（文例１－５と文例１－６参照）。

問題１-７(1)の答え　（イ）
問題１-７(2)の答え　（ウ）
問題１-７(3)の答え　（イ）

「よく考える」の「よく」は，考える回数を多くする意味も含まれていますが，「考える回数が１回だけであっても十分熟慮した場合」も含まれるでしょう。「(ア)あなたの好きなように考える」の意味ならば，「あなたの良いように考える」などと言うでしょう。「(ウ)物事を良いように（良い方向で）とらえて考える」の意味ならば，「物事を良いように考える」などと言うでしょう。

「よく歯をみがこう」は，「何回も歯をみがこう」や「たくさんの（複数の）歯をみがこう」という意味ではなく，「ていねいにみがこう」という意味です。

「よく当たったね」「よくも殴ったな」などの「よく（も）」は，賞賛・感嘆・怒

り・憎しみ・嘆きなどの感情を表します。手話で表す時は，文章の意味や話し手の意図に合わせて，表情を工夫する必要があるでしょう。

手話表現の例

①**よく映画を見る。**

何回も（たくさん）

②**よく転ぶ。**

(a) 何回も（たくさん）
(b) 簡単

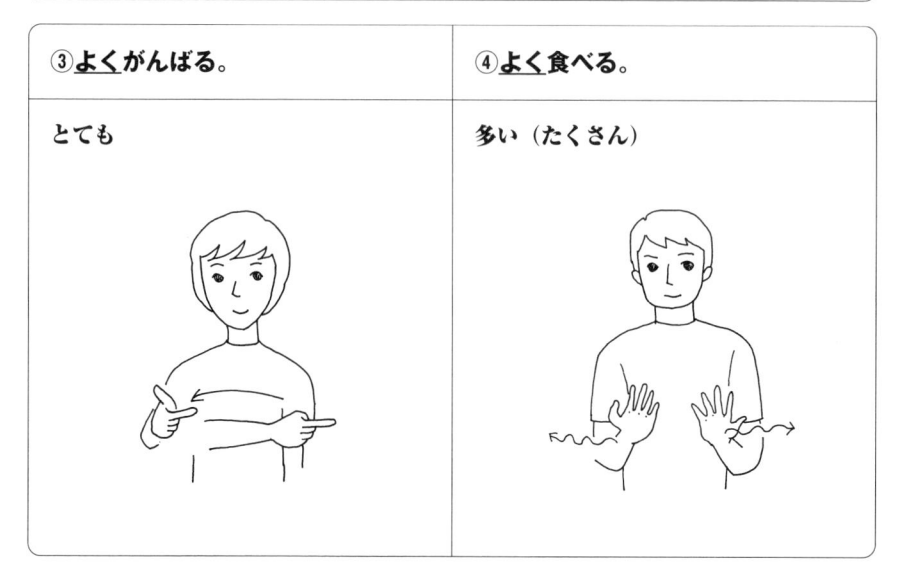

③**よくがんばる。**

とても

④**よく食べる。**

多い（たくさん）

⑤ <u>よく</u>考える。

いろいろ（他「きちんと」「深く」など）

⑥ <u>よく</u>聞きなさい。

きちんと（他「集中して」「まじめに」など）

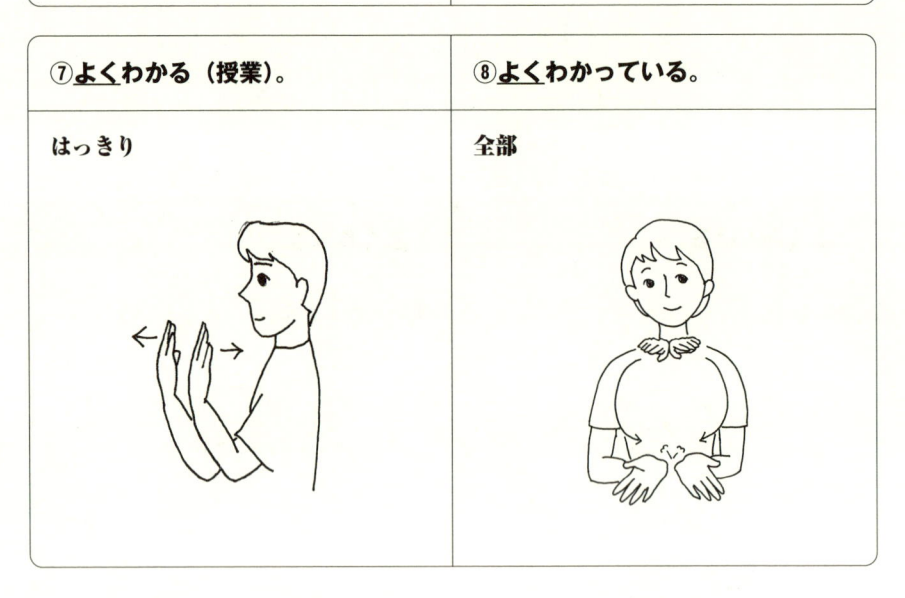

⑦ <u>よく</u>わかる（授業）。

はっきり

⑧ <u>よく</u>わかっている。

全部

⑨ <u>よく</u>歯をみがこう。	⑩ <u>よく</u>お越しくださいました。
きれい（美しい）（他「きちんと」など）	わざわざ（苦労）

⑪ 皆に<u>よく</u>してもらった。	⑫ （当たるのは非常に難しいのに） **よく**当たったなあ。
親切（優しい）	この「よく」は，感嘆・驚きの感情を表しているので，表情で示す

⑬ **よくも殴ったな!**	⑭ **よく(も)そんなことが言えるな。**
この「よくも」は,怒りの感情を表しているので,表情で示す	(a) この「よくも」が怒りの感情を表している場合,表情で示す (b) この「よくも」が「あきれた!」という感情を表している場合,表情や肩をすくめるような動作で示す (c) 「なぜそんなことが言えるのか!?」と言いたい場合は,そう言い換える

　「よく小言を言う」「よく夢を見る」の「よく」のところで,それがほとんど毎日のことであれば,**いつも(毎日)**」の手話(右記のイラスト参照)を用いることもできるでしょう(実際『日本語-手話辞典』(全日本ろうあ連盟発行)に,そのような例が載せられています)。

文例 **1**－8

①状態が良くなる。	②景気が良くなる。
③からだが良くなる。	④病気が良くなる。

手話表現は？

「良くなる」の手話表現が，同じ手話表現（「良い／変わる（〜になる）」）になりませんでしたか？

手話表現の例

①状態が<u>良くなる</u>。	②景気が<u>良くなる</u>。
良い／変わる（〜になる）	向上

1章 「よい（いい）」「よく」にかかわって

③からだが良くなる。	④病気が良くなる。
回復	なくなる（消える）

　「回復」の手話は，倒れている（こわれている）状態の物を，正常なきちんとした状態に戻す意味です。
　ですから，「③からだが良くなる」のところで「回復」の手話を使うと，からだが正常な状態に戻る意味になり，適切な表現となります。
　一方，「④病気が良くなる」は，病気がなくなるという意味です。もし，これを「病気／回復」という手話で表すと，病気がきちんとした（確固たる）状態になる，すなわち病気が固まってしまうという意味になってしまうかもしれませんね。
　「怪我が良くなる」についても，「④病気が良くなる」と同様に考える必要があるでしょう。

文例 1-9

| ①良い気持ちになる。 | ②いい（ええ）気になる（なよ！）。 |

手話表現は？

①と②の両方とも，同じ手話表現になりませんでしたか？

通訳場面では，話し手の意図や気持ちを理解できた場合，手話通訳者はそれを表情や手話表現の仕方などにすぐに反映させることが多いので，意味が間違って聞き手に伝わることは少ないと思います。

日本語の意味は？

問題1-9

「彼は，今回の成功で，高慢（天狗）になっている」を意味する文章として，次のどちらの言い方の方が多いですか？
（　）（ア）彼は，良い気持ち（良い気分）になっている。
（　）（イ）彼は，いい気（ええ気）になっている。

日本語の意味と答え

「よい」と「いい」は，ほぼ同じ意味ですが，どちらかと言えば，「いい」は，「よい」と比べると，話しことばで多く使われます。

問題1-9の答え　（イ）

なお，「いい気になるなよ」や「いい気なもんだ」のように，非難の意味がこめられている時は，「よい」はほとんど使われません。

「②いい気になるなよ」の「いい気」には，「自慢・うぬぼれる・高慢」のような意味が含まれています。

このような非難の意味がこめられた文章は，「慣用句」として覚えるのが良いでしょう。「いい気なもんだ」「いい気味だ」「いい年をして」「いいご身分だ」「いい迷惑だ」などがあります。

手話表現の例

① 良い気持ちになる。

良い／気持ち／変わる（〜になる）

② いい（ええ）気になる（なよ！）。

(a) **うぬぼれる（自慢）**（鼻が高い・天狗になる）

(b) **いばる（自慢）**

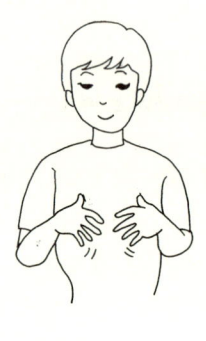

文例 1-10

| ①行くのが良い。 | ②行くがよい。 |

手話表現は？

①と②の両方とも，同じ手話表現になりませんでしたか？

日本語の意味は？　　　　　　　　　　　　　　　　　問題 1-10

「行くがよい」の意味として，次のどちらであることが多いですか？
- （　）（ア）「行くことが良い」と言って，行くことを勧めている。
- （　）（イ）「行け」のように，命令調になっている。

日本語の意味と答え

「②行くがよい」は，「行け」という命令の意味で使われることが多いです。ただし，子どもが友達に対して命令する時は，ほとんど使われません。これは，例えば，王様が身分の低い人に対して命令するような時に使われる表現です。劇のシナリオなどで，かなりよく出てきます。

問題 1-10 の答え　（イ）

「①行くのが良い」は，どちらかと言えば，いろいろある選択肢の中で「行く」という選択肢を選ぶことを勧めている感じで使われることが多いです。

なお，文例1-1によれば，「行くと良い」も「①行くのが良い」と同じ手話表現（「行く／良い」）になりますが，「行くと良い」は「行くと良い結果になる」というような意味であり，「行くのが良い」とは微妙に意味が異なります。

手話表現の例

①行くのが良い。	②行くがよい。
行く／良い	「行け」（命令形）

1章　「よい（いい）」「よく」にかかわって

応用問題 ① 以下の文章を手話で表してみてください

> 「頭が良い」は「賢い」と言い換えたり，文章によっては，「立派に」「ていねいに」「詳しく」などの単語を使ったりすると良いでしょう。「よく言い聞かせておく」では，「言い聞かせる（説明する）」の手話を強調しながら繰り返して使うことで，「よく言い聞かせておく」という意味を表す方法などが考えられるでしょう。各自工夫してください。

- 良い行いと悪い行い。
- もう家に帰った方が良いよ。
- もう家に帰ってもいいよ。
- 家に帰るのがよいでしょう。
- 家に帰るがよい。
- 殺したければ殺すがよい。
- このことをお父さんに話してもいいですか。
- お父さんに話していいのか迷っているんだ。
- お父さんに話すのがよいと思うよ。
- お父さんに話した方が良いと思うよ。
- 君が自分で決めたらいいことだ。
- 安ければ安いほど良い。
- 環境も交通事情も良く，住み良い町だね。
- 君の家は，モダンで，良い家だね。
- 君の家はお金持ちだから，いいなあ。
- 「何がよろしいでしょうか？」「僕，ワインがいいです」「えーと，私もワインでいいです」「僕は，さっきたくさん飲んだから，もういいです」
- 環境に良い家は，環境の良い家。
- あの人，良い人だね。
- あの人，人が良いね。
- この薬は，風邪によい。
- 良い値で売れたらいいんだけど。
- 「ハイキングに良い季節になったから，どこかへ行こうか」「それ，いいね」
- 昨夜は，雨がよくふりましたね。
- 妻ともよく相談して，お返事いたします。
- よく太って，かわいい赤ちゃんですね。
- 彼は，よく映画を見に行く。
- 彼は，電車のことをよく知っている。
- 実は，私，よく知らないんです。

- 彼は，よく怒る。
- 彼女は，よく泣く。
- そんなからだで，よく走れたね。
- そんな足の状態で，よく走れたね。
- よくやったね。
- 彼女は，母親によく似ている。
- 私が子どもによく注意しておくので，許してください。
- テストはよくできていたよ。
- この薬は，よく効くよ。
- 彼女は，良く言えば「積極的」，悪く言えば「おせっかい」です。
- 彼女は，あなたのことをよく話してくれました。
- 彼女は，あなたのことを良く言っていました。
- この絵はよくできている。
- よく歯をみがこう。
- よく見てごらん。
- 宝くじはなかなか当たらないのに，よく当たったね。
- この宝くじ売り場は，よく当たることで有名なんだ。
- よく言うよ。
- 「〜」とはよく言ったものだ。
- よろしければどうぞ。
- 木に実がよくなるようにするために，どうしたらいいでしょうか。
- ああ，もっと頭が良くなりたいなあ。
- 目が良くなる薬がほしい。
- 頭が良くなる薬がほしい。
- 成績が良くなる薬があればなあ。
- からだは良くなりましたか？
- 怪我は良くなりましたか？
- 病気が良くなったら，あれがしたい。
- からだが良くなったら，あれがしたい。
- 性格が良くなる薬があれば，あいつに飲ませるのになあ。
- 彼は，自分が賢いと，いい気になっている。
- あまりほめると，いい気になるから，やめた方がいい。
- 誰も反論しなかったので，彼はいい気になって，自説をまくしたてた。
- ふん，いい年をして，よくあんなことができるもんだ！
- 彼は良い顔をしなかった。
- 「行っても良い」と「行くと良い」については，文例1－1で述べたように，それぞれ「行く／かまわない」「行く／良い」という手話で表せば良いだろう。なお，「行けば良い」や「行ったら良い」は，「行くと良い」と同じと考えて良いだろう。

1章 「よい（いい）」「よく」にかかわって

そして、「行くのが良い」と「行くが良い」については、文例1−10で述べたように、それぞれ「行く／良い」と「行け（命令形）」という手話で表せば良いだろう。そうすると、「行くと良い」と「行くのが良い」が同じ「行く／良い」という手話になるが、「行くと良い」は「行くと，良い結果になる」という意味であり、「行くのが良い」は「いろいろある選択肢の中で，行くという選択肢を選ぶのが良い」という意味である。さらに、「行った方が良い」を単に「行く／良い」という手話で表す人が見られるが、これは「行かないよりは行く方が良い」という意味である。
- 「良い」と「よろしい」は同じ意味，と説明されることが多いが、「良い成績」と言えても「よろしい成績」とは言えない。そこで、どういう時に「よろしい」が使われるかを調べてみた。すると、全体的に「良い」は，「良い成績」のように「名詞の修飾語」として、また「成績が良い」のように「述語」として使われていた。それに対し、「よろしい」は、「成績がよろしい」のように「述語」として使われていることが多く、「よろしい成績」のように「名詞の修飾語」として使われることはほとんどないようであった。さらに、「よろしい」は全て「良い」と言い換えられるかを調べてみると、「気分がすこぶるよろしい → 気分がすこぶる良い」のように、ほとんどが言い換えられると思われた。しかし、「よろしくお願いします」は「良くお願いします」と言い換えられないという例外も少しあるようであった。

小学校2〜3年の国語の教科書にあった文章（一部改変）
- 綿毛に風がよく当たって，種を遠くまで飛ばすことができるから。
- よく晴れて，風のある日。
- よく聞きましょう。
- すごいな。よくやったな。
- 大きな魚のふりをするなんて，よく考えたなと思いました。
- ざりがにのことがよく分かりますね。
- こんなもの，あったらいいな。
- 友達にもよくわかるようにまとめましょう。
- 読まない方がいいところもあるよ。
- かたつむり君のことばは，元気に読んでいいんだよね。
- 初めのメモにつけ足してもいいですね。
- スーホは，よく働きました。
- 他の羊飼いたちに頼まれて，よく歌を歌いました。
- 車輪にフィルムケースを使ったら，よく回りました。
- 1本1本の木を，よく見てみましょう。
- 夏休みに行けるといいな。
- 「わしの病気はなおった」
- 「さあ，いいですか。今日だけの特別な音です。聞いてください」
- 「良かった。僕たちは運がいいぞ」

- はがきに書いて送っても<u>いい</u>ですね。
- あなたが<u>よく</u>使う国語辞典で，調べてみよう。
- みんなちがって，みんな<u>いい</u>。
- 何を，どのように伝えたら<u>いい</u>でしょう。
- もっと<u>よく</u>聞こうと，(聞き耳) ずきんを取りました。
- かげおくりの<u>よく</u>できそうな空だなあ。
- かたい大豆は，そのままでは食べにくく，消化も<u>よく</u>ありません。

2章 「あかん」「だめ」「悪い」にかかわって

「あかん」という言い方にかかわって

　「あかん」ということばは，関西弁です。例えば，「行ったらあかん」は「行ってはいけない」という意味であり，「行かなあかん」は「行かなければならない」という意味です。「あかん」という言い方が使われない地域では，この文例2-1は読み流してください。「『あかん』は『だめ』という意味」と説明されることが多いのですが，では，下記の文章をどんな手話で表しますか？

文例2-1

　①食べなあかん。
　②食べたらあかん。

「だめ」という言い方にかかわって

文例2-2

　①行ってもだめだ。
　②行っては（行ったら）だめだ。

文例2-3

　①（速くやれと言われても）とてもだめだ。
　②（そんなことを言っては）絶対にだめだ。

③（お願い！と言われても）絶対にだめだ。

文例2-4

①このテレビは，だめになった。
②あの計画は，だめになった。
③あの会社は，だめになった。
④あいつは（覚醒剤などで）だめになった。
⑤2人の関係は，だめになった。

「悪い」という言い方にかかわって

　1章の「良い」や「よく」を全て「悪い」や「わるく」に変えてみると，「悪い行い」「状態が悪くなる」のように，「悪い」に変えてもよく使われる文が見られた一方で，「この薬は腹痛に悪い」「映画をわるく見る」のように，「悪い」に変えるとおかしくなる文が見られました。また，「良い気持ちになる」と比べると，「悪い気持ちになる」とはあまり言わない（「気持ちが悪くなる」などと言う方が自然）でしょう。「人が良い」には「だまされやすい」意味が含まれていますが，「人が悪い」に「だまされることが滅多にない」というような意味はなく，「意地悪・いけず」のように別の意味になります。「食べてもよい」の反対を意味する文としては，「食べたらあかん」「食べたらだめ」などが適切であって，「食べたら悪い」とはあまり言いません。「行くのがよい」の反対を意味する文としては，「行くのはだめ（良くない）」などが適切な言い方であって，「行くのは悪い」とはあまり言いません。これらのことから，「悪い」は『「良い」を単純に『ひっくり返した』もの」と考えてはいけないことがわかるでしょう。このようなことも，児童生徒には是非理解してもらいたいと思います。

文例2-5

①本当は悪い（あかん・だめな）ことだけど，これをやってくれないか。
②本当に悪いんだけど，これをやってくれないか。

文例 2-1

| ①食べなあかん。 | ②食べたらあかん。 |

手話表現は？

「あかん」ということばは，関西弁です。この言い方をしない地域では，この文例は読み流してください。

①と②の両方とも，「食べる／だめ」という手話表現になりませんでしたか？

日本語の意味は？　　　　　　　　　　　　　　　　　　　　　問題2-1(1)

母親が太郎くんに「それを食べたらあかんよ」と言い，太郎くんは母親に言われた通りにしました。太郎くんはどうしたのですか？
- （　）（ア）太郎くんは，それを食べた。
- （　）（イ）太郎くんは，それを食べなかった。

日本語の意味は？　　　　　　　　　　　　　　　　　　　　　問題2-1(2)

母親が太郎くんに「そのこと，先生に言わなあかんよ」と言い，太郎くんは母親に言われた通りにしました。太郎くんはどうしたのですか？
- （　）（ア）太郎くんは，そのことを先生に言った。
- （　）（イ）太郎くんは，そのことを先生に言わなかった。

日本語の意味と答え

「『あかん』は『だめ』という意味」と説明されることが多いですが，「①〜せなあかん」は「〜しなければならない」という意味で，「②〜したらあかん」は「〜してはいけない」という意味です。

> 問題2-1(1)の答え　（イ）
> 問題2-1(2)の答え　（ア）

| **手話表現の例** | 現実に見られる表現例を含む，以下同様 |

①食べなあかん。	②食べたらあかん。
食べる／必要	(a) 食べる／だめ（×）
	(b) 食べる／禁止
	(c) 食べる／止める
	(d) 食べる／悪い

文例 2-2

| ①行ってもだめだ。 | ②行っては（行ったら）だめだ。 |

手話表現は？

①と②の両方とも，「行く／だめ」という手話表現になりませんでしたか？

日本語の意味は？　　　　　　　　　　　　　　　　　　　　問題2-2

「（彼の家に）行くのはかまわないが，彼はいないと思うよ。まあ，行ってみたら」という意味がこめられているのは，次のどちらの方ですか？
- （　）（ア）「行ってもだめだ」
- （　）（イ）「行っては（行ったら）だめだ」

日本語の意味と答え

「②行ってはだめだ・行ったらだめだ」は「行ってはいけない」という意味ですが，「①行ってもだめだ」は，「行かない方がよい」という意味の場合と，「行くのはかまわないが，徒労に終わるのではないか」という意味の場合があります。

問題2-2の答え　（ア）

2章　「あかん」「だめ」「悪い」にかかわって　　37

手話表現の例

①行ってもだめだ。	②行っては（行ったら）だめだ。
(a) 行く／損（無駄）	行く／だめ（×）or **禁止** or **止める** or 悪い
(b) 行く／**だめ**（×）or 禁止 or 止める or 悪い	禁止 / 止める

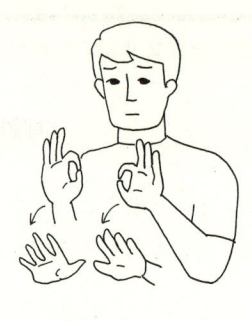

文例 2-3

① (速くやれと言われても)**とてもだめだ**。	② (そんなことを言っては)**絶対にだめだ**。	③ (お願い！と言われても)**絶対にだめだ**。

手話表現は？

①は「とても無理，できない」，②は「絶対やったらだめ」，③は「断じて認めることはできない」という意味ですが，手話でどう表せば良いでしょうか？

手話表現の例

① (速くやれと言われても)**とてもだめだ**。	② (そんなことを言っては)**絶対にだめだ**。	③ (お願い！と言われても)**絶対にだめだ**。
(a) **難しい（できない）**  (b) 降参・お手上げ	だめ（×）or 禁止 or 止める or 悪い 	(a) **認めない**  (b) **断る** 

2章 「あかん」「だめ」「悪い」にかかわって

文例 2-4

①このテレビは，だめになった。	②あの計画は，だめになった。
③あの会社は，だめになった。	④あいつは（覚醒剤などで）だめになった。	⑤2人の関係は，だめになった。

手話表現は？

「だめになる」は，それぞれどんな手話表現になりましたか？

手話表現の例

①このテレビは，だめになった。

障害（折る）

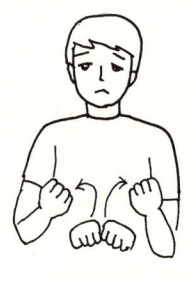

②あの計画は，だめになった。

(a) だめ（×）／変わる（～になる）
(b) つぶす（つぶれる）

(c) 水の泡

③あの会社は，だめになった。	④あいつは（覚醒剤などで）だめになった。	⑤2人の関係は，だめになった。
倒産（つぶれる）	（a）役に立たない （b）「働くことが難しくなる」などと言い換える	（a）「2人は別れた」と言い換える （b）「関係が切れた」と言い換える

文意に合わせて適切に使い分けてください。

2章 「あかん」「だめ」「悪い」にかかわって

文例 2−5

① 本当は悪い（あかん・だめな）ことだけど，これをやってくれないか。

② 本当に悪いんだけど，これをやってくれないか。

手話表現は？

①と②の両方とも，「悪い」という手話表現になりませんでしたか？

②は，「すまない・迷惑をかける」という意味であり，世間一般や相手から見て「犯罪」「非常識」などと責められることをしているわけではありません。この「悪いんだけど」には，「申し訳ないが……」という気持ちがこめられています。

手話表現の例

① 本当は**悪い**（<u>あかん・だめな</u>）ことだけど，これをやってくれないか。	② 本当に**悪い**んだけど，これをやってくれないか。
悪い 	(a) 悪い (b) すまない（ごめんなさい） 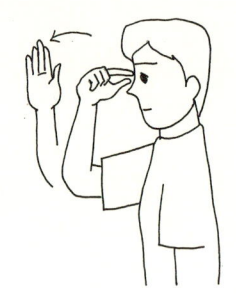

応用問題 ❷ 以下の文章を手話で表してみてください

- 見たらあかん。
- ちゃんと見なあかんやろ。
- そんなこと，彼に言ったらあかん。
- それは，彼に言わなあかん。
- 学校のルールを守らなあかんよ。
- 先生の言うことを聞かなあかんよ。
- 来てはだめだよ。
- 来てもだめだよ。
- 警察に言ったらだめだ。
- 警察に言ってもだめだ。
- 速く仕事をしろと言われても，とてもだめだ。
- 何回頼まれても，だめなものはだめだ。
- いくらやってもだめだと思うよ。
- あいつは，もうだめだ。
- このパソコンは，だめになった。
- あの結婚話は，だめになったらしいよ。
- 君は，悪い人だね。
- 君は，人が悪いね。
- 人聞きが悪いことを言うな。
- 悪いんだけど，今日は一緒に帰れなくなった。
- 「犯罪」は，『日本語－手話辞典』を見ると，「悪い／つかまる（両手の手首を合わせて前に出す）」となっていたが，「犯罪」を単に「つかまる」という手話で表す人も見られる。そして，「犯罪を防ぐ」を「つかまる／防ぐ」と表すと，「つかまるのを防ぐ」という意味にならないか，と話題になったことがあった。「つかまえる／防ぐ」という手話にすると，「摘発や逮捕を少なくする」，つまり「犯罪の摘発率や事件の解決率を下げる」意味にならないだろうか。「犯罪を防ぐ」は，正確には「犯罪が起きるのを防ぐ」という意味なので，短時間で通訳する場合，「悪い／防ぐ」とした方が良いかもしれない。

小学校2～3年の国語の教科書にあった文章（一部改変）
- 聞き落としてはいけない大事なことは何ですか？
- 「出て来いよ」「だめだよ。大きな魚に食べられてしまうよ」
- 「まばたきしちゃ，だめよ」
- 「勇気のある子だけが見られる」「じゃ，おらはとてもだめだ……」

3章 「〜したい」「ほしい」などにかかわって

文例 3-1

① （自分が）行きたい。
② （あなたに）行ってほしい。

文例 3-2

①私は，本を読みたい。
②彼は，本を読みたがっている。

文例 3-2 の補足

①-1　彼はこわがっています。
①-2　彼はこわいです。
②-1　彼は娘がかわいい。
②-2　彼の娘はかわいい。

文例 3-3

①-1　（自分があれを）見たい。
①-2　（彼があれを）見たがっている。
②-1　（あなたにあれを）見てほしい。

②-2（複数の人にあれを）見てほしい。
③-1（あなたに）見られたい。
③-2（複数の人に）見られたい。
④-1（あなたに私を）見てほしい。
④-2（複数の人に私を）見てほしい。

文例 3-4

①あなたに行ってほしい。
②彼に行ってほしい。

文例 3-5

①（市長の発言）「市役所に手話通訳者を置きたい」
②（対市交渉の中で，行政に対する要望）
　「市役所に手話通訳者を置いてほしい」
③（聴覚障害者同士の会話の中での発言）
　「市役所に手話通訳者を置いてほしいな」

文例 3-6

①みかんをちょうだい。
②みかんをください。
③認めてちょうだい。
④認めてください。

文例 3-7

①みかんが好き。
②（その場にみかんがない状態で）みかんがほしい。
③（その場にみかんがある状態で）みかんがほしい。

文例 3-1

① （自分が）行きたい。　　② （あなたに）行ってほしい。

手話表現は？

①の「行きたい」と②の「行ってほしい」をどう表しましたか？ 小学校の教科書に，「また来てほしいな」と「また来たいな」という文章が載っていましたが，どう区別して手話表現すればよいでしょうか？ 日本語では，主語が常に表されるとは限らないので，工夫が求められるでしょう。

日本語の意味は？　　　　　　　　　　　　　　　　問題3-1(1)

明くんが，みどりさんの家へ遊びに行きました。2人は，楽しく遊びました。
その晩の日記で，「すごく楽しかったので，別れる時，また来たいなと思いました」と書いたのはどちらですか？
  （　）（ア）明くん
  （　）（イ）みどりさん

日本語の意味は？　　　　　　　　　　　　　　　　問題3-1(2)

太郎「窓をあけてほしいのですが，いいでしょうか？」
友子「はい，いいですよ」
この会話の後，窓をあけたのは，誰ですか？
  （　）（ア）太郎くん
  （　）（イ）友子さん

3章　「～したい」「ほしい」などにかかわって

日本語の意味と答え

「私は来たい」では，私が来る動作をすることを私が望んでいます。それに対して，「私は（彼に）来てほしい」では，彼が「来る」動作をすることを私が望んでいます。

> 問題 3-1(1)の答え　（ア）
> 問題 3-1(2)の答え　（イ）

手話表現の例

現実に見られる表現例を含む，以下同様

① （自分が）行きたい。	② （あなたに）行ってほしい。
行く／好き（〜たい）	（①と混同されるおそれがあり，区別して表したい場合）行く／頼む（お願い）

現実には，「②行ってほしい」を，「行く／好き（〜たい）」という手話と口形を併用して表現する人が見られます（「ほしい」を使った文章に関して，以下同様）。なお，文例3−4の【補足】も参照してください。

文例 3-2

①私は，本を読みたい。　　②彼は，本を読みたがっている。

手話表現は？

「読みたい」と「読みたがる」を，手話でどう表しますか？

日本語の意味は？　　　　　　　　　　　　　　　　　問題 3-2 (1)

次のどれが，最も自然な言い方ですか？
- (　) (ア) 私は，本が読みたいです。
- (　) (イ) 私は，本が読みたがっています。
- (　) (ウ) 私は，本を読みたがっています。

日本語の意味は？　　　　　　　　　　　　　　　　　問題 3-2 (2)

次のどれが，最も自然な言い方ですか？
- (　) (ア) 彼は，本が読みたいです。
- (　) (イ) 彼は，本が読みたがっています。
- (　) (ウ) 彼は，本を読みたがっています。

日本語の意味と答え

英語では，「I want ……」「He wants ……」であり，動詞に区別はありません。日本語では，「私」が主語の場合，「私は〜したいです」は自然な言い方ですが，「彼」が主語の場合，「彼は〜したいです」より「彼は〜したがっています」の言い方の方が自然な言い方です。

同様に，彼が「こわい」と思っている場合は，「彼はこわいです」より，「彼はこわがっている」という言い方の方が自然です。

問題 3-2 (1) の答え　(ア)
問題 3-2 (2) の答え　(ウ)

3章 「〜したい」「ほしい」などにかかわって

なお,「私は本が読みたい」と「私は本を読みたい」の両方とも正しい言い方です(どちらかと言えば,前者の方が自然な言い方であるようです)が,「彼は本を読みたがっている」は正しい言い方であるのに対し,「彼は本が読みたがっている」は正しい言い方ではありません。
　主語が第一人称と第二人称であるか,第三人称であるかによって,言い方が変わる動詞は,多くありません。「～たい」と「～たがっている」がその数少ない例であると覚えると良いでしょう。

手話表現の例

①私は,本を読みたい。	②彼は,本を読みたがっている。

読む／好き（～たい）

文例 3 - 2 の補足

①-1 彼はこわがっています。	①-2 彼はこわいです。
②-1 彼は娘がかわいい。	②-2 彼の娘はかわいい。

手話表現は？

　この「こわがっている」の「〜がっている」は、「読みたがっている」の「〜がっている」とは別物ですが、文例3-2のついでに、この文例についても、考えてみてください。それぞれを、手話でどう区別して表しますか？

日本語の意味は？　　　　　　　　　　　　　　　　　　　問題3-2(3)

　「彼はこわいです」は、通常、次のどちらの意味ですか？
　（　）（ア）彼は「こわい！」と思って震えている。
　（　）（イ）私は、彼をおそれている。私にとって、彼は「おそろしい人」である。

日本語の意味と答え

　「こわいと思っている人」が「私」の場合は、「私はこわいです」と言えますが、「あなた」や「彼」の場合は、「あなたはこわいです」「彼はこわいです」とは通常言いません。「あなたはこわがっています」「彼はこわがっています」と言います。

問題3-2(3)の答え　（イ）

　「①-2　彼はこわいです」は、通常「私は彼がこわいです」という意味になります。また、「②-2　彼の娘はかわいい」は、通常「私は彼の娘がかわいい」という意味になります。
　なお、「私は本が読みたいです」は「私は本を読みたいです」と言い換えられるのに、「私は彼がこわいです」は「私は彼をこわいです」とは言い換えられません。

3章　「〜したい」「ほしい」などにかかわって　51

しかし,「私は彼をこわいと思う時がある」は言えます。目的語は,「を」をつけることが多いですが,「が」をつけられるか否かについての説明は難しいです。

手話表現の例

①-1 彼はこわがっています。	①-2 彼はこわいです。
(a) 彼／こわい (b) 彼／こわい／(思う)／彼を指さす (c) 彼／[「彼」を表した場所で他の所に視線を向けながら]こわい	(a) 彼／こわい (b) 彼／こわい／(思う)／私を指さす (c) 彼／[「彼」を表した場所に視線を向けながら]こわい (d)「私」ということばを補う(私／彼／こわい／思う)

②-1 彼は娘がかわいい。	②-2 彼の娘はかわいい。
(a) 彼／娘／かわいい (b) 彼／娘／かわいい／思う／彼を指さす (c) 彼／[「彼」を表した場所から離れたところで]娘／[「彼」を表した場所から「娘」を表した場所に視線を向けながら]かわいい	(a) 彼／娘／かわいい (b) 彼／娘／かわいい／思う／私を指さす (c) 彼／[「彼」を表した場所で続けて]娘／[私から「娘」を表した場所に視線を向けながら]かわいい (d)「私」ということばを補う(私／彼／娘／かわいい／思う)

現実には,「口形を見て,どちらの意味かを判断している」と述べる聴覚障害者も見られます。

文例 3-3

①-1（自分があれを）見たい。	①-2（彼があれを）見たがっている。
②-1（あなたにあれを）見てほしい。	②-2（複数の人にあれを）見てほしい。
③-1（あなたに）見られたい。 ④-1（あなたに私を）見てほしい。	③-2（複数の人に）見られたい。 ④-2（複数の人に私を）見てほしい。

手話表現は？

それぞれの文章を，手話でどう表せば良いでしょうか？

手話表現の例

①-1と①-2は，主語が「見る行為」をしたがっているという意味です。
②-1と②-2は，相手に「見る行為」をしてもらいたいという意味です。
③-1と③-2は，受身であり，「相手に見られることを望む」という意味です。
②-1の「あれ」を「私」に変えた文④-1は，③-1とほとんど同じ意味になるでしょう。また，②-2の「あれ」を「私」に変えた文④-2は，③-2とほとんど同じ意味になるでしょう。

ここで注意してほしいことは，同じ「見る」という日本語単語であっても，「私があれを見る」場合は，私からあれに向かって視線を表す手を動かし，「彼があれを見る」場合は，彼からあれに向かって視線を表す手を動かす必要があるということです。また，「複数の人が私を見る」場合は，ある方向から私に向かって視線を表す手を動かし，続けて，別の方向から私に向かって視線を表す手を動かす必要があります。

なお，ここでは，例に掲げていませんが，「私が，いろいろな場所にある物を見る」場合は，私から，ある方向に向かって視線を表す手を動かし，続けて，また別の方向に向かって視線を表す手を動かす必要があります。

このことに留意しながら，上記の文例をどう区別して表せば良いか，考えてみてください。

①-1（自分があれを）見たい。	①-2（彼があれを）見たがっている。
（私があれを）見る／**好き（〜たい）**	（彼があれを）見る／**好き（〜たい）**

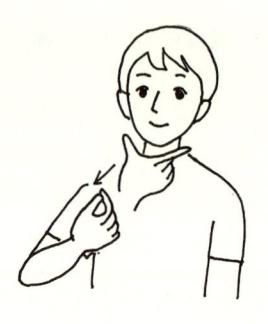

②-1（あなたにあれを）見てほしい。	②-2（複数の人にあれを）見てほしい。
（「あなたがあれを見たがっている」と混同されるおそれがあり，区別して表したい場合）（あなたがあれを）見る／（私からあなたに）**頼む（お願い）**	（「彼らがあれを見たがっている」と混同されるおそれがあり，区別して表したい場合）（複数の人があれを）見る[1]／見る[2]／（私から）**頼む（お願い）**[1]／**頼む（お願い）**[2]（1と2は，位置を変えて表す）

③-1（あなたに）見られたい。 ④-1（あなたに私を）見てほしい。	③-2（複数の人に）見られたい。 ④-2（複数の人に私を）見てほしい。
（a）（あなたが私を）見る／〜たい（好き） （b）（あなたが私を）見る／（私からあなたに）**頼む（お願い）**	（a）（ある人が私を）見る¹／（別の人が私を）見る²／好き（〜たい）（1と2は、位置を変えて表す） （b）（ある人が私を）見る¹／（別の人が私を）見る²／（私から）**頼む（お願い）**¹／**頼む（お願い）**²（1と2は、位置を変えて表す）

 文例3－1では，「行く」という動詞であり，受身形（受身の助動詞を使った表現）がありませんでしたが，この文例3－3では，「見る」という動詞であり，「見られる」という受身形があります。したがって，「（あなたに私を）見てほしい」のところで，「（あなたが私を）見る」という手話と「好き（〜たい）」という手話を組み合わせても，十分伝わるでしょう。実際，現実の聴覚障害者を見ると，そのような表現例が多く見られます。

文例 3−4

| ①あなたに行ってほしい。 | ②彼に行ってほしい。 |

手話表現は？

文例3−1では，「(あなたに) 行ってほしい」は，(「行きたい」と区別するために)「行く／頼む (お願い)」とすればよいと述べましたが，では，「②彼に行ってほしい」は，どう表すとよいでしょうか？

手話表現の例

①あなたに行ってほしい。	②彼に行ってほしい。
あなた／行く／(私からあなたへ) 頼む (お願い)	(a) 彼／[「彼」を表した場所から他の所に向かって] 行く／[私から彼に対して] 頼む (お願い) (b) (彼が) 行く／(彼に対して) 頼む (お願い)／好き (〜たい) (「彼に行くことをお願いしたい」意) (c) (私)／彼／行く／希望 (願う)

①では，お願いする相手 (あなた) が目の前にいたので，「頼む (お願い)」を使っても良かったのでした。けれども，②では，お願いする相手 (彼) が目の前にいないので，(a)「頼む (お願い)」をそのまま使うことに抵抗を感じる人がいるかもしれません。その場合，(b)「彼に行くことを頼みたい」と言い換えてもよいかもしれません。なお，以下の【補足】を参照してください。

【補足】

　文例3－1〜文例3－4の文例の手話表現の仕方を検討する中で，非常にいろいろな意見が出されました。

　「（自分が）行きたい」（文例3－1の①）は，「行く／好き（〜たい）／自分を指さす」という手話表現になり，また，「（あなたに）行ってほしい」（文例3－1の②，文例3－4の①）は，「行く／好き（〜たい）／あなたを指さす」という手話表現になる，という意見も見られました。

　そこで，「彼に行ってほしい」（文例3－4の②）はどうするのかと聞くと，「行く／好き（〜たい）／彼を指さす」と表していました。次に，「彼は行きたがっている」はどうするのかと聞くと，「行く／好き（〜たい）／彼を指さす」と表しており，「彼に行ってほしい」と「彼は行きたがっている」の手話表現が同じになってしまっていました。

　また，「（自分が）行きたいと思う」はどうするのかと聞くと，「行く／好き（〜たい）／自分を指さす／思う／自分を指さす」ではなく，「行く／好き（〜たい）／思う／自分を指さす」になると言っていました。そこで，「（あなたに）行ってほしいと思う」はどうするのかと聞くと，「行く／好き（〜たい）／相手を指さす／思う／自分を指さす」ではなく，「行く／好き（〜たい）／思う／自分を指さす」となると言っていました。つまり，「思う」をくっつけると，「行きたいと思う」と「行ってほしいと思う」が，同じ手話表現になっていたのです。

　現実の聴覚障害者を見ると，「口形を見たら，『行きたい』と『行ってほしい』のどちらを言っているとわかるから，（自分にとっては）『行ってほしい』が『行く／好き（〜たい）』という手話になっても不都合はない」と言う人も見られます。

　教育現場では，口話（聴覚活用・読話）に頼って話を理解する生徒と，手話に頼って話を読み取る生徒の両方に通じるような話し方を心がける必要があると考えます。また，手話の「初心者」が，文末の指さしなどをすぐに使いこなすことは難しいです。このような状態において，「行ってほしい」と「行きたい」の違いを手話だけに頼って読み取る生徒にも通じるようにするために，「行ってほしい」は「行く／頼む（お願い）」という手話で表すというのが，（とりあえず，特に手話の「初心者」にとっては）一番「修正」しやすい手話表現になると思われます（念を押して言いますが，本書では，文末に指さしをつける手話表現を「間違い」として斥けているわけではありません）。

　「彼に行ってほしいと思っている人がいる」などのように，長い文章の中で出てきた時の手話表現の仕方についても考えていく必要があるでしょう。

3章　「〜したい」「ほしい」などにかかわって

文例 3-5

①（市長の発言） 「市役所に手話通訳者を置きたい」	②（対市交渉の中で，行政に対する要望） 「市役所に手話通訳者を置いてほしい」	③（聴覚障害者同士の会話の中での発言） 「市役所に手話通訳者を置いてほしいな」

手話表現は？

③は，聴覚障害者が「置かれていたらなあ」と願望している意味であり，お願いする相手は目の前にいない（漠然としている）のに対して，②では，市役所との交渉の中で「置いてほしい」と相手に要求しています。

日本語の意味は？　　　　　　　　　　　　　　　　　　問題 3-5 (1)

「市役所に手話通訳者を置きたい」と言ったのは，普通に考えると，次のどちらですか？
- (　) (ア) 市役所の人（市長や課長など）
- (　) (イ) 聴覚障害がある人

日本語の意味は？　　　　　　　　　　　　　　　　　　問題 3-5 (2)

田中さんと山田さんは，聴覚障害者です。2人は，喫茶店の中で，いろいろしゃべっています。その会話の中で，田中さんが山田さんに言ったせりふとして，次のどちらが適切ですか？
- (　) (ア)「市役所に手話通訳者を置いてくださいな」
- (　) (イ)「市役所に手話通訳者を置いてほしいな」

日本語の意味と答え

要望する相手が目の前にいる時は、「これをしてほしい」と「これをしてください」の両方とも言えますが、相手が目の前にいない時は、「～してほしい」とは言えても、「～してください」とは言えません。

> 問題 3-5(1)の答え　（ア）
> 問題 3-5(2)の答え　（イ）

手話表現の例

①（市長の発言）「市役所に手話通訳者を<u>置きたい</u>」	②（対市交渉の中で、行政に対する要望）「市役所に手話通訳者を<u>置いてほしい</u>」	③（聴覚障害者同士の会話の中での発言）「市役所に手話通訳者を<u>置いてほしいな</u>」
置く／好き（～たい）[「市役所」を表した場所に視線を向けながら]	(a)（①と混同されるおそれがあり、区別して表したい場合）置く／頼む（お願い） (b) 置く／求める	(a) 置く／好き（～たい）[空を見つめるような表情で] (b) 置く／希望（願う）

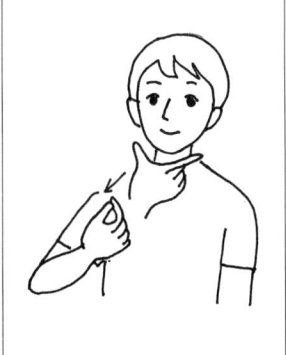

3章　「～したい」「ほしい」などにかかわって

文例 3-6

①みかんをちょうだい。	②みかんをください。
③認めてちょうだい。	④認めてください。

手話表現は？

「～してちょうだい」は「女言葉」「子どもっぽい言い方」と言う人もいます。「ちょうだい」や「ください」は，どんな手話表現になりましたか？

手話表現の例

①みかんをちょうだい。	②みかんをください。
みかん／**求める**［なれなれしい様子で］	みかん／**求める**［ていねいな様子で］

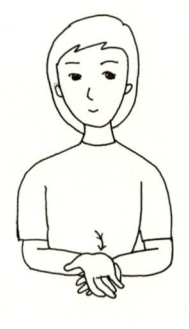

③認めてちょうだい。	④認めてください。
認める／頼む（お願い）［なれなれしい様子で］	認める／頼む（お願い）［ていねいな様子で］

　「求める（ちょうだい）」は，物を求める場合は使えますが，動詞の後に使う場合は「子どもっぽい・女っぽい言い方」であり，大人に対してやフォーマルな場では使わない方が良い，という意見が見られました。

文例 3-7

| ①みかんが好き。 | ②（その場にみかんがない状態で）みかんがほしい。 | ③（その場にみかんがある状態で）みかんがほしい。 |

手話表現は？

いずれも，「〜したい（好き）」という手話を使いませんでしたか？ ①〜③を区別するために，どう表現すればよいでしょうか？

手話表現の例

①**みかんが好き**。	②（その場にみかんがない状態で）**みかんがほしい**。	③（その場にみかんがある状態で）**みかんがほしい**。
好き（〜たい）[「好き」という表情をつけながら，口形をつけながら，など工夫を]	好き（〜たい）[視線を上向きにしながら，口形をつけながら，など工夫を]	(a) 求める (b) 頼む（お願い） (c) 好き（〜たい）[目の前にあるみかんを指さしたり視線を向けたりしながら，など工夫を]

　現実には，「〜が好き」と「〜がしたい」は同じ手話表現になる（口形を見て区別して読み取る）と言う人が，多く見られました。

　「私はスポーツが好きだけど，今はしたくない」という文章は，「私／スポーツ／好き／しかし／今／嫌い（〜たくない）」のような手話になってしまい，手話だけを見る人は，「えっ，結局，今は好きなの？ 嫌いなの？ どっちかよくわからない」とこんがらがってしまうかもしれませんね。

応用問題 3

以下の文章を手話で表してみてください

- 聞いてほしいことがあります。
- 聞いてほしいものがあります。
- 聞きたいことがあります。
- 聞きたいものがあります。
- たばこをやめたまえ。
- たばこをやめてくれ。
- たばこをやめてちょうだい。
- たばこはご遠慮願います。
- たばこをやめてほしいと思った。
- たばこをやめたいと思った。
- 彼はたばこをやめたがっている。
- 彼にたばこをやめてもらいたい。
- （私が）是非優勝したいと思います。
- （あなたに）是非優勝してほしいと思います。
- 彼に是非優勝してほしいと思います。
- （私は）あなたを誘いたかったけど，彼女がいたので，できなかった。
- （私は君に自分を）誘ってほしかったのに，君はしてくれなかった。
- （私は）彼に誘ってほしいと思った。
- （私は）彼は彼女を誘いたがっていると思った。
- （私は）彼は彼女から誘われたがっていると思った。
- 彼は，そんなところを見たがるかしら。
- 彼は，そんなところを見られたがるかしら。
- そんなところを見られたがる人がいるのか。
- 良い子はいつもほめられたがっている。
- あの子は，母にほめてもらいたがっている。
- そんなところ，見たくないわ。
- こんなところ，（誰かに）見られたくないわ。
- こんなところを，（君に）見てほしくなかったのに。
- 保育所になかなか入れないから，保育所を増やしてほしいなあ。
- 市民代表が，対市交渉の時，「保育所を増やしてほしい」と要求を出した。
- 市長が，選挙の時，今後保育所を増やしたいと言った。
- 「（息子の受賞作を）読みたい」
- （目の前にいる人に）「（これを）読んでほしい」
- 「（故郷の母に自分の受賞作を）読んでほしいです」
- 彼女の代わりに，行ってほしい。

3章 「～したい」「ほしい」などにかかわって

- 彼女の代わりに，行きたい。
- もっと美人に生まれたかった。
- もっと美人に産んでほしかった。
- 息子は，いろいろなことを知りたがった。
- この子は，今，1人でしたがる年齢だね。
- 私は，目立ちたがり屋なのです。
- 子猫がいた。女の子はかわいそうに思い，連れて帰った。
- （女の子が泣いていたので，私は）女の子をかわいそうに思い，連れて帰った。
- 母が「（あなたに）また来てほしい」と言っていました。
- 母が「また来たい」と言っていました。
- 広い家がほしいなあ。
- 一番ほしいのは，お金だなあ。
- 同情するなら，金をくれ。
- こんなもん欲しけりゃ，くれてやる。
- 少しお金がほしいのですが，いいでしょうか？
- 消しゴムを買いに行くから，お金をちょうだい。
- 結構な品物をちょうだいしまして，ありがとうございます。
- 買い物が好き。
- 買い物に行きたい。
- スキーが好き。
- スキーがしたい。
- 私は，梅干しは好きではないが，なぜか今，無性に梅干しがほしい。
- 私は，スポーツが好きだが，今は，スポーツをしたくない。
- （野菜が食べられない子に対して，野菜が好きな友達が）「食べてあげたいけど，先生があかんて言うから」
- 「こんなおいしい料理，母にも食べさせてあげたい（食べてもらいたい）」
- 誰かそれを調べてほしい。
- 調べたい人はいますか？
- 誰か彼を救いに行ってほしいのですが，行ってくれる人はいますか？
- 「（　）は肉が好きだ」の「（　）」に，「私」と「彼」の両方とも入れることができる。しかし，「（　）は水がほしい」の「（　）」に，「私」を入れると自然な言い方であるが，「彼」を入れると不自然な言い方になる。「彼は水がほしい」ではなく，「彼は水をほしがっている」とする方が自然な言い方だろう。「彼は魚釣りに行きたい」についても，「彼は魚釣りに行きたがっている」の方が自然な言い方だろう。
- 「私はお茶を飲みたい」と「私はお茶が飲みたい」について，両方とも正しい。しかし，「彼はお茶を飲みたがっている」と言えても「彼はお茶が飲みたがっている」とは言えない。

● 「私はお茶を飲みたい」と「私はお茶が飲みたい」について，両方とも正しいと述べたが，「2杯」ということばを入れた文にすると，「私はお茶を2杯飲みたい」は言えるが，「私はお茶が2杯飲みたい」は言えなくなると言う人が見られた。また，「どうしても」ということばを入れた文にすると，「お茶をどうしても飲みたい」と「お茶がどうしても飲みたい」とでは，「前者はやや不自然な文だ」と言う人が見られた。
● 「私はこわい」は自然な言い方であるが，「彼はこわい」や「あなたはこわいね」については（こわがっているのが「彼」や「あなた」であれば），「彼はこわがっている」「あなたはこわがっている」の方が自然な言い方である。

　一方，「こわがり」「寒がり」「目立ちたがり」は，どちらかと言えば「性格（性質・体質）」を表すので，「私は，こわがり（寒がり・目立ちたがり）だ」は，自然な言い方になる。なお，「こわがり」「寒がり」「目立ちたがり」は，それぞれ「こわい／性格」「寒い／性格」「目立つ／性格」と表す人が見られる（実際，『日本語－手話辞典』では，「恥ずかしがり屋」は「恥ずかしい／性質」という手話になっていた）。より正確に表すならば，それぞれ「簡単にこわいと思う性格」「すぐに寒いと感じる体質」「目立つことが好きな性格」などと言い換える必要があるかもしれない。さらに，「強がる」は，「こわがる」「寒がる」などとは異なる。なぜなら，「私は寒がっていた」とは言えないのに，「私は強がっていた」と言えるからである。「強がる」は「強い」とは別の動詞，と覚えた方が良いように思う。

小学校2～3年の国語の教科書にあった文章（一部改変）
● 外が見たいな。
● たんぽぽ博士，教えてください。
● 友達に聞いてみたいな，教えてもらいたいなと思うことはありませんか。
● 私もほしくなりました。
● 魚は，イソギンチャクをこわがって，近づいてきません。
● 「2年生って楽しそう」と思ってもらえるような文集にしたいね。
● 僕の白馬，死なないでおくれ。
● あなたが招待したい人は誰ですか？　来てもらいたい人に，招待状を出しましょう。
● 友達にも「見てみたい」と思ってもらいたい。

4章 「らしい」「そうだ」「ようだ」「だろう」などにかかわって

　まず，「**らしい（おそらく）**」などを表す手話単語（下記のイラスト参照）があります。『日本語－手話辞典』で，この手話単語を用いている文章を探してみました。

　・雨がふりそうだ　→　雨／らしい
　・晴れるだろう　→　明るい／らしい
　・多分雨だろう　→　雨／らしい
　・おいしいらしい　→　おいしい／らしい
　・何でもビルが建つそうだ　→　ビル／建てる／らしい
　・どうやらまだ一人という　→　独身／らしい
　・雨があがったようだ　→　雨があがる／らしい
　・不安な様子　→　心配／らしい
　・天気になる見込み　→　明るい／らしい
　・遅れる模様だ　→　過ぎる／らしい
　・私のような教師　→　私／らしい／教師
　・似たような経験　→　同じ／らしい／経験

　このように，この「らしい（おそらく）」の手話は，推測や伝聞など，あいまいな状況を示す時に，広く使われています。
　では，以下の文章を，どのような手話で表しますか？
　例えば「雨がふるそうだ」と「雨がふりそうだ」が同じ手話表現になる人が多いのではないでしょうか。
　以下では，日本語の意味の違いを伝えるために，この「らしい（おそらく）」の手話を使わない場合，どう表せばよいかを考えてみてください。

文例 4-1

①彼は賢そうだ。
②彼は賢いそうだ。

文例 4-2

①（天気予報を聞いて）雨がふるそうだ。
②（他人から聞いて）雨がふるそうだ。
③（空を見て）雨がふりそうだ。
④（雨音を聞いて）雨がふっているようだ。
⑤（私の予想では）雨がふるだろう。
⑥（気象予報士のせりふ）明日は，雨がふるでしょう。

文例 4-3

①夏らしい暑さ
②夏のような暑さ

文例 4-4

①豆腐と同じ味
②豆腐のような味

文例 4-5

①（彼女の言動を見ていると）私の母のようだ。
②彼女は（彼女の）母に似ている。
③彼女は（彼女の）母にそっくりだ。

文例 4-6

①彼のように，がんばれ。
②合格するように，がんばれ。
③どうか合格しますように。
④歩けるようになりたい。

文例 4-7

①彼は熱があるそうだ。

②彼は熱があるようだ（みたいだ）。
③私は熱があるようだ（みたいだ）。
④私は夢を見ているようだ。

文例 4-8

①彼は彼女と同じクラブに入っている。
②彼は彼女と同じようなクラブに入っている。
③彼は彼女と同じようにクラブに入っている。

文例 4-1

① 彼は賢そうだ。　　　　② 彼は賢いそうだ。

手話表現は？

　「面白かった」を「面白いかった」と書く聴覚障害児が時々見られます。さらに，「面白いそうだ」と「面白そうだ」の意味の違いを理解できていない聴覚障害児がかなり見られます。
　①と②の両方とも，同じ手話表現になりませんでしたか？
　「らしい（おそらく）」の手話をあえて使わないとすると，どう表せばよいか，考えてみてください（以下同様）。

日本語の意味は？　　　　　　　　　　　　　　問題4-1（1）

次の文で，（ア）と（イ）のどちらが適切ですか？
太郎くんは，友だちから聞いて，明子さんに言いました。
　（　　）（ア）「あの店は，おいしそうだよ」
　（　　）（イ）「あの店は，おいしいそうだよ」

日本語の意味は？　　　　　　　　　　　　　　問題4-1（2）

次の文で，（ア）と（イ）のどちらが適切ですか？
太郎くんは，お店のケーキを見て，思わず言いました。
　（　　）（ア）「このケーキはおいしそうだ」
　（　　）（イ）「このケーキはおいしいそうだ」

日本語の意味と答え

「おいしいそうだ」は「おいしいと聞いた，言われた」という意味です。それに対して，「おいしそうだ」は，「おいしそうに見える」という意味です。

問題 4 - 1 (1) の答え　（イ）
問題 4 - 1 (2) の答え　（ア）

手話表現の例

現実に見られる表現例を含む，以下同様

① 彼は賢そうだ。

(a) 彼／賢い／**見る**

(b) 彼／賢い／**思う**

② 彼は賢いそうだ。

(a) 彼／賢い／**聞く（聞こえる）**

(b) 彼／賢い／**言われる**

「らしい（おそらく）」という手話表現は，②では使えるが，①では使えない，と言う人が多いようです。

文例 4-2

①（天気予報を聞いて） 雨がふるそうだ。	②（他人から聞いて） 雨がふるそうだ。
③（空を見て） 雨がふりそうだ。	④（雨音を聞いて） 雨がふっているようだ。
⑤（私の予想では） 雨がふるだろう。	⑥（気象予報士のせりふ） 明日は，雨がふるでしょう。

手話表現は？

同じ手話表現になったところはありませんでしたか？
　日常会話では，①〜⑥のそれぞれで，「らしい（おそらく）」という手話表現を使う人が多いようですが，日本語の文章としては，それぞれ微妙に意味が違います。「らしい（おそらく）」という手話表現を使わない場合，どう表せばよいかを考えてみてください。

日本語の意味は？　　　　　　　　　　　　　　　　　問題 4-2（1）

次の文で，（ア）と（イ）のどちらが適切ですか？
太郎「明日の天気はどうなるのかな？」
明子「ついさっき，テレビで天気予報を見たら，
　　　（　　）（ア）雨がふりそうだよ」
　　　（　　）（イ）雨がふるそうだよ」

日本語の意味は？　　　　　　　　　　　　　　　　　　　　　　　問題 4-2 (2)

次の文で，(ア) と (イ) のどちらが適切ですか？
明子さんが，空を見上げて言いました。
明子「天気予報では，今日は晴れると言っていたけれど，
　　（　　）(ア) 雨がふりそうだね」
　　（　　）(イ) 雨がふるそうだね」

日本語の意味は？　　　　　　　　　　　　　　　　　　　　　　　問題 4-2 (3)

不自然な文章は，どちらですか？
　　（　　）(ア)「昨日，雨がふりそうだった」
　　（　　）(イ)「昨日，雨がふるそうだった」

日本語の意味と答え

　「雨がふるそうだ」は，「雨がふると聞いた・言われた」という意味であり，伝聞を表します。「雨がふりそうだ」は，空を見て，「雨がもうすぐふるかもしれない」「雨が近い」と思った意味です。

問題 4-2 (1) の答え　（イ）
問題 4-2 (2) の答え　（ア）
問題 4-2 (3) の答え　（イ）

　なお，過去形を作ると，「雨がふりそうだった」は言えますが，「雨がふるそうだった」とは言いません。「雨がふるということだった」などと言い換える必要があります。

　それから，「雨がふるだろう」や「雨がふるでしょう」は，その人が思ったことを意味します。素人がそう言った時は，単にそう思ったという意味ですが，気象予報士がそう言った時は，いろいろなデータを分析した結果そう判断したという意味です。

　また，「〜ようだ」は，「そのような様子だ」という意味です。

手話表現の例

① (天気予報を聞いて) **雨がふるそうだ。**	② (他人から聞いて) **雨がふるそうだ。**
雨／**言われる**［ＴＶからなので，下から言われる様子］	雨／**言われる**［人からなので，横から言われる様子］

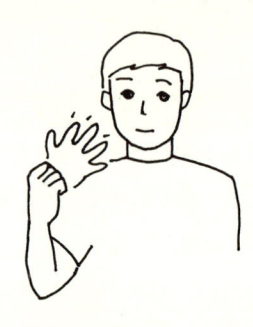

③ (空を見て) **雨がふりそうだ。**

(a) 雨／**かな？**（「？」と空書する）or 首をかしげるしぐさ

(b) 雨／**迫る**（もうすぐ）

④ (雨音を聞いて) **雨がふっているようだ。**

(a) (外を指さして) 雨／**思う**　　(b) 雨／**様子（状態）**

⑤ (私の予想では) **雨がふるだろう。**

雨／思う

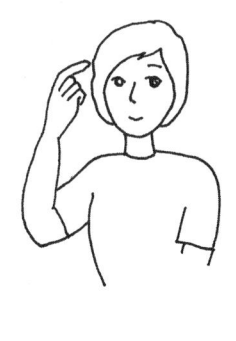

⑥ (気象予報士のせりふ) **明日は，雨がふるでしょう。**

雨／予想（想像・夢）

文例 4-3

① 夏らしい暑さ　　　　　② 夏のような暑さ

手話表現は？

①と②の違いを理解していない聴覚障害児が見られます。
それぞれを，手話でどう表しますか？

日本語の意味は？　　　　　　　　　　　　　　問題4-3(1)

次の文で，(ア)と(イ)のどちらが適切ですか？
「あの人は，社長ではないのに，
　(　)(ア)社長のように命令する。
　(　)(イ)社長らしく命令する。
だから，私は，あの人が好きではない」

日本語の意味は？　　　　　　　　　　　　　　問題4-3(2)

次の文で，(ア)と(イ)のどちらが適切ですか？
僕は，子どもの時，父から
　(　)(ア)「もっと男のように行動しなさい」
　(　)(イ)「もっと男らしく行動しなさい」
と，よく怒られたものでした。

日本語の意味と答え

「①夏らしい暑さ」は，「今は夏だが，本当に夏だなあと感じさせる暑さ」という意味であり，「②夏のような暑さ」は，「今は夏ではないが，夏を思わせる暑さ」という意味です。

問題4-3(1)の答え　(ア)
問題4-3(2)の答え　(イ)

問題4－3(1)では,「あの人」は「社長」でないのですから,「(ア) 社長のように」が答えです。問題4－3(2)では,「僕」は「男」なのですから,「(イ) 男らしく」が答えです。

手話表現の例

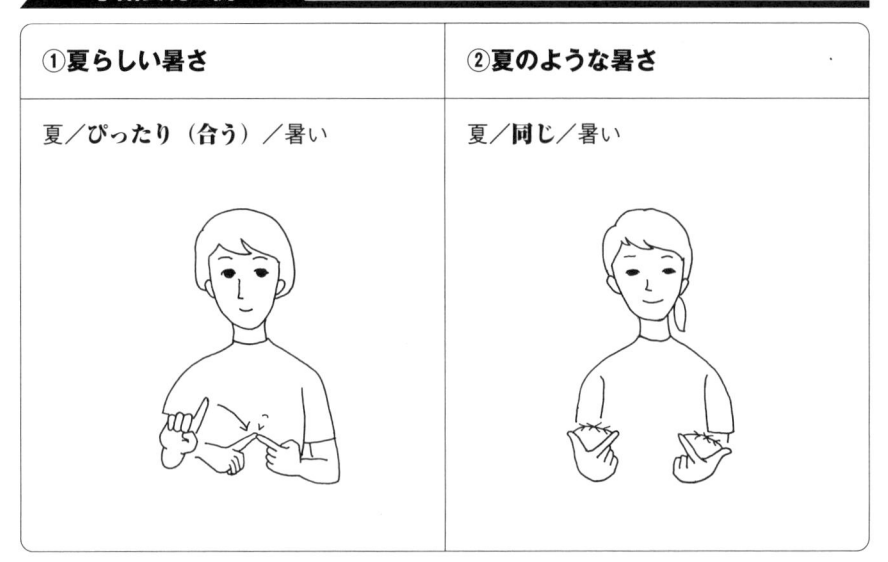

①夏らしい暑さ	②夏のような暑さ
夏／ぴったり（合う）／暑い	夏／同じ／暑い

4章 「らしい」「そうだ」「ようだ」「だろう」などにかかわって

文例 4-4

| ①豆腐と同じ味 | ②豆腐のような味 |

手話表現は？

①と②を比べると，②の方が「豆腐と似ているけど，ちょっと違う」という意味を含んでいます。①と②を，どんな手話で表しますか？

手話表現の例

①豆腐と<u>同じ</u>味	②豆腐の<u>ような</u>味
同じ［きっぱりした表情で］	(a) 似ている
	(b) 同じ［あいまいな表情で］

　『日本語－手話辞典』では，「天使のような看護婦」は「天使／同じ／世話／女」という手話で，「京都のような街並み」は「京都／同じ／町」という手話で表すと書かれていましたが，「豆腐と同じ味」と「豆腐のような味」は意味が少し異なるので，「豆腐のような味」のところで「似ている」という手話を使ってもいいかと聞かれたら，筆者は「かまわないと思う」と答えています。

文例 4-5

| ①（彼女の言動を見ていると）私の母のようだ。 | ②彼女は（彼女の）母に似ている。 | ③彼女は（彼女の）母にそっくりだ。 |

手話表現は？

「のようだ」や「似ている」,「そっくり」をどんな手話で表しましたか？

手話表現の例

①（彼女の言動を見ていると）私の母の<u>ようだ</u>。	②彼女は（彼女の）母に<u>似ている</u>。	③彼女は（彼女の）母に<u>そっくりだ</u>。
（a）同じ	（a）似ている	そっくり（生き写し）
（b）似ている	（b）同じ	

4章 「らしい」「そうだ」「ようだ」「だろう」などにかかわって

文例 4-6

①彼のように，がんばれ。	②合格するように，がんばれ。
③どうか合格しますように。	④歩けるようになりたい。

手話表現は？

「ように」を，どんな手話で表しましたか？

手話表現の例

①彼のように，がんばれ。	②合格するように，がんばれ。
彼／**同じ**／がんばれ	合格／**目的（目標）**／がんばれ

　「①彼のように，がんばれ」の「ように」のところで，「同じ」という手話を使う人がたくさん見られます。筆者もそのような手話を使いながらも，例えば「そのようなやり方」と「それと同一のやり方」，「それと似たやり方」は，それぞれどんな手話で表せば良いのだろうか，と気になっています。

③どうか合格しますように。	④歩けるようになりたい。
合格／**祈る**	(a) 歩く／できる／変わる（〜なる）／好き（〜たい）[[「ように」は省く] (b) 「歩きたい」と言い換える (c) 歩く／**希望（願う）**

　現実には、「ように」や「ようだ」は、非常にいろいろな意味で使われています。

　「彼のような教師が、もっとほしい」と「あなたのような方が、何をおっしゃいますか」とでは、「ような」にこめられている意味は違うと思います。

　「彼女は、彼が明日来るらしいと言っていた」と「彼女は、彼が明日来るようなことを言っていた」とでは、意味が微妙に異なります。前者は、彼女が「彼は明日来るらしい」と明言した意味ですが、後者は、彼女は明言しておらず、自分がそのように感じただけ、という意味も含まれています。これらの文章を、特に時間に追われる通訳場面において、どんな手話で表せば良いでしょうか。

文例 4-7

①彼は熱があるそうだ。	②彼は熱があるようだ（みたいだ）。
③私は熱があるようだ（みたいだ）。	④私は夢を見ているようだ。

手話表現は？

文末が同じ手話表現になったところはありませんでしたか？

日本語の意味は？ 問題 4-7（1）

次の文で，（ア）と（イ）のどちらが適切ですか？
先生「友子さんは，今日はお休みです」
愛子「どうしてですか？」
先生「今朝，友子さんのお母さんから学校に電話がありました。友子さんは，熱があって，
　　（　）（ア）学校を休むそうです」
　　（　）（イ）学校を休むようです」

日本語の意味は？ 問題 4-7（2）

次の文で，（ア）と（イ）のどちらが適切ですか？
太郎「あれ，弘くん，顔が赤いよ」
明子「本当だわ。目もぼーっとしている感じ。
　　（　）（ア）弘くんは，熱があるそうだね」
　　（　）（イ）弘くんは，熱があるようだね」

日本語の意味と答え

「熱があるそうだ」などの「そうだ」は，伝聞を意味しますが，「熱があるようだ」の「ようだ」は「自分がそう思った，そう感じた」ことを意味します。

> 問題 4-7(1) の答え　（ア）
> 問題 4-7(2) の答え　（イ）

手話表現の例

①彼は熱があるそうだ。	②彼は熱があるようだ（みたいだ）。
(a) 彼／熱／**聞く（聞こえる）**	(a) 彼／熱／**見る**
(b) 彼／熱／**言われる**	(b) 彼／熱／**様子（状態）**

4章　「らしい」「そうだ」「ようだ」「だろう」などにかかわって

③私は熱があるようだ（みたいだ）。

(a) 私／熱／**思う**

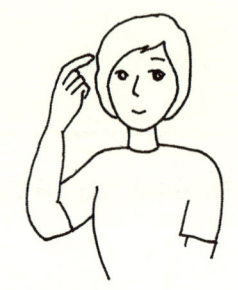

(b) 私／熱／**感じる**

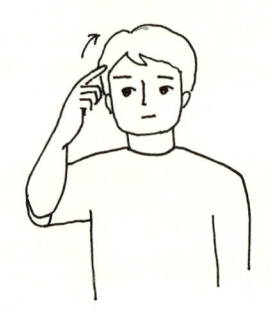

(c) 私／熱／**かな？**（「？」と空書する）or 首をかしげる

④私は夢を見ているようだ。

(a) 私／夢を見る／**思う**
(b) 私／夢を見る／**感じる**
(c) 私／夢を見る／**かな？**（「？」と空書する）or 首をかしげる

　２本指を顔の横でふる「らしい（おそらく）」の手話について，「①彼は熱があるそうだ」や「②彼は熱があるようだ」では使ってもいいが，「③私は熱があるようだ」では「不自然・使えない」という意見が見られました。

文例 4-8

| ①彼は彼女と同じクラブに入っている。 | ②彼は彼女と同じようなクラブに入っている。 | ③彼は彼女と同じようにクラブに入っている。 |

手話表現は？

「同じ」や「同じような」,「同じように」をどう区別して表しますか？

彼と彼女が入っているクラブが全く同じであれば,「①同じクラブに入っている」や「②同じようなクラブに入っている」,「③同じようにクラブに入っている」の全てが正しい文章になります。また,彼のクラブと彼女のクラブが「似ている」と考える人にとっては,②と③が正しい文章になります。2人ともクラブに入っていて,そのクラブが全く「似ていない」のであれば,③だけが正しい文章になります。つまり,①の「同じ」と②の「同じような」は,ともに「クラブ」を修飾しています。一方,③の「同じように」は,「(クラブに)入っている」を修飾しています。

日本語の意味は？　　　　　　　　　　　　　　　　　　　　　問題 4-8(1)

花子はテニスクラブに入り,太郎は野球クラブに入っています。
この時,「花子は,太郎と同じクラブに入っている」という文章は,正しいですか？

( )(ア) 正しい。
( )(イ) 正しくない。

日本語の意味は？　　　　　　　　　　　　　　　　　　　　　問題 4-8(2)

花子はテニスクラブに入り,太郎は野球クラブに入っています。
この時,「花子は,太郎と同じようにクラブに入っている」という文章は,正しいですか？

( )(ア) 正しい。
( )(イ) 正しくない。

4章 「らしい」「そうだ」「ようだ」「だろう」などにかかわって

日本語の意味と答え

「テニスクラブ」と「野球クラブ」は異なるクラブですから、「同じクラブ」とは言えません。ですが、「テニスクラブ」と「野球クラブ」はともに「クラブ」ですから、「同じようにクラブに入っている」とは言えます。

> 問題 4 - 8 (1) の答え　（イ）
> 問題 4 - 8 (2) の答え　（ア）

なお、「彼は彼女と同じように花を持っている」という文について、「花を持っている点が同じ」という意味と、「持ち方が同じ」という意味の両方が考えられます。また、「彼は，彼女がやったように話す」は、「彼と彼女の話し方が似ている」という意味と、「彼女が（何か悪いことを）やったかのように，彼が話す」という意味の両方が考えられます。

手話表現の例

①彼は彼女と同じクラブに入っている。	②彼は彼女と同じようなクラブに入っている。	③彼は彼女と同じようにクラブに入っている。
(a) 彼／彼女／同じ／クラブ／入る (b)［右側で］「彼／クラブ」／［左側で］「彼女／クラブ」／［左側と右側の両方が］同じ	(a) 彼／彼女／似ている／クラブ／入る (b)［右側で］「彼／クラブ」／［左側で］「彼女／クラブ」／［左側と右側の両方が］似ている	(a) クラブ／入る／彼／彼女／同じ (b)［右側で］「彼／クラブ／入る」／［左側で］「彼女／クラブ／入る」／［左側と右側の両方が］同じ

①では、「彼のクラブ」と「彼女のクラブ」が「同じ」ことを表し、③では、「彼がクラブに入っていること」と「彼女がクラブに入っていること」が「同じ」ことを表す必要があります。

現実には、時間に追われる通訳場面などでは、①～③のどれかが同じ手話になってしまっていることがよく見られます。

応用問題 4
以下の文章を手話で表してみてください

- これは，おいしいそうだ。
- これは，おいしそうだ。
- これは，おいしいらしいよ。
- 彼は風邪をひいたそうだ。
- 彼は風邪をひいたようだ。
- 私は風邪をひいたようだ。
- 私は風邪をひきそうだ。
- 彼のように速く走れるようになりたい。
- 歩けるようになりたい。
- 彼のような行動はやめなさい。
- 私のような者が，やっても良いのですか？
- 彼は，ゴリラのようだ。
- 彼は，ゴリラみたいね。
- 人間らしく生きたい。
- この春転勤してきた山田さんは，実行力があって，男らしい。
- 今度転勤してくる山田さんは，実行力のある男らしい。
- この劇では，あなたは男役なのだから，男のように行動しなさい。
- 自分は「女々しい」や「男らしい」のことばを使わないようにしている。
- 近代社会に入ると，男らしさと女らしさが強調されるようになった。
- 彼は，「男らしさ」と「女らしさ」をテーマに研究しており，私に「女らしさ」の話をしてくれた。
- 何とも女々しい話ですよね。
- これは，ロマンティックで女らしい話ですよ。
- （気象予報士のせりふ）「明日は，全国的に晴れるでしょう」
- （素人のせりふ）「明日は，晴れるだろう」
- どうやら雨もあがったようだから，帰ろうか。
- 明日までに終わるように，がんばれ。
- どうか手術が成功しますように。
- 彼は，神様のような人です。
- あの人は，私の父に似ている。
- 私の父と彼を比べると，容姿の点では全く似ていないんだけど，考え方や行動の仕方がとてもよく似ているのよ。
- 猿にそっくりな赤ん坊。
- 彼は，実は，お金持ちらしい。
- 彼は，お金持ちのようだ。

- 彼は，相当のお金を持っているようだ。
- 彼は，王様のようにふるまった。
- 彼は，王様らしくふるまった。
- こう言うと，怒られそうだ。
- 事故があったそうだ（あったらしい）。
- 事故があったようだ。
- 事故があったのかな。
- 電車が遅いね。多分人身事故があったのだろう。
- 雨はやむだろう。
- 雨はやんだそうだ。
- 雨はやんだようだ。
- 台風が来週来ます。
- 台風が来週来るだろう。
- 台風が来週来るらしい（来るそうだ）。
- 台風が来週あたり来そうだ。
- 彼は，明日来るようなことを言っていた。
- 彼，明日来るみたいよ。
- 彼，明日来るんだって。
- 明日，彼が来ますように。
- 台風が来ませんように。
- 台風が来ないように，祈ろう。
- 彼女は，彼が犯人であるかのように言った。
- 彼女は，それを言われて，泣きそうになった。
- 彼女が泣いているのは，いじめられたからだろう。
- 彼女が泣いているのは，いじめられたかららしい。
- 彼は死んだらしい（死んだそうだ）。
- 彼は死にそうだ（瀕死(ひんし)の状態）。
- 彼は死にかけた（棺おけに片足をつっこんだ）。
- 彼は死んだように眠った。
- 私は死にそうな思いをした。
- 毎日忙しくて，もう死にそう。
- なぐられそうになった（なぐられかけた）ので，必死になって逃げた。
- この町は，京都のような落ち着いた町だね。
- あくびが出そうだったが，我慢した。
- お化けが出そうな雰囲気だね。
- 彼は，最後まで王らしく毅然としていた。
- うそみたいな話だけど，本当の話だそうだ。
- くしゃみが出そうで出ない。

- 私もあなたと似たような経験をしました。
- 彼は多分行くだろう。
- 彼は本当に行くんだろうか？
- 彼は行きたそうにしていた。
- 彼女の手は，氷のように冷たかった。
- 彼女は，氷のように冷たい心を持っている。
- 夢を見ているかのような気持ちです。
- 花びらのような唇。
- あなたのような方が何をおっしゃいますか。
- 死ぬようなことはしないよ。
- どこかで聞いたような気がする。
- 電車に間に合うように，家を出る。
- あの子どもが食べたそうに見ている。
- それはおもしろそうね。
- 品が良さそうな婦人。
- 少しも楽しくなさそうな様子だった。
- 今にも泣き出しそうな顔だった。
- わかったような，わからないような，そんな感じです。
- わかったかのような顔をした。
- 訳知り顔をした。
- 赤ん坊を起こさないように，静かにしてね。
- できるだけその日のうちに，宿題をすませるようにしよう。
- いつでも使えるように，準備しておきます。
- もし彼と会うようなら，これを彼に渡してくれませんか。
- 彼は，なぜあんなに怒ったんだろう。
- ほら，俺の言った通りだろう。
- 彼1人に任せていいんだろうか。
- 私がやれそうなら，やってみてもいいですよ。
- 彼がやれそうなら，やらせてみてもいいですよ。
- あの子は，素直で，子どもらしい。
- 彼は，子どもっぽい。
- 彼の考え方は，子どもじみている。
- この味噌汁は水っぽくて，飲めそうもない。
- 彼は怒りっぽい。
- 彼は，先輩と同じスイミングクラブに通っている。
- 彼は，先輩と同じように，スイミングクラブに通っている。
- ○○語は，日本語と別個の文法を持っている言語です。
- ○○語は，日本語と同様の（な）文法を持っている言語です。

- ●○○語は，日本語と同様に文法を持っている言語です。
- ●①彼女は，彼がやったような話をした。（話の内容が似ている意）
  ②彼女は，彼がやったように，話した。（話し方が似ている意）
  ③彼女は，彼がやったかのように，話した。（「彼がやった」と話した意）
- ●①彼は明日来るらしいと（彼女が）言っていた。（彼女が「彼は明日来るらしい」とはっきり言った意）
  ②彼が明日来るような（みたいな）ことを（彼女が）言っていた。（彼女ははっきり言わなかったが，自分が彼女の話から「彼，明日来るのかな」と感じ取った意）
  ③彼，明日来るような（みたいな）ことを言っていた。（彼が今日来たが，その時の彼の話から，自分が「彼，明日来るのかな」と感じ取った意）
- ●①「君の母のような人が来た」（「君の母とは別人だとわかっているが，似ている人が来た」意）
  ②「君の母らしい人が来た」（「君の母かどうか断言できないが，多分君の母が来た」意）
- ●①それと同じやり方（それと全く同一のやり方，の意）
  ②それと似たやり方（それと同じではなく，別の似たやり方，の意）
  ③そのようなやり方（筆者としては，「③＝①＋②」であるように感じる）
- ●「彼女は結婚したらしい」と「彼女は結婚したそうだ」について，どちらも伝聞であるが，情報の信憑性に違いがあるという。すなわち，後者の方が情報の確実性が高いとされている。前者の方が，「自分はそれが本当かどうかに責任を持たないよ」という意味がこめられている。
- ●「合格するためにがんばれ」は「合格するようにがんばれ」と言い換えられるが，「結婚するためにお金をためる」は「結婚するようにお金をためる」と言い換えられない。逆に，「結婚できるようにお金をためる」は，「結婚できるためにお金をためる」と言い換えられない。このように述べた人が見られた。

小学校2～3年の国語の教科書にあった文章（一部改変）

- ●ふきのとうは，残念そうです。
- ●この綿毛の1つひとつは，広がると，ちょうど落下傘のようになる。
- ●背伸びをするように，ぐんぐん伸びていきます。
- ●逆上がりの時，あごを上げないようにすることも大事です。
- ●もう少しでできそうだよ。
- ●おもしろそうな絵本を探して，読み合いましょう。
- ●やしの木みたいないそぎんちゃく。
- ●さびしそうに読む。
- ●呼びかけるように読む。
- ●家の近くを散歩するように，雲の上を散歩したら，きっと楽しいよ。
- ●君，悲しそうだね。

- アイロンって，船みたい。
- なぞなぞのように遊べますね。
- おまつりみたいにしよう。
- 椅子が動かないように，しっかり押さえました。
- 1年生が間違いなく読めるように，ていねいに書き直しましょう。
- あたりを見ても，持ち主らしい人もいない。
- その子馬は，雪のように白く，誰でも，思わず見とれるほどでした。
- スーホは，兄弟に言うように，白馬に話しかけました。
- 月日は飛ぶように過ぎていきました。
- 馬は，飛ぶように駆けます。
- スーホは，自分のすぐ脇に白馬がいるような気がしました。
- 春らしいと思うことばを見つけよう。
- 太陽が美しく輝く様子をそれらしく表している。
- これなら，長く続けられそう。
- まちがえそうなところ，分かりにくそうなところは，詳しく話す。
- 客が見つけやすいように，商品を分類する。
- 人の声のようでもあり，そうでないようでもあり，なんともふしぎな響きでした。
- 「町の長者どんのひとり娘がさ，重い病気でさ。何人もの医者にみせたが，どうにもならないんだって」
- 若者は，自分のことのように喜んだ。
- 娘は，起きあがれるようになった。
- 「暮らす」と「クラス」のような，同じ音のひらがなとカタカナ。
- ちいちゃんの目に，お母さんらしい人が見えました。
- ちいちゃんは，暑いような寒いような気がしました。
- 調べたいことがのっていそうな本を何冊か探しましょう。
- 星に手が届きそうだ。
- 死んだおまえのおとうも見たそうだ。
- 豆太は，ちっちゃい声で，泣きそうに言った。
- まるで夢みたいにきれいなんだそうだ。
- 夜なんて考えただけでも，おしっこをもらしちまいそうだ。
- じさまがなんだか死んじまいそうな気がしたから。

5章 「みる」「見る」「聞く」「わかる」などにかかわって

文例 5-1

①食べてみる。
②食べ物を見る。

文例 5-2

①テレビを見る。
②遠くを見る。
③じっと見る。
④親の面倒を見る。
⑤多めに見ると，〜となる。
⑥大目に見る。
⑦医者が患者をみる。
⑧それを何とみるか（どう考えるか）。

文例 5-3

①（「こわくないよ」と言われておそるおそる）やってみた。
②（「自分はこんなにできるよ」と言いたくて）やってみせた。
③（「自分は全部できる」と豪語した人に対して）（それなら全部）やっ

てみせろ。

文例 5-4

①雪を見る。
②雪が見える。
③雪が見られる。

文例 5-5

①ヘビが見える。
②ヘビに見える。

文例 5-6

①見ない。（自分の意志で）
②見ていない。（単なる打ち消し）
③見ていない。（見たことがない意）
④見えない。（邪魔で見えない意）
⑤目が見えない。（「盲」である意）
⑥見られない。（見ることができない意）

文例 5-7

①音楽を聞く。
②道を聞く。
③頼みを聞く。
④鈴の音が聞こえる。
⑤鈴の音に聞こえる。
⑥良い話が聞ける。

文例 5-8

①聞かない。（自分の意志で）
②聞いていない。（単なる打ち消し）
③聞いていない。（聞いたことがない意）
④聞こえない。（うるさくて聞こえない意）
⑤耳が聞こえない。（「聾」「聴覚障害者」である意）

⑥聞けない。（聞くことができない意）

文例 5-9

①-1　知る。
①-2　知っている。
①-3　知った。
②-1　わかる。
②-2　わかっている。
②-3　わかった。

文例 5-10

①-1　知らない。
①-2　知っていない。
①-3　知らなかった。
②-1　わからない。
②-2　わかっていない。
②-3　わからなかった。

文例 5−1

① 食べてみる。

② 食べ物を見る。

手話表現は？

①と②の「みる」を，手話でどう表しますか？

日本語の意味は？

問題 5−1

どの「みる」が，最も「見る」などの漢字を使わないで書くことが多いですか？
- (　) (ア) 朝起きてみると，あたり一面雪景色だった。
- (　) (イ) おそるおそる食べてみる。
- (　) (ウ) 興味をもってビデオをみる。

日本語の意味と答え

「視線を向ける」という意味の「みる」は，「見る」（「観る」「視る」も少なからずある）と書きます。それに対して，「〜ことをやってみる・試す」の意味の「みる」は，通常ひらがなで書くとされています。（ア）の「朝起きてみると」は，「朝起きて（窓の外を）見ると」という意味です。

問題 5−1 の答え　（イ）

手話表現の例　　　　現実に見られる表現例を含む，以下同様

①食べてみる。

(a) 食べる／**してみる**

(b) 食べる／**試みる（テスト）**

②食べ物を見る。

(a) 食べる／**見る**（2本指で）

(b) 食べる／**見る**（1本指で）

　①(b) の「試みる」は，「テスト」などの意味があり，①(a) の「してみる」と比べると，「テストする」という仰々(ぎょうぎょう)しい雰囲気がある，と言う人が見られます。

5章　「みる」「見る」「聞く」「わかる」などにかかわって　97

文例 5−2

①テレビを見る。	②遠くを見る。
③じっと見る。	④親の面倒を見る。
⑤多めに見ると，〜となる。	⑥大目に見る。
⑦医者が患者をみる。	⑧これを何とみるか（どう考えるか）。

手話表現は？

「見る」を，それぞれどんな手話で表しましたか？

手話表現の例

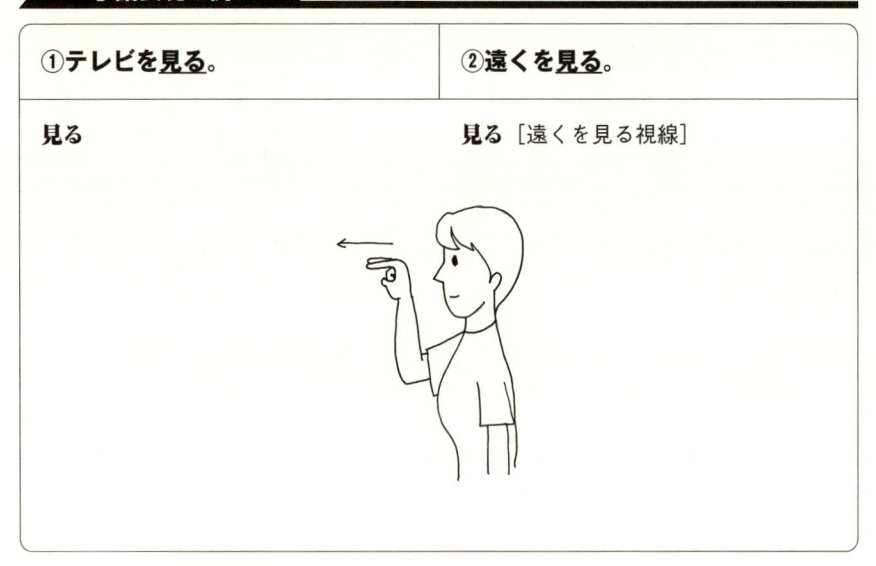

①テレビを<u>見る</u>。	②遠くを<u>見る</u>。
見る	見る［遠くを見る視線］

③ じっと見る。

(a) 見つめる

(b) 見る［じっと見る視線］
(c) 集中／見る

④ 親の面倒を見る。

世話

⑤ 多めに見ると，〜となる。

(a) 多い／考える／時
(b) 多い／例（仮）

⑥ 大目に見る。

(a) かまわない／そのまま
(b) そのまま／認める

⑦ **医者が患者をみる。**

（この「みる」は「診る」）
診察

⑧ **これを何とみるか（どう考えるか）。**

（a）思う

（b）考える

文例 5－3

| ①（「こわくないよ」と言われておそるおそる）**やってみた。** | ②（「自分はこんなにできるよ」と言いたくて）**やってみせた。** | ③（「自分は全部できる」と豪語した人に対して）**（それなら全部）やってみせろ。** |

手話表現は？

①〜③のどれかが，同じ手話表現になりませんでしたか？

日本語の意味は？　　　　　　　　　　　　　　　　　　問題 5-3（1）

次の文で，（ア）と（イ）のどちらが適切ですか？
母親が，ドリアンという珍しい果物を買ってきました。母親が「これは，くさいけど，おいしいらしいよ」と言ったので，友子は，おそるおそる
- （　　）（ア）一口食べてみました。
- （　　）（イ）一口食べてみせました。

日本語の意味は？　　　　　　　　　　　　　　　　　　問題 5-3（2）

次の文で，（ア）と（イ）のどちらが適切ですか？
友子さんはおなかをこわしていましたが，今日は治りました。お母さんが心配していたので，安心してもらうために，
- （　　）（ア）プリンを全部食べてみました。
- （　　）（イ）プリンを全部食べてみせました。

日本語の意味と答え

「やってみる」は、「試す」という意味です。それに対して「Aがやってみせる」は、「Aが周りの人に見せるためにやる」意味です。

問題 5-3 (1) の答え　（ア）
問題 5-3 (2) の答え　（イ）

手話表現の例

①（「こわくないよ」と言われておそるおそる）**やってみた。**	②（「自分はこんなにできるよ」と言いたくて）**やってみせた。**	③（「自分は全部できる」と豪語した人に対して）**（それなら全部）やってみせろ。**
(a) する（実行）／**してみる**  (b) する（実行）／**試みる（テスト）** 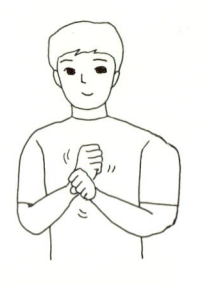 (c)「おそるおそるする」しぐさを使う	(a)「する（実行）」動作を強調する (b) する（実行）／**示す（表す）**（こちらから向こう側に示す） 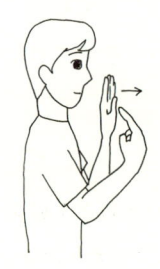	(a)「やれ！」の意味で、「する（実行）」動作を強調する (b) する（実行）／**示される**（向こう側からこちらに示す） 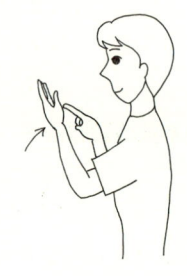

文例 5-4

| ①雪を見る。 | ②雪が見える。 | ③雪が見られる。 |

手話表現は？

①～③のどれかが，同じ手話表現になりませんでしたか？

日本語の意味は？　　　　　　　　　　　　　　　　　　　　問題 5-4

次の文で，（ア）～（ウ）のどれが最も適切ですか？
「雪が見たいの？　もう京都市内にはふらないから，むりだと思うよ。
舞鶴あたりまで行けば，
　　（　　）（ア）雪を見ると思うよ」
　　（　　）（イ）雪が見えると思うよ」
　　（　　）（ウ）雪が見られると思うよ」

日本語の意味と答え

「①雪を見る」は，自分の視線を（自分の意志で）ある物に向ける意味です。「②雪が見える」は，自分の意志とは関係なく，自然に目に入ってくる意味です。「③雪が見られる」は，ある条件が整ってはじめて見ることができる，という意味です。

問題 5-4 の答え　（ウ）

「舞鶴まで行けば，そこで雪を見ることができる」という意味ですから，答えは「（ウ）雪が見られると思うよ」です。

実際には，「見える」と「見られる」の使い分け方は微妙なところであり，その理由の説明も難しいです。「今新幹線に乗っています。あ，海が見えました（×見られました）」「（後ろの席に座っている人に対して）黒板の字が見えますか？（×見られますか？）」「今から学校まで走っていけば，うちの息子の出る劇が見られますか？（×見えますか？）」などのように使い分けます。なお，「私の家は高台にあるので，海が～」では，「見える」と「見られる」の両方ともおかしくないでしょう。

手話表現の例

①雪を見る。	②雪が見える。	③雪が見られる。
(a) 雪／**見る**	(a) 雪／**眺める**[「あ、見えた」という表情をつけながら]	雪／見る／できる
(b) 視線を別のところから前方にわざわざ向けるしぐさを強調する	(b) 雪／見る (c) 雪／見る／できる	

　日常会話では，「海が見えました」は，単に「海／見た」（「海を見ました」の意）と表して良いでしょうが，だからといって，授業中「（黒板の字などが）見えますか？」と尋ねる時，「見る／か？」よりは「見る／できる／か？」の方が適切でしょう。けれども，これを「黒板の字が見られますか？」という日本語に直すと，不適切でしょう。
　「見ない」「見えない」「見られない」についても，また，「聞く」「聞こえる」「聞ける」「聞かない」「聞こえない」「聞けない」についても，同様に使い分ける必要があるでしょう（文例5－6～文例5－8参照）。

文例 5-5

| ①ヘビが見える。 | ②ヘビに見える。 |

手話表現は？

①と②が同じ手話表現になりませんでしたか？

日本語の意味は？　　　　　　　　　　　　　　　　　　　問題 5-5

次の文で，（ア）と（イ）のどちらが適切ですか？
「あそこのひも，一瞬，
　（　　）（ア）ヘビに見えたわ」
　（　　）（イ）ヘビが見えたわ」

日本語の意味と答え

「ヘビが見えた」は，「ヘビが視野に入った」という意味です。そして，「ヘビに見えた」は，本当はヘビではないが「ヘビのように見えた」という意味です。

問題 5-5 の答え　（ア）

手話表現の例

①ヘビが見える。	②ヘビに見える。
文意に合わせて (a) ヘビ／見る (b) ヘビ／見る／できる	(a) ヘビ／見る (b) ヘビ／思う（「ヘビと思う」意） (c) ヘビ／見る／思う（「ヘビを見ているように思う」意） (d) ヘビ／同じ／見る／できる（「ヘビのように見える」意）

非常にいろいろな意見が見られました。

5章　「みる」「見る」「聞く」「わかる」などにかかわって

文例 5-6

①見ない。（自分の意志で）	②見ていない。（単なる打ち消し）	③見ていない。（見たことがない意）
④見えない。（邪魔で見えない意）	⑤目が見えない。（「盲」である意）	⑥見られない。（見ることができない意）

手話表現は？

①〜⑥のどれかが，同じ手話表現になりませんでしたか？

日本語の意味は？　　　　　　　　　　　　　　　問題 5-6

次の（　）には，(ア)「見ない」,(イ)「見ていない」,(ウ)「見えない」,(エ)「見られない」のどれを入れるのが適切でしょうか？
1)「彼の頭が邪魔で，黒板の字がよく（　　）よ」
2)「君，知らんのか？　紙に書いてあっただろ」「えっ，僕は（　　）よ」
3)「その植物は，南の方へ行かないと（　　）よ」

日本語の意味と答え

1)で「見られない」が入れられない理由について，説明が難しいです。2)で「見なかった」より「見ていない」の方が自然な言い方であ

問題 5-6 の答え
　1)→(ウ)　2)→(イ)　3)→(エ)

る理由については，10章（時制にかかわって）や第2巻の文例15-2を参照してください。3)で「見えない」を入れると誤用になる理由としては，ある条件が整って初めて見ることができるという意味が，この文にはあるからと言えるでしょう。

手話表現の例

①見ない。(自分の意志で)	②見ていない。(単なる打ち消し)	③見ていない。(見たことがない意)
見る／ない(自分の意志)	見る／ない(単なる打ち消し)	見えない(見ていない)

④見えない。(邪魔で見えない意)	⑤目が見えない。(「盲」である意)	⑥見られない。(見ることができない意)
見えない(見ていない)	盲	見る／難しい(できない)

5章 「みる」「見る」「聞く」「わかる」などにかかわって

文例 5-7

①音楽を聞く。	②道を聞く。	③頼みを聞く。
④鈴の音が聞こえる。	⑤鈴の音に聞こえる。	⑥良い話が聞ける。

手話表現は？

①～③の「聞く」は，それぞれ意味が違います。
①～⑥のどれかが，同じ手話表現になりませんでしたか？

日本語の意味は？　　　　　　　　　　　　　　　　問題5-7（1）

「神様，私の願いを聞いてください」の「聞く」の意味に最も近いのは，次のどれですか？
- （　）（ア）私は，この問題の解き方を父に聞いた。
- （　）（イ）私は，彼の話を静かに集中して聞いた。
- （　）（ウ）あれを持ってきたら，君の要求を聞いてやろう。

日本語の意味は？　　　　　　　　　　　　　　　　問題5-7（2）

次の（　）には，（ア）「聞いた」，（イ）「聞こえた」，（ウ）「聞けた」のどれを入れるのが適切でしょうか？
1)「今日の講演では，良い話が（　）よ」
2)「山へ行くと，うぐいすの鳴き声が（　）ような気がしました」

日本語の意味は？

問題5-7（3）

次の文で，（ア）と（イ）のどちらが適切ですか？
「ただいま」という声を聞いて，花子は「お父さんが帰ってきた！」と言って，玄関へ飛び出しました。ですが，帰宅したのは，お兄さんでした。
花子「あら，お父さんじゃなかったわ。さっきの『ただいま』，
　（　　）（ア）お父さんの声が聞こえたわ」
　（　　）（イ）お父さんの声に聞こえたわ」

日本語の意味と答え

問題5-7（1）について，「聞く」には，「①音楽を聞く」のように「耳から音を聞く」意味，「②道を聞く」のように「尋ねる」意味，「③頼みを聞く」のように「認める・聞き入れる」意味があります。

問題5-7（1）の答え　（ウ）
問題5-7（2）の答え
　　1）→（ウ）　2）→（イ）
問題5-7（3）の答え　（イ）

問題5-7（2）の1）では，「良い話を聞いた」とは言いますが，「良い話が聞いた」とは言いません。一方，「良い話を聞けた」と「良い話が聞けた」については，両方とも言います（後者の方が自然です）。2）では，「鳴き声が聞こえた」とは言いますが，「鳴き声を聞こえた」とは言いません。

問題5-7（3）について，「Aが聞こえる」と「Aに聞こえる」の違いについては，「Aが見える」と「Aに見える」の違いと同様ですので，文例5-5を参照してください。

なお，「①音楽を聞く」の「きく」は，「聴く」とも書けます。「②道を聞く」の「きく」は，「訊く」とも書けます。

手話表現の例

①音楽を聞く。	②道を聞く。	③頼みを聞く。
音楽／**聴く**	道／**尋ねる**（質問）	頼む／**認める**（聞き入れる意）

④鈴の音が聞こえる。	⑤鈴の音に聞こえる。	⑥良い話が聞ける。
鈴／音／**聞く（聞こえる）**	鈴／音／（同じ or 似ている）／聞く（聞こえる）／**思う**	良い／話／**聴く**／できる

文例 5-8

①聞かない。(自分の意志で)	②聞いていない。(単なる打ち消し)	③聞いていない。(聞いたことがない意)
④聞こえない。(うるさくて聞こえない意)	⑤耳が聞こえない。(「聾」「聴覚障害者」である意)	⑥聞けない。(聞くことができない意)

手話表現は？

ここでの「聞く」は，全て「耳から何かを聞く」意味とします。
①～⑥のどれかが，同じ手話表現になりませんでしたか？

日本語の意味は？　　　　　　　　　　　　　　　　　　　　　　問題 5-8

次の（　）には，（ア）「聞かない」，（イ）「聞いていない」，（ウ）「聞こえない」，（エ）「聞けない」のどれを入れるのが適切でしょうか？
1)「ざわざわしていて，先生の声がよく（　　）よ」
2)「君，知らんのか？　彼が前からみんなに言っていることだよ」
　「えっ，僕は（　　）よ」
3)「その機械がないと，このCDは（　　）よ」

日本語の意味と答え

1) で「聞けない」が入れられない理由について，説明が難しいです。2) で「聞かなかった」より「聞いていない」の方が自然な言い方である理由に

> 問題 5-8 の答え
> 　1) → (ウ)　　2) → (イ)　　3) → (エ)

ついては，10章（時制にかかわって）や第2巻の文例15-2を参照してください。3) で「聞こえない」を入れると誤用になる理由としては，ある条件が整って初めて聞くことができるという意味が，この文にはあるからと言えるでしょう。

5章　「みる」「見る」「聞く」「わかる」などにかかわって

手話表現の例

①聞かない。(自分の意志で)	②聞いていない。(単なる打ち消し)	③聞いていない。(聞いたことがない意)
聴く／ない(自分の意志)	聴く or 聞く(聞こえる)／ない(単なる打ち消し)	聞いていない・聞こえない

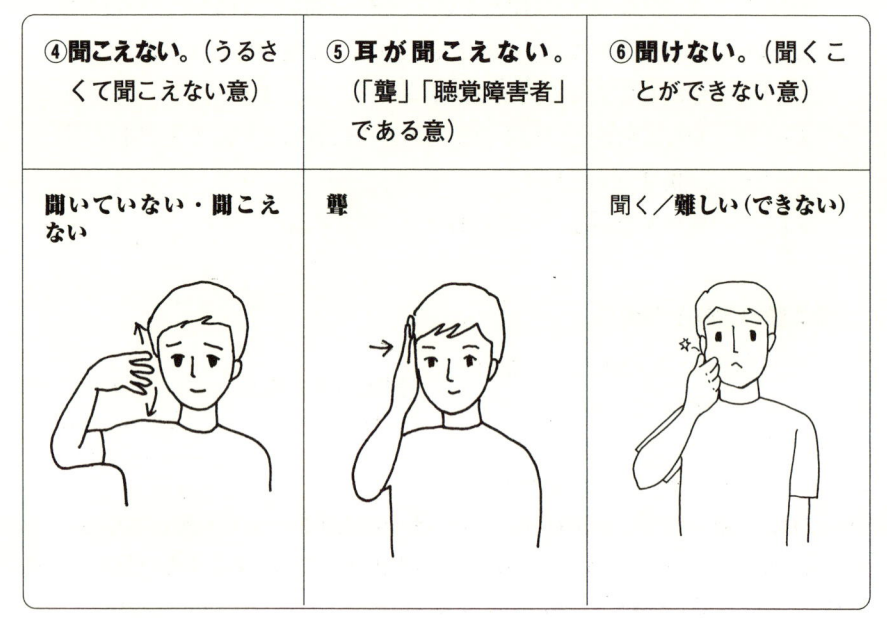

④聞こえない。(うるさくて聞こえない意)	⑤耳が聞こえない。(「聾」「聴覚障害者」である意)	⑥聞けない。(聞くことができない意)
聞いていない・聞こえない	聾	聞く／難しい(できない)

文例 5-9

①-1 知る。	①-2 知っている。	①-3 知った。
②-1 わかる。	②-2 わかっている。	②-3 わかった。

手話表現は？

①-1～②-3のどれかが，同じ手話表現になりませんでしたか？

日本語の意味は？　　　　　　　　　　　　　　　　問題5-9

次の（　）には，(ア)「知る」，(イ)「知っている」，(ウ)「知った」，(エ)「わかる」，(オ)「わかっている」，(カ)「わかった」のどれを入れるのが適切でしょうか？
1)「君，A氏が逮捕されたんだって」
　「ああ，（　）よ。今朝のニュースで聞いたよ」
2)「A氏が逮捕されたんだって。君，（　）か？」
　「ああ，今朝のニュースで初めて（　）よ」
3)「彼は，物が（　）人だよ」
4)（彼が説明した後）「君の説明はよく（　）から，もう結構です」

日本語の意味と答え

「知る」は，単にある事物を聞く・見る意味で，「わかる」は，何かの内容や意味が全体的に理解できる感じですが，その使い分け方をはっきり説明することは難しいです。手話では，「知る」と「わかる」は区別できないようです。

問題5-9の答え
1)→(イ)　2)→(イ)(ウ)
3)→(エ)　4)→(カ)

「わかるよ」「わかっているよ」「わかったよ」の使い分け方を説明するのも難し

いです。どちらかと言えば,「わかるよ」は「理解できる」意味で,「わかっているよ」は「前から理解している」意味で,「わかったよ」は「たった今内容が理解できた」という意味であることが多いように思われます。

問題5-9の1)は,「もう知っている（知った状態が続いている）。なぜなら,今朝のニュースで聞いたから」という意味です。2)は,「君はもう知っている状態か？」と尋ねています。それに対して,「それを初めて知ったのは,今朝のニュースの時である」と答えています。3)は,「物がわかる」という慣用句があると覚えると良いでしょう。4)は,「今理解できた」と言っています。

手話表現の例

①-1 知る。 ②-1 わかる。	①-2 知っている。 ②-2 わかっている。	①-3 知った。 ②-3 わかった。
知る（わかる）	知っている （こぶしで胸をたたいてもよい）	文意に合わせて (a) 知る（わかる） (b) 知っている

「知る（理解・納得）・わかる」は,胸をなでおろしており,物の道理がすとんと「腑に落ちた」という感じです。それに対して,「知っている・わかっている」は,「事柄は,この胸（心・頭）にもう入っているよ」と言わんばかりに,胸をとんとんとたたきます。

文例 5-10

①-1 知らない。	①-2 知っていない。	①-3 知らなかった。
②-1 わからない。	②-2 わかっていない。	②-3 わからなかった。

手話表現は？

①-1～②-3のどれかが，同じ手話表現になりませんでしたか？

日本語の意味は？   問題 5-10

次の（　）には，（ア）「知らない」，（イ）「知っていない」，（ウ）「知らなかった」，（エ）「わからない」，（オ）「わかっていない」，（カ）「わからなかった」のどれを入れるのが適切でしょうか？
1)「僕，A氏が逮捕されたことを（　）。君はいつから知っていたの？」
「今朝，君から言われるまで，僕も（　）よ」
2)「彼の説明はよく（　）。よく（　）まま，帰ってきてしまった」
「僕もだよ。彼のあの説明の仕方は，下手だったと思うよ」

日本語の意味と答え

「知る」と「わかる」の違いについては，文例5-9を参照してください。1)で，「僕も君から言われるまで知らなかった」は自然な言い方ですが，「僕も君から言われるまで知っていなかった」は不自然な言い方になります。また，2)で，「よくわからないまま帰った」は自然な言い方ですが，「よくわからなかったまま帰った」は不自然な言い方になります。その理由を説明することは難しいです。

> 問題 5-10の答え
> 1)→（ウ）（ウ）
> 2)→（カ）（エ）

手話表現の例

| ①-1 知らない。 | ①-2 知っていない。 | ①-3 知らなかった。 |

「**知らない**」という手話単語を使う

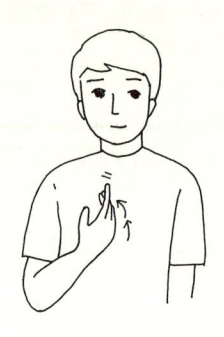

| ②-1 わからない。 | ②-2 わかっていない。 | ②-3 わからなかった。 |

文意に合わせて
(a) 知らない
(b) わかる（知る）／難しい
(c) **ちんぷんかんぷん（わからない）**

「知らない」の手話は，単にある事実を聞いたことがない・見たことがない時に使い，「ちんぷんかんぷん（わからない）」の手話は，過去に説明を受けたものの，よく理解できていない・理解が曖昧なままである時などに使う，と述べた聴覚障害者が見られました。

　『日本語－手話辞典』を見ると，「意図がわからない」や「結局わからない」という例文で「知らない」の手話が使われており，実際，「知らない」の手話を「わからない」にも使う人がたくさん見られます。一方，「ちんぷんかんぷん」の手話は，この辞典では「わからない」として載っており，「さっぱりわからない」「複雑でわからない」「原因不明」のような例文で，この手話が使われていました。

　「知る」と「わかる」について，「彼女は，息子が逮捕されたことを知らない」とは言えても，「彼女は，息子が逮捕されたことがわからない」とは言えない（言えるとすれば，彼女が脳に障害を受け物事が認識できない場合，などでしょう）ことから，「知る」と「わかる」は同じ意味ではないことがわかるでしょう。そして，「理解する」と「わかる」の間に違いがあるかどうかについて，本書では検討できませんでした。

応用問題 5 　　以下の文章を手話で表してみてください

- 遠くを見てごらん。
- これを見てごらん。
- やってみてごらん。
- じっと見ると，それはアリだった。
- 脈をみると，様子がおかしい。
- 早く患者をみてください。
- 子どもの勉強を見る。
- この絵を虎とみるか猫とみるかによって……
- 私にしてみれば……
- 朝起きて外を見ると，銀世界だった。
- 朝起きてみると，銀世界だった。
- ばかを見た。
- 手相を見る。
- 流行歌にみる世相。
- 年収を300万円とみると……，えーと……。
- 多めに見ると，こうなります。
- 大目に見てやってください。
- （私の代わりに）行って見てきてください。
- 興味があったら，行ってみてください。
- やってみせ，やらせてみることが大切だ。
- 今度こそ絶対に勝ってみせる。
- 母に心配をかけまいと，笑ってみせた。
- 元気な彼も，今回は，さすがに，疲れを見せた。
- 子どもを医者に早くみせた方が良い。
- どれどれ，おもしろそうなのができたね。もっとよく見せて。
- やれるもんなら，やってみせろ。
- 私は，病気にかかり，目が見えなくなりました。
- どこに行けば，その映画が見られるの？
- ケーブルテレビに加入したら，外国のテレビも見られるよ。
- ここから富士山の山頂が見られるのは，1年間のうち数日間だけだそうです。
- 展望台に上ると，湖がはっきりと見えました。
- 彼の頭が邪魔で，よく見えないので，彼と席を替わってもらった。
- 暗いので，黒板の字がよく見えない。電灯をつけてほしい。
- 皆さん，（これが）見えますか？　はい，見えます。いいえ，見えません。
- くじらがなかなか姿を見せないな。あっ，くじらが見えた。

- 暗かったので，そのひもが一瞬ヘビに見えた。
- 「誰が見ましたか？」「山田さんが見ました」
- 「誰を見ましたか？」「山田さんを見ました」
- 「誰に見られましたか？」「山田さんに見られました」
- （受付の人からの連絡で）「山田さんが見えましたよ」
- （受付の人からの連絡で）「社長が見えられましたよ」
- 「暗くてよくわかりませんでしたが，その人は山田さんに見えました」
- 何か聞きたいものはあるか？
- 何か聞きたいことはあるか？
- 私の願いを聞いてください。
- 私の話を聞いてください。
- 私は耳が聞こえません。
- うるさくて聞こえません。
- そんなこと，聞いていません。
- そのラジオはこわれていて，聞くことができません。
- 「何が聞こえますか？」「猫の鳴き声が聞こえます」
- 「何に聞こえますか？」「猫の鳴き声に聞こえます」
- 君の噂は，重役にまで聞こえているぞ。
- この話は聞かなかったことにするよ。
- そんなこと，知るもんか。
- そんなこと，知っているよ。
- そんなことも，知らなかったのか。
- そんなことも，わからないのか。
- 彼女は，息子が逮捕されたことをまだ知らない。
- 脳に障害を受けた彼女は，息子が逮捕されたこともわからない。
- 君はわからない人だなあ。
- 「可能」や「受身」，「敬語」の意味を添える「～られる・～れる」をくっつけると，「見る」は「見られる」に，「聞く」は「聞かれる」になる（最近は「見れる」という言い方をする人が増えているが）。「見える」や「聞こえる」は，それだけで「可能」の意味を含んでいるからか，「見えられる」や「聞こえられる」とは言わない。しかし，「おいでになる」の意味の「見える」の場合は，「見えられる」という言い方が可能であり，「社長が見えられました」などの言い方がよく使われる。
- 以前から鳥や虫の鳴き声を聞きたいと思っていたが，昔は補聴器の質が悪く，聞くことができなかった。けれども，最近，補聴器の性能が良くなって，鈴虫の鳴き声も聞こえるようになった。
- 私は，音楽が好きで，以前は，暇さえあればコンサートを聞きに行ったりしていたが，子どもが生まれてからは，コンサートに行きにくくなった。最近，友達からAさんのコンサートが良かったと聞いたので，私も一度聞きに行きたいと思っていた

- が，忙しくてなかなか聞きに行けなかった。今回，子どもを私の母に預けて，やっとAさんの歌が生で聞けた。ただ，私の席の前のカップルの会話が耳に入ったりして，集中して聞くことができなかったのが残念だった。
- 私は，Bさんの講演を一度聞いてみたいと思っていたが，今回やっと聞くことができて良かった。講演の後，司会者が「Bさんに聞きたいことはないか」と言い，何人かの人が質問していた。私も聞いてみたいことがあったが，迷っているうちに，司会者に「時間になったので，これで」と言われた。勇気を出して，早く手をあげて，聞いてみたら良かった，と後悔している。
- 最近，「聴く」と「聞く」の違いが強調されるようになってきた。すなわち，人の音声に意識を集中させた結果話の内容がわかることと，自然に音声が耳に入ってきて話の内容がわかることは，別物である。
- 「彼女は〜がわかる（わからない）」や「彼女は〜を知る（知らない）」は自然な言い方だが，「彼女は〜をわかる（わからない）」は不自然な言い方であり，「彼女は〜が知る（知らない）」は明らかに誤った言い方になるだろう。どういう場合に目的語に「が」がつけられるのか，子どもにもわかるように説明することは難しい。
- スポーツでは，「知る」「わかる」「できる」の3段階がある。まず「知る」こと，つまり頭で理解している段階，次に「わかる」こと，つまりからだで理解できる段階，最後に「できる」こと，つまり実際の状況の中でそれが有効に使える段階がある。あるフォームについて，頭ではわかっても，実際にそのフォームができないことがあるし，ある技が，練習の時はできても，試合になると使えないことがあるからである。
- 「私は，テストでカンニングしたのを，先生に見つかった」の文章で，「先生に見つけられた」と書くと，不自然になる理由の説明も難しい。

小学校2〜3年の国語の教科書にあった文章（一部改変）
- 迷子のお知らせが聞こえます。
- 探してみましょう。
- みんなに聞こえるように大きな声ではっきり話しましょう。
- 聞いている人は，わからないところを質問したりしましょう。
- 海の中をのぞいてみましょう。
- 帰る途中で，子馬を見つけたんだ。
- 毎日見ている物でも，よく見ると，いろいろ気づく。
- 辺りを見ても，持ち主らしい人もいないし，お母さん馬も見えない。
- 殿様は，白馬に乗って，みんなに見せてやることにしました。
- 楽器の音は，美しく響き，聞く人の心を揺り動かすのでした。
- 知っている漢字に変身するよ。
- 紙をちぎって，何に見えるかを話し合う。
- できたての音，すてきないい音，お聞かせします。

- うさぎは，黙って聞いていました。
- ここに「おとや」が開店して，すてきな音を聞かせてもらえるってことは，前から聞いてたんだけどね。
- 「ああ，聞こえる。雨の音だ」
- 「聞いたかい？」「何を？」。声が聞こえてきた。
- もっとよく聞こうと，（聞き耳）ずきんを取った。
- 娘は，若者を見た。娘には，彼の粗末な身なりは気にならず，きれいな目だけが見えた（cf. きれいな目だけを見た）。
- いろいろな見方・考え方を知る（cf. 見方・考え方がわかる）。
- 見たことのないばあさまが，若者を待っていました。
- 何人もの医者にみせたが，どうにもならないんだって。
- 日が沈み，まわりがほとんど見えなくなる夕方。
- 目に見えない物や絵に描けない物を表す漢字。
- 目に見えない小さな生物の力を借りて……

6章 「遅い」「遅れる」「過ぎる」「早める」などにかかわって

　英語の「late」と「slow」,「early」と「fast, speedy」は区別されていますが，日本語の「遅い・遅れる」と「のろい・ゆっくり」,「早い」と「速い」はあいまいな使われ方をすることが多いです。
　また,「早める」や「急いでする」,「すぐにする」の違いは何でしょうか？

文例 6-1

①電車が遅い（のろい）。
②電車が遅い（遅れる）。
③電車に（乗り）遅れる。

文例 6-2

①電車に遅れる。
②会社に遅れる。
③（他生徒より）勉強が遅れる。
④会議が（始まるのが）遅れる。
⑤（開始時刻を）遅らせる。

文例 6 - 3

①仕事が遅い。
②残業
③過労
④働き過ぎ

文例 6 - 4

①遅く寝る（寝るのが遅い）。
②ゆっくり寝る。
③（今朝は）寝過ごして（あわてた）。
④寝過ぎて（頭がぼーっとしている）。

文例 6 - 5

①時計が遅れている。
②時計が進んでいる。

文例 6 - 6

①計算を早くする。
②計算を速くする。
③急いで計算する。
④すぐに計算する。
⑤帰宅を早める。
⑥帰宅を急ぐ。
⑦すぐに帰宅する。

文例 6-1

| ①電車が遅い(のろい)。 | ②電車が遅い(遅れる)。 | ③電車に(乗り)遅れる。 |

手話表現は？

「遅い・遅れる」は，それぞれどんな手話になりましたか？

日本語の意味は？　　　　　　　　　　　　　問題 6-1(1)

次の文で，(ア)と(イ)のどちらが適切ですか？
ホームで電車を待っていると，「先ほど事故があったので，
　{ (　) (ア) 電車が遅れます」
　　(　) (イ) 電車に遅れます」
という放送がありました。

日本語の意味は？　　　　　　　　　　　　　問題 6-1(2)

次の文で，(ア)と(イ)のどちらが適切ですか？
母親が，高校生の息子に，「早く家を出ないと，
　{ (　) (ア) 電車が遅れるよ」
　　(　) (イ) 電車に遅れるよ」
と言いました。

日本語の意味と答え

　「電車が遅れる」は，決まった時刻に到着すべきなのに，まだ来ていない状態の時に言います。「電車に遅れる」は，電車に乗り遅れる意味です。

問題 6-1(1)の答え　(ア)
問題 6-1(2)の答え　(イ)

手話表現の例   現実に見られる表現例を含む，以下同様

①電車が遅い(のろい)。	②電車が遅い(遅れる)。	③電車に(乗り)遅れる。
電車／ゆっくり	(a) 電車／なかなか（待ちぼうけ） (b) 電車／なかなか	(a) 電車／(乗る)／**失敗（ミス）** (b) 電車／行く／**失敗（ミス）**（「電車が行っちゃった！ しまった！」意）

文例 6-2

①電車に遅れる。	②会社に遅れる。
③（他生徒より）勉強が遅れる。	④会議が（始まるのが）遅れる。
⑤（開始時刻を）遅らせる。	

手話表現は？

「遅れる」は，それぞれどんな手話になりましたか？

手話表現の例

①電車に遅れる。	②会社に遅れる。
電車／**失敗（ミス）**	会社／**過ぎる（遅刻）**

6章 「遅い」「遅れる」「過ぎる」「早める」などにかかわって

③（他生徒より）勉強が遅れる。

勉強／遅れる（差がつく）

④会議が（始まるのが）遅れる。

会議／繰り下げ（時間が後にずれる）

⑤（開始時刻を）遅らせる。

延期

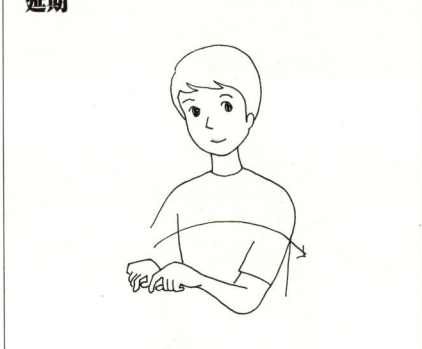

　「遅れる」は自動詞で、「遅らせる」は他動詞です。「直る」と「直す」、「早まる」と「早める」などのように、自動詞と他動詞の手話表現が同じになることが多いです。「遅れる」と「遅らせる」については、前者は文例6－1②③や本例①～④で示したような手話表現を使い、後者は本例⑤に示したように「延期」という手話を使うとよいのではないかと思います。

　「遅刻させそうになる」や「遅れさせられる」、「遅らせられる」の表現の仕方は難しいですね。

　これらについては、第2巻の17章も参照してください。

文例 6-3

①仕事が遅い。	②残業
③過労	④働き過ぎ

手話表現は？

①は，仕事をするスピードが遅い意味です。④は，仕事の量が多すぎるという意味で，③の「過労」に近いですが，「働き過ぎ」と「過労」は意味が同じわけではありません。

それぞれを，手話でどう表現しますか？

手話表現の例

①仕事が遅い。	②残業
仕事／ゆっくり	(a) 仕事／**過ぎる（遅刻）** (b)「過ぎる（遅刻）」を短時間で2回小さく繰り返す

6章 「遅い」「遅れる」「過ぎる」「早める」などにかかわって

③過労	④働き過ぎ
(a) 仕事／**過ぎる**（遅刻）	(a) 仕事／過ぎる（遅刻） (b) 仕事／**超える**（オーバー）
(b)「仕事」の手話を強調しながら繰り返し，最後にばたんと倒れる	(c)「仕事」の手話を強調しながら繰り返す

　「②残業」と「③過労」，「④働き過ぎ」は同じ手話になる（口形を見て判断する）という意見も見られました。

　「④働き過ぎ」については，「過ぎる（遅刻）」と「超える（オーバー）」（上記のイラスト参照）のどちらを使う方がよいか，意見が分かれました。この時，「こえる」には「越える」と「超える」があるが，「超える」が使えるもの，すなわち，「ある数値より大きな数値になる，ぬきんでてまさる」（量が一定量を超える）意味の時は，「超える（オーバー）」という手話を使い，「超える」が使えず「越える」でなければならないもの，すなわち「手前から向こう側にその上を過ぎて移る」意味の時や，単に「ある決まった時刻を過ぎる」意味の時は，「過ぎる（遅刻）」という手話を使う，と言う人も見られました。

文例 6-4

①遅く寝る（寝るのが遅い）。	②ゆっくり寝る。
③（今朝は）寝過ごして（あわてた）。	④寝過ぎて（頭がぼーっとしている）。

手話表現は？

それぞれどんな手話になりましたか？

日本語の意味は？

問題6-4

「しまった，寝過ごした！」の「寝過ごす」は，どういう意味ですか？次の中から，最も適切なものを選びなさい。

( )（ア）昨夜遅い時間に寝た。
( )（イ）ゆっくり寝た。
( )（ウ）寝坊した。
( )（エ）睡眠時間を必要以上に長くした。

日本語の意味と答え

夜遅く寝ても，ゆっくり寝ても，睡眠時間が必要以上に長くなっても，寝坊しなかったら「寝過ごした！」とは言いません。つまり，「寝過ごした！」は，「寝坊した！」という意味です。

問題6-4の答え （ウ）

「②ゆっくり寝る」で，「スピードが遅い」意味の「ゆっくり」という手話を使うと，「寝る」動作を「ゆっくり」行う意味になるかもしれませんね。

手話表現の例

①遅く寝る（寝るのが遅い）。

寝る／時間（腕時計）（「時刻」の意）
／過ぎる（遅刻）

時間（腕時計）

過ぎる（遅刻）

②ゆっくり寝る。

落ち着く／寝る

　『日本語‐手話辞典』では，〈時①〉〈時②〉〈時間〉〈時計〉の手話が区別されています。上記の「時間（腕時計）（「時刻」の意）」は，この〈時間〉に該当します。

　日本語では，「時間」ということばは，「時刻」を意味する時と「時間の長さ」を意味する時があります。筆者は，「時間の長さ」を意味するとはっきり伝えたい時は，「時間（腕時計）／間」というように，「間」という手話を補うようにしています。「時間が足りない」という文章について，この「時間」は，「時間の長さ」を意

味していますが,『日本語-手話辞典』では,「時①or 時②／貧しい」と書かれていました。しかし,「時間／貧しい」または「時間／間／貧しい」,「時間／短い」という手話になる人が見られると思います。

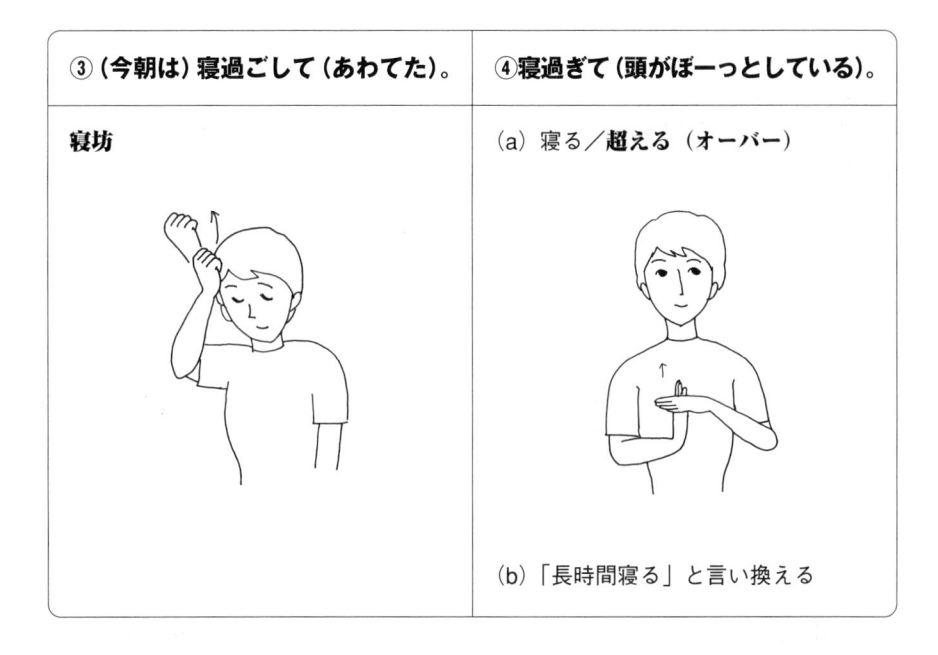

③(今朝は)寝過ごして(あわてた)。	④寝過ぎて(頭がぼーっとしている)。
寝坊	(a) 寝る／**超える(オーバー)**
	(b)「長時間寝る」と言い換える

「④寝過ぎる」のところで,「超える(オーバー)」は使わず,「長時間寝る」にすべき,という意見も見られましたが,「以下の文章で,どちらが適切か？ 1)(長時間寝たので・寝過ぎたので)今すっきりした気持ちだ。2)(長時間寝たので・寝過ぎたので)今頭が痛い。」という問題が出された時,「長時間寝る」と「寝過ぎる」という日本語の違いを説明する必要があるでしょう。

なお,「寝坊」という日本語について,「今朝,寝坊した」とは言えますが,「電車の中で寝坊し,いつも降りる駅で降りられなかった」とは言えません(「寝過ごす」ということばを使うべきでしょう)。そして,手話の「寝坊」を後者の場合も使えるかどうかについて,いろいろな意見が見られました。

文例 6-5

①時計が遅れている。　　②時計が進んでいる。

手話表現は？

それぞれどんな手話になりましたか？

「今8時30分なのに，時計が8時20分を示しているとすれば，10分遅れているのか，進んでいるのか」に対して答えられない生徒が見られるかもしれません。

日本語の意味は？　　　　　　　　　　　　　　　問題6-5(1)

今，正しい時刻は，8時30分です。明子さんの時計の針は，8時40分をさしています。この時，次のどちらが正しいですか？
- （　）（ア）明子さんの時計は，10分遅れている。
- （　）（イ）明子さんの時計は，10分進んでいる。

日本語の意味は？　　　　　　　　　　　　　　　問題6-5(2)

今，正しい時刻は，8時30分です。太郎くんの時計の針は，8時20分をさしています。この時，次のどちらが正しいですか？
- （　）（ア）太郎くんの時計は，10分遅れている。
- （　）（イ）太郎くんの時計は，10分進んでいる。

日本語の意味と答え

「時計が遅れている」は，時計の針が本当の時刻より遅れている意味です。そして，「時計が進んでいる」は，時計の針が本当の時刻より進んでいる意味です。

問題6-5(1)の答え　（イ）
問題6-5(2)の答え　（ア）

手話表現の例

①時計が遅れている。	②時計が進んでいる。
時計／（間違う）／**ゆっくり**（のろい意）	時計／（間違う）／**はやい**

この文例でも、いろいろな意見が見られました。

文例 6-6

①計算を早くする。	②計算を速くする。
③急いで計算する。	④すぐに計算する。

⑤帰宅を早める。	⑥帰宅を急ぐ。	⑦すぐに帰宅する。

手話表現は？

日本語では，「早い」と「速い」の区別が曖昧ですが，「①早くする」と「②速くする」をそれぞれ，手話でどう表せば良いでしょうか？ また，「⑤帰宅を早める」と「⑥帰宅を急ぐ」，「⑦すぐに帰宅する」は同じ意味でしょうか？
それぞれを手話でどう表せば良いでしょうか？

日本語の意味は？　　　　　　　　　　　　　　　　　　問題6-6(1)

「すぐに計算します」の意味は，通常次のどちらですか？
- （　）（ア）計算のスピードを速くします。
- （　）（イ）今から直ちに計算に取りかかります。

日本語の意味は？　　　　　　　　　　　　　　　　　　問題6-6(2)

今後さらに大雪になるということで，学校側が，いつもは「5時下校」だが，今日は「3時半下校」と決めたことを，通常次のどちらで言いますか？
- （　）（ア）生徒の帰宅を早めた。
- （　）（イ）生徒に帰宅を急がせた。

日本語の意味と答え

　「計算をはやくする」には,「全ての問題を計算するのにかかる時間を短くする」意味の「速くする」と,「計算を始める時刻を早くする」意味の「早くする」の両方が考えられます。

> 問題6-6(1)の答え　（イ）
> 問題6-6(2)の答え　（ア）

　「急いで～する」は,「短時間ですませる」という意味だとすれば,「③急いで計算する」は,「②計算を速くする」と同じ意味だと考えられますが,現実には,日本語では「早い」と「速い」はさほど区別されていないので,「③急いで計算する」は,「①計算を早くする」と「②計算を速くする」の両方の意味があるとイメージする人が多いように思います。

　「すぐ（に）」は,「時をおかずに,直ちに」という意味ですから,「すぐに～する」は,その行為を直ちに始める意味,つまり「時刻を早くする」意味です。その行為を行うスピードを速くする意味は,「すぐ」にはこめられていないと思いますが,そのイメージを抱いている人は多いかもしれません。

　「早める」は,「何かをする時刻を早くする」意味で,「急ぐ」は,「何かを短時間でする」という意味ですから,「5時下校のままだけど,速く歩いたり,切符代が高いけど早く家に着く乗り物にかえたりすること」が「急ぐ」になり,「学校から家までの所要時間は同じだけど,下校時刻を早くすること」が「早める」になります。

　なお,「計算する」が「食べる・食事をする」になった場合,「早く食べる」は「短時間で食べる」意味と「テーブルに早くつく」意味の両方が考えられますが,「早く食事にする」は通常「食事を出す時刻を早くする」意味になります。

　『日本語－手話辞典』をひもとくと,「はやい（早い・速い）」と「急ぐ」の手話は同じになっていました。「すぐ（に）」は載っていませんでしたが,手話通訳者を見ていると,「はやい」の手話を使う人が多いように思います。

手話表現の例

① 計算を早くする。

(a) 計算／**はやい**／する（実行）
(b) 計算／**はやい**／始める

② 計算を速くする。

(a) 計算／はやい／する（実行）
(b) 計算／**時間／短い／変わる**（〜になる）（「時間を短くする」意）

③ 急いで計算する。

(a) はやい／計算／する（実行）
(b) 計算／時間／短い／変わる（〜になる）（「時間を短くする」意）
(c) （「あわてて計算する」と言っても良いならば）**あわてる**／計算

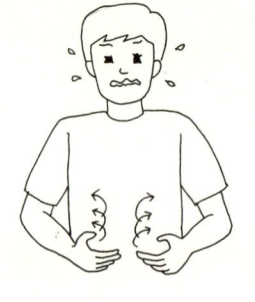

④ すぐに計算する。

(a) はやい／計算／する（実行）
(b) **すぐに**／計算／する（実行）（この「すぐに」の手話は，全国共通のものかどうかわかりませんが，筆者の近辺では時々見かけます）

⑤帰宅を早める。	⑥帰宅を急ぐ。	⑦すぐに帰宅する。
(a) はやい／帰る (b) 帰る／はやい／する（実行）or 変わる（～になる） (c) 帰宅／時間（腕時計）（「時刻」の意）／はやい／する（実行）or 変わる（～になる） (d) 学校 or 会社／はやい／出発する（「学校や会社を早く発つ」意）	(a) はやい／帰る (b) 帰る／はやい／する（実行）or 変わる（～になる） (c) 帰宅／時間／短い／する（実行）or 変わる（～になる）（「時間を短くする」意） (d) （「あわてて帰宅する」と言っても良い状況ならば）帰宅／あわてる	(a) **はやい**／帰る (b) すぐに／帰る

「時間」が「時間の長さ」を意味する場合，「時間（腕時計）／間」というように，「間」という手話を入れた方が意味がはっきりするかもしれません（「短い」「長い」がその後にくるので，「間」という手話はなくても良いのですが）。

【補足1】

京都では，「**早い**」の手話として，ほほをたたく手話表現（右記のイラスト参照）があります（京都に特有な手話であるというよりは，「スクールサイン」，つまり聾学校の中だけで使われる手話であると言った方が，適切かもしれません）。

そして，全国的に使われる「はやい」（矢が飛ぶような手話）を「速い（スピードが速い）」，ほほをたたく「早い」を「早い（時刻が早い）」として使うことが，多いように思う（しかし，京都以外の場では，この手話が通じないので，「はやい」は全て矢が飛ぶ手話を使っている）と述べる聴覚障害者も見られました。

【補足2】

　『日本語−手話辞典』の中では、〈はやい①〉と〈はやい②〉があり、本書では、〈はやい①〉のイラストしか載せていません。この辞典を見ると、「はやい」の手話は、下記のような文章の中で使われていました。

　1）仕事が速い（仕事／はやい①）
　2）速い車（はやい①／車）
　3）走るのが速い（走る／はやい①）
　4）ワープロを打つのが速い（ワープロ／はやい①）
　5）脈がはやい（脈／はやい①）
　6）車のスピードをあげる・車がスピードを出す（運転／はやい①／メーター）
　7）車のスピードが出る（運転／はやい①）
　8）理解が早い（飲み込む／はやい①）
　9）上達が早い（上手／はやい①）
　10）気が早い（心／はやい①）
　11）朝早く（朝／はやい①）
　12）急ぐ用事・急を要する・緊急を要する（はやい①／必要）
　13）速度計（はやい①／メーター）
　14）最高限度の速さ・フルスピード・最高速度（最高／はやい①）
　15）急行列車（はやい①／電車）
　16）時計が3分進んでいる（時計／3分／はやい①）
　17）早速始める（はやい①／開く）
　18）天気がたちまち変わった（空／はやい①／変わる）
　19）でき次第お届けする（終わる／はやい①／渡す）
　20）短気を起こす（はやい①／怒る）
　21）飛んで帰る（はやい①／帰る）
　22）うわさを敏感に感知する（うわさ／感じる／はやい①）
　23）鉄は熱を伝えやすい（鉄／熱い／続く／はやい①）
　24）寿命を縮める（はやい①／死ぬ）

　1）〜5）などから「スピードが速い」意味の「はやい」で、「はやい」の手話が使われていることがわかるでしょう。また、11），24）などから「時刻が早い」意味の「はやい」で、また、13）〜15）などから「速度」や「急行」の名詞を表す手

話として,「はやい」の手話が使われていることがわかるでしょう。それから,17)～19) などから「すぐに・たちまち」などを意味するところで,「はやい」の手話が使われていることがわかるでしょう。

【補足3】

「あっけない(あっという間)」という手話があり(右記のイラスト参照),「君,もう終わったの!? 速いねえ!!」というような場面で使われたりしています。筆者の近辺では,「来たばかり」を「来る/あっけない(あっという間)」という手話で表す人が時々見られます(文例12-4の①参照)。この手話が,「たちまち」「すぐに」を使った文章で使われることがあります。『日本語-手話辞典』では,この手話は,下記の文章の中で使われていました。

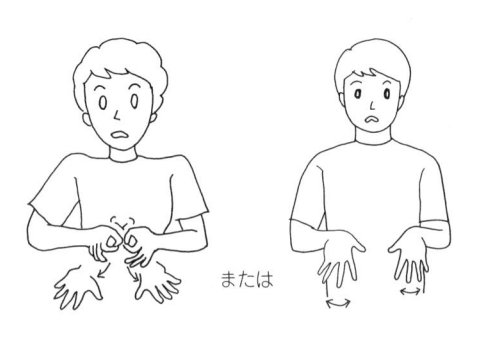

1) たちまち売り切れる(あっけない②/なくなる)
2) すぐに熱が冷める(あきらめる/あっけない②)
3) すぐに腹を立てる(怒る/あっけない②)

したがって,「仕事が速いね!」や「もう帰ったの!(帰宅するのが早い)」のところで,「あっけない(あっという間)」という手話が使えると思われます。

ただし,筆者の近辺では,「えーっ,もう売り切れたの!? はやいな!!」などと感情がこもっている時は,この「あっけない」の手話を使う人が見られますが,淡々と述べる時は使われることが少ないように感じています。というよりも,聴覚障害者と比べると聴者にあまり普及していないなと感じる単語の1つに,この「あっけない(あっという間)」という手話が含まれており(これはあくまで筆者個人の印象です),そのことと関係するのかもしれません。

応用問題 6　　　以下の文章を手話で表してみてください

- 大雪のため，電車がゆっくり走っている。
- 大雪のため，電車が遅れている。
- 大雪のため，学校に遅れる。
- 大雪のため，工事が遅れている。
- 彼は，集中力がないので，仕事が遅い。
- 彼は，夜遅くまで仕事をする。
- 毎日忙しすぎる。ゆっくり仕事がしたい。
- 事故のため電車が遅れているので，大学の入試の開始時刻を遅らせます。
- 彼は，長い間病気で休んだので，勉強が少し遅れている。
- 彼は，毎日残業で，夜遅く帰宅する。
- 「働き過ぎ」と「過労」は，どう違うの？　「働き過ぎ」は，単に仕事が多い意味で，「過労」は，働きすぎて疲れたり病気になりかけたりしている意味だと，私は思うけど。
- 彼は，毎日数時間も残業をしている。あれじゃ，働き過ぎだよ。
- 過労でダウンしないか心配だよ。
- 朝は6時に家を出て，帰宅は夜の12時というのは，働き過ぎではないか。
- 夫が過労死しないか，私は心配しているの。
- 田中さんは仕事が遅いが，朝早くから仕事を始めるので，山田さんより早く終わる。
- 山田さんは仕事が速いが，仕事を始めるのが遅いので，田中さんより遅く終わる。
- 昨夜遅くまで勉強したので，寝坊して，学校に遅れた。
- 彼と待ち合わせしたが，彼が来るのが遅くて，いらいらした。
- 食べ過ぎて，歩くのがゆっくりになった。
- 彼が食べるのが遅かったので，彼を待っていて，遅れました。すみません。
- 言うのが遅れました。すみません。
- 言い過ぎました。すみません。
- 遅くなって，ごめん。バスが大雪で遅れたの。
- 寝過ごして，授業に10分遅れた。
- いつも寝不足なので，明日はゆっくり寝たいです。
- 昨日は，長時間寝られたので，頭がすっきりしました。
- 昨日は，寝過ぎたのか，起きた時，頭が痛かったです。「過ぎたるは及ばざるがごとし」ですね。
- テレビの見過ぎは良くない。
- 今回だけは，おまえの失敗を見過ごしてやろう。
- 彼の成功は，いくら高く評価してもし過ぎることはないだろう。
- これは犯罪と言っても，言い過ぎではない。

- 何事も，やり過ぎは良くないよ。
- 「いつものことだ」と思って，その場をやり過ごした。
- 時計が10分遅れていたのに気づかなかったので，電車に乗り遅れ，会社に遅刻してしまった。
- 私は，いつも自分の時計を5分ほど進ませているんです。その方が，何かに遅刻することが少なくなるような気がするので。
- 私は，今朝寝坊して，息子を学校に遅刻させそうになった。
- 電車を1本遅らせるから，もう少しまだおしゃべりできるよ。
- 朝寝坊した学生が，大学の入試の開始時刻を遅らせるために，「電車に爆弾をしかけた」という電話をして，電車を遅らせた。
- 大雪警報が出たので，生徒たちの帰宅を早めた。
- 家族のことを考えると，自然に帰宅の足が速まった。
- 早く結婚した。
- 早く結婚させた。
- 遅く結婚した。
- 遅く結婚させた。
- 結婚を急いだ。
- 結婚を急がせた。
- 結婚を遅らせた。
- 毎朝，「早く食べなさい」と子どもたちをせかしてしまう。
- いつもより早く家を出るために，30分早く食事にした。
- 運転を急ぎ，事故を起こしてしまった。やっぱり「急がば回れ」だね。
- 急行列車がゆっくり走っている。どうしたのかな。
- 彼女はすぐに泣くから，扱いにくい。

小学校2〜3年の国語の教科書にあった文章（一部改変）
- ゆっくり飛んだり早く飛んだりできる。
- 会いたい人のところに，すぐ行ける。
- 毎朝早く起きる。
- 日は，一日一日と過ぎていきました。
- 今日は，朝早く起きて，ゆっくり朝食をとった。
- 2人は，早速，宝探しの旅に出ました。
- トラが来る前に，急いで橋をはずしてしまいました。

7章 「前」「後」「間」「中」「上」「下」にかかわって

「前」「後」にかかわって

文例 7-1

①前にやった（ことがある）　1時間前
②後でやる　1時間後
③1時以前　掃除する前に（これをしなさい）
④1時以降（以後）　掃除した後に（これをしなさい）
⑤私の前　家の前
⑥私の後ろ　家の後ろ
⑦（明治）前期
⑧（明治）後期
⑨前期（試験）
⑩後期（試験）

文例 7-2

①（それが起きたのは）スタートの5分後だよ。
②スタートは5分後だよ。

文例 7-3

①車の前に傷がある。
②車の後ろに傷がある。
③前の車に傷がある。
④後ろの車に傷がある。
⑤（人の）行列の前のあたりにいる。
⑥（人の）行列の後ろのあたりにいる。

文例 7-4

①（「大会がいつあるか」と聞かれて）1ヶ月後にある。
②（「大会まで後どれぐらいか」と聞かれて）後1ヶ月ある。

文例 7-5

①子どもの前で，そんなことを言うな。
②謝るのが先（前）だ。
③晴れ後くもり
④課長の後を決める。

「間」「中」にかかわって

文例 7-6

①彼と彼女の間に，机がある。
②3日の間，高熱が続いた。
③彼と彼女の間が気まずくなる。

文例 7-7

①庭の中に生えている。
②庭中に生えている。

文例 7-8

①1年間
②1年中

文例 7-9

①一日中仕事をする。
②一日中にこれを仕上げる。

文例 7-10

①戦争中、生活が苦しかった。
②その事件は、戦争中に起きた。
③今週中は雨だろう。
④明日中に連絡する。
⑤彼は、会議中です。
⑥現在検討中です。
⑦世界中から集まる。
⑧5人中3人が合格した。
⑨-1　町中に噂が広まる。
⑨-2　町中の家に住んでいる。

「上」「下」にかかわって

文例 7-11

①～を始める上で、やってはいけないこと。
②家内とも相談した上で、返事する。
③法律の上では、問題はない。
④彼女は賢い上に、美しい。
⑤選ばれた上は、ベストを尽くす。
⑥酒の上の失敗

文例 7-12

①木の下に集まる。
②ブラウスの下にTシャツを着る。
③先生の下で研究する。
④正義の名の下に戦争をしかける。
⑤下見をする。

文例 7-1

①前にやった（ことがある） 　1時間前	②後でやる 　1時間後
③1時以前 　掃除する前に（これをしなさい）	④1時以降（以後） 　掃除した後に（これをしなさい）
⑤私の前 　家の前	⑥私の後ろ 　家の後ろ
⑦（明治）前期	⑧（明治）後期
⑨前期（試験）	⑩後期（試験）

手話表現は？

　①～⑥の「前」や「後」、⑦～⑩の「前期」や「後期」を手話でどう表しますか？　⑨と⑩にかかわって、「前期試験がこれから始まる」や「後期選挙が前行われたね」などの文章を手話通訳する時、困惑する人が時々見られますが、どのような手話で表しますか？

日本語の意味は？　　　　　　　　　　　　　　　　　問題7-1（1）

　　先生　　A子　　B子　　C子　　D子　　E子

　上記のように、子どもたちが先生の方を向いています。先生が、「C子さんのすぐ前の人は、誰ですか？」と尋ねました。答えはどちらですか？

　　（　）（ア）「B子さんです」
　　（　）（イ）「D子さんです」

日本語の意味は？

問題7-1(2)

「4月より前」と言う時,「4月」は含まれますか？
- (　　)（ア）4月は含まれる。
- (　　)（イ）4月は含まれない。

日本語の意味と答え

問題7-1(1)では,「先生」にとっての「前方」とは関係なく,「C子」にとっての「前方」を考えて答える必要があります。

問題7-1(1)の答え　（ア）
問題7-1(2)の答え　（イ）

問題7-1(2)について,「Aより前」や「Aより後」と言う時は,「A」は含まれないが,「A以前」や「A以降」と言う時は「A」は含まれる,と考える人が多いようです。「$x=5$」の時,「xは5以上」「xは5以下」「xは5未満」「xは5より大きい」「xは5より小さい」のどれが成立しないかに対して答えられない児童生徒がよく見られますが,これらの用語の意味を理解している人の中には,「『5は5以上』や『5は5以下』は成り立つ,つまり『以』には『含む』という意味があるから,『A以前』や『A以降・以後』は『Aを含む』と考える,そして,『5は5より大きい』は成り立たないから,『Aより前』や『Aより後』は『Aを含まない』と考える」と述べた人が見られました。

その一方で,「『A以前』や『A以降』の言い方については,『A』が『1時』など『瞬間』を表す場合は使うが,『A』が『明治時代』や『2007年』のように『幅』をもつ場合は,ややこしくなるので,誤解を避けたい時は使わないようにしている」と言う人も多いようでした。

「冬休みから」や「冬休みまで」の言い方についても,誤解を避けるために,「冬休みが終わってから」「冬休みが始まるまでに」というような言い方を心がけている,と述べる人も見られます（通常は,「Aから」や「Aまで」は,「A」を含めて考えると思います）。

手話表現の例　　　　　現実に見られる表現例を含む，以下同様

①前にやった（ことがある）　1時間前	②後でやる　1時間後
過去（〜する前）	将来（〜する後）

③ 1時以前 　掃除する前に（これをしなさい）	④ 1時以降（以後） 　掃除した後に（これをしなさい）
(a) 過去（〜する前） (b) 以前	(a) 将来（〜する後） (b) 以降 (c) から

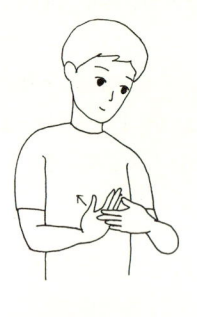

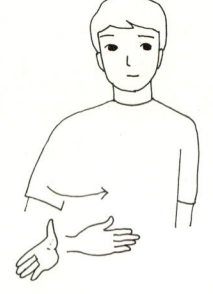

以降　　　　　から

⑤私の前　家の前

前方（自分または「家」の前方に手を差し出す）

⑥私の後ろ　家の後ろ

後方（後ろ）（自分または「家」の後方に手を差し戻す）

⑦（明治）前期

以前／間

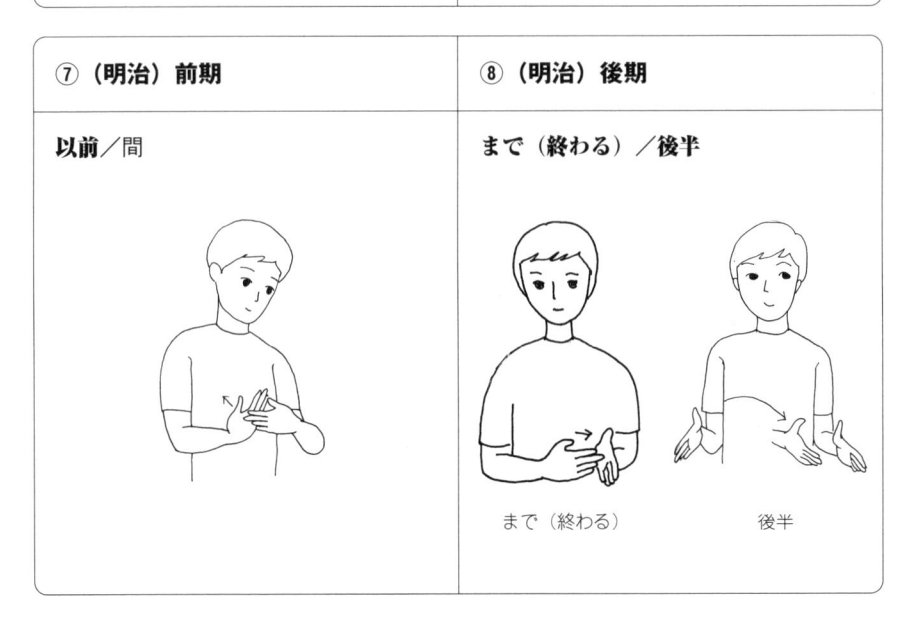

⑧（明治）後期

まで（終わる）／後半

まで（終わる）　　　後半

7章　「前」「後」「間」「中」「上」「下」にかかわって

⑨前期（試験）	⑩後期（試験）
（a）過去（〜する前） （b）以前（⑦のイラスト参照） （c）**前期**（下記の【補足１】参照） 	（a）将来（〜する後） （b）**後期**（下記の【補足１】参照） 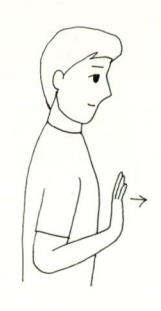

【補足１】

　⑨の（c）と⑩の（b）の手話表現について，京都府立聾学校高等部では，「後期相談」のようによく使われるので，「過去（もう済んだこと）」や「将来（まだ始まっていないこと）」を意味しない短い手話として，上記の「前期」と「後期」の手話が時々使われています。これらは「スクールサイン」になると思いますが，「（明治）前期」は「ある期間の前半」を意味するのに対し，「前期（相談）」は単に「２回ある相談のうち１回目」を意味しているだけなので，これらの手話を筆者もよく用いています。それから，（特に「〜時代前期の特徴は〜で，〜時代後期の特徴は〜である」と話すような場面では）「⑦（明治）前期」を「まで／**前半**（右記のイラスト参照）」という手話で表しても良いのではないかと思います。

【補足２】

　同じ「将来」でも，「遠い将来」は，「近い将来」と比べると，手を大きく前に押し出します。「過去」についても同様です。

文例 7-2

①（それが起きたのは）スタートの5分後だよ。	②スタートは5分後だよ。

手話表現は？

マラソン大会の時，「スタートは5分後だよ。用意はいい？」と呼びかけていて，「あれ，じゃ，『スタートの5分後』はどう表せば良いのか」と思ったことがあります。

①と②のそれぞれを，手話でどう表しますか？

日本語の意味は？　　　　　　　　　　　　　　　　問題 7-2

先生が「スタートは5分後だよ」と叫んだ時，明子さんが突然倒れました。スタート時刻を9：00とすると，明子さんが倒れたのは，何時ですか？

- （　　）（ア）8：55
- （　　）（イ）9：05

日本語の意味と答え

「スタートは5分後」は，「スタートは今から5分後」という意味ですから，答えは，スタートする前，つまり8時55分です。

問題 7-2 の答え　（ア）

7章　「前」「後」「間」「中」「上」「下」にかかわって

手話表現の例

①(それが起きたのは)スタートの5分後だよ。

(a)(文脈がはっきりしている場合)
スタート／5／分／**将来（〜する後）**
(b)(②との違いを説明したい時は)
スタート／から／5／分／**将来（〜する後）**

②スタートは5分後だよ。

(a)(文脈がはっきりしている場合)
スタート／5／分／将来（〜する後）
(b)(①との違いを説明したい時は)
スタート／今／から／5／分／将来（〜する後）

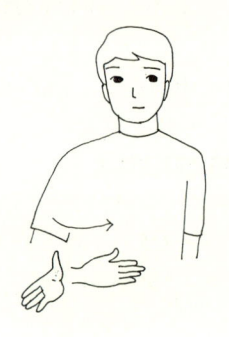

「①と②の手話が同じになっても，自分は口形も見て意味を判断している」と言う聴覚障害者が見られます。

文例 7-3

①車の前に傷がある。	②車の後ろに傷がある。
③前の車に傷がある。	④後ろの車に傷がある。
⑤（人の）行列の前のあたりにいる。	⑥（人の）行列の後ろのあたりにいる。

手話表現は？

「車の前に」や「前の車に」を，手話でどう区別して表しますか？

また「彼が家の前にいる」と言う時，彼がいる場所は，家の前であるものの，家の中にはいません。しかし，「行列の前のあたりにいる」と言う時は，行列の中にいるという意味です。手話でどう表せば良いでしょうか？

日本語の意味は？

問題 7-3

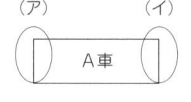

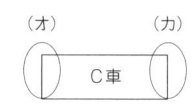

```
   （ア）    （イ）   （ウ）    （エ）   （オ）    （カ）
    ┌─────────┐  ┌─────────┐  ┌─────────┐
    │   A車   │  │   B車   │  │   C車   │
    └─────────┘  └─────────┘  └─────────┘
        ←←←←←← 進む方向 ←←←←←←
```

上記のように，車が並んで走っています。B車に乗っている太郎くんが，隣に座っている人に次のように言った時，通常（ア）〜（カ）のどの部分に傷があることになりますか？

1)「車の前に目立つ傷がある」　　→（　）
2)「後ろの車の前に目立つ傷がある」　→（　）

日本語の意味と答え

「車の前に」というのは，通常は「自分の車の前に」という意味です（ただし，それまでの話の内容によって意味が変わることはあります）。そして，「後ろの車」というのは，自分の車の後ろにいる車のことです。

> 問題7-3の答え
> 1)→(ウ)　2)→(オ)

手話表現の例

①車の前に傷がある。

(a) **車**／「車」を表した手の前の部分を指さす

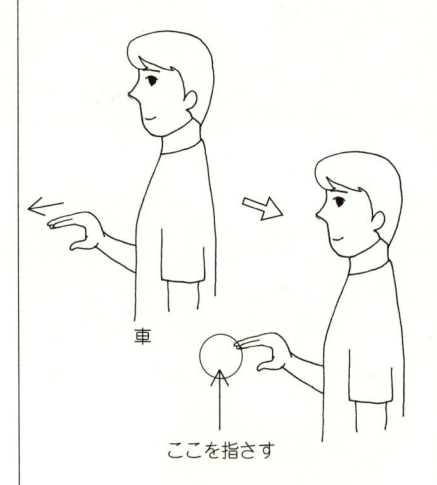

車
ここを指さす

(b)（自分の車の場合）運転するしぐさの後，前方の場所を指さす

②車の後ろに傷がある。

(a) **車**／「車」を表した手の後ろの部分を指さす

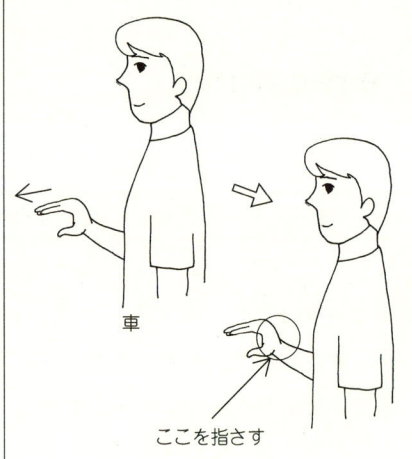

車
ここを指さす

(b)（自分の車の場合）運転するしぐさの後，後方の場所を指さす

③ <u>前</u>の車に傷がある。	④ <u>後ろ</u>の車に傷がある。
（a）車／最初の「車」の前方にまた「車」を表す／2回目に表した「車」を指し示す （b）（より正確に伝えるためには）絵を描いて，前の車を指さす	（a）車／最初の「車」の後方にまた「車」を表す／2回目に表した「車」を指し示す （b）（より正確に伝えるためには）絵を描いて，後ろの車を指さす

⑤（人の）<u>行列の前</u>のあたりにいる。	⑥（人の）<u>行列の後ろ</u>のあたりにいる。
行列を前に進めるしぐさ／その列の前方を指さす	**行列を前に進めるしぐさ／その列の後方を指さす**

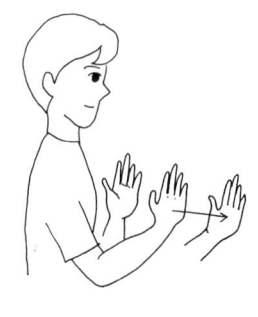

　絵に描いたり劇のように表したりして説明すると理解できても，日本語の文字だけを示されると，理解できない例が時々見られます。日本語の文字だけを見ても，すぐに理解できるようになってほしいと思います。

文例 7-4

① (「大会がいつあるか」と聞かれて) **1ヶ月後にある。**

② (「大会まで後どれぐらいか」と聞かれて) **後1ヶ月ある。**

手話表現は？

「1ヶ月後」の「後」は「ご」と読み,「後1ヶ月」の「後」は「あと」と読みます。それぞれ,手話でどう表しますか？

日本語の意味は？　　　　　　　　　　　　　　　　　問題7-4

「3ヶ月後にある」と答えるのは,次のどちらの問いに対してですか？
( ) (ア)「試合はいつあるのか？」
( ) (イ)「試合まであとどれぐらいあるのか？」

日本語の意味と答え

「後3ヶ月」の「後」は,「残り」と言い換えることができます。

問題7-4の答え　(ア)

なお,「あとは明日に回そう」や「あとは,これをするだけだ」などの「あと」は,「残り」を意味しますから,「将来(～する後)」という手話よりは,「残る」の手話の方が適切だと思いますが,現実には,「将来(～する後)」の手話を使う例がよく見られます。

手話表現の例

① 1ヶ月後(ご)にある。

将来（〜する後）

② 後(あと) 1ヶ月ある。

残る

　上記の「残る」の手話は、「余る」という日本語を表す時も使われます。それで、「1ヶ月余り」の「余り」のところでこの「残る」の手話を使う人がよく見られますが、「あと1ヶ月余りある」を「残る／1ヶ月／残る／ある」という手話で表されると、筆者としては違和感をもちます。「1ヶ月余り」は「1ヶ月／少し」という手話で表すと良いのではと思います（とすると、「あと1ヶ月足らずです」という文は、どんな手話で表せば良いでしょうか？）。

文例 7-5

①子どもの前(まえ)で,そんなことを言うな。	②謝るのが先(さき)(前(さき))だ。
③晴れ後(のち)くもり	④課長の後(あと)を決める。

手話表現は？

「前」は,通常「まえ」と読みますが,「さき」と読むこともあります(その時は,一般的には「先」の漢字が使われます)。

「後」は,「ご」「あと」「うしろ」の他,「のち」とも読みます。

手話表現の例

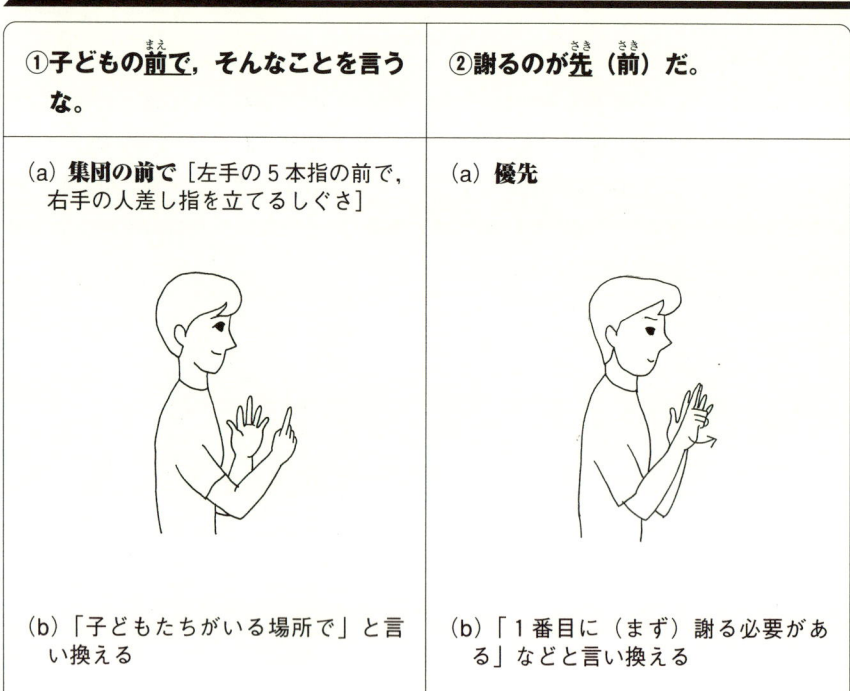

①子どもの前(まえ)で,そんなことを言うな。	②謝るのが先(さき)(前(さき))だ。
(a) **集団の前で**[左手の5本指の前で,右手の人差し指を立てるしぐさ]	(a) **優先**
(b)「子どもたちがいる場所で」と言い換える	(b)「1番目に(まず)謝る必要がある」などと言い換える

③晴れ後くもり	④課長の後を決める。
将来（〜する後）	(a) 将来（〜する後） (b) 「跡継ぎ」と言い換える (c) 「**次**」の手話を使う

7章 「前」「後」「間」「中」「上」「下」にかかわって

文例 7-6

| ①彼と彼女の間に，机がある。 | ②3日の間，高熱が続いた。 | ③彼と彼女の間が気まずくなる。 |

手話表現は？

「間」をどのような手話で表しますか？

手話表現の例

| ①彼と彼女の間に，机がある。 | ②3日の間，高熱が続いた。 | ③彼と彼女の間が気まずくなる。 |

間　　　　　　　　　間　　　　　　　　　関係（〜について）

　上記の文例の「間」は，「あいだ」と読みますが，「忙しくて休む間がない」の「間」は，「ま」と読みます。この「間」は，「時間」という手話を使う方が適切でしょう。「間（ま）を置く」について，「間を置いて木を植える」のような文章では，上で記した「間」の手話が使えると思いますが，「間を置いて，話し始める」のような文章では，「少し／待つ／話す／始める」というように表す方が良いのではないかと思います。

文例 7-7

①庭の中に生えている。	②庭中に生えている。

手話表現は？

①と②のそれぞれを，手話でどう表しますか？

日本語の意味は？　　　　　　　　　　　　　　　問題 7-7

「(ア) この花は，うちの庭の中に生えているよ」と，「(イ) この花は，うちの庭中に生えているよ」とでは，通常，どちらがたくさん生えている感じを与えますか？

日本語の意味と答え

「庭中」というのは，「庭一面に」という意味です。

問題 7-7 の答え　(イ)

手話表現の例

①庭の中に生えている。	②庭中に生えている。
(a) 庭／(中 (内) or 場所)／生える（1本指で） (b) 庭／(中 (内) or 場所)／生える（両手で1回だけ）	庭／生える（たくさん）（両手で場所を少しずつ変えながら何回も繰り返す）

7章 「前」「後」「間」「中」「上」「下」にかかわって

文例 7-8

① 1年間　　② 1年中（じゅう）

手話表現は？

①と②は意味が少し似ていますが，それぞれを手話でどう表しますか？

日本語の意味は？　　問題 7-8(1)

次の文で，（ア）と（イ）のどちらが適切ですか？
誠くんは，今度アメリカへ行きます。
友達「アメリカにどれぐらいいるの？」
誠　（　）（ア）「1年間いる予定だよ」
　　（　）（イ）「1年中いる予定だよ」

日本語の意味は？　　問題 7-8(2)

次の文で，（ア）と（イ）のどちらが適切ですか？
美奈子さんが住んでいるところでは，
　（　）（ア）1年間，いろいろな花が咲くそうです。
　（　）（イ）1年中，いろいろな花が咲くそうです。

日本語の意味と答え

「滞在中」の「中」は「間」の意味ですが，「1年中」と「1年間」は意味が異なります。「1年中あたたかい」は，「1年間を通してずっと」という意味です。

問題 7-8(1)の答え　（ア）
問題 7-8(2)の答え　（イ）

手話表現の例

① 1年間	② 1年中(じゅう)
1年／間	(a)「1年／間／いつも（毎日）」と言い換える (b)「1年／間／**相変わらず（続く）**」など (c)「1年中咲き続ける」のように、「**続く（続ける）**」を文末に添える

「1年中」のところで「**中**」という漢字を表す手話（右のイラスト参照）を使う人がいますが、自分は、「中」というのは、「中学」を意味する時と、「真っ最中」「真ん中」を意味する時（と「中村」などの人名や地名を表す時）に使うから、「1年中」を「1年／中」という手話で表すことに抵抗感を感じる、と言う人も見られます。

7章 「前」「後」「間」「中」「上」「下」にかかわって

文例 7-9

① 一日中仕事をする。
② 一日中にこれを仕上げる。

手話表現は？

①と②はそれぞれ，手話でどう表しますか？ また，何と読みますか？

日本語の意味は？　　　　　　　　　　　　　　　　　問題7-9

「一日中」を「ついたちじゅう」と読むことができるのは，次のどちらですか？
- （　）（ア）「一日中仕事をする」
- （　）（イ）「一日中にこれを仕上げる」

日本語の意味と答え

「○月一日」の「一日」は「ついたち」と読みます。そして，「一日中に」は，「○月一日までに」という意味です。一方，「一日中働く」の「一日中」は「いちにちじゅう」と読み，「朝から晩までずっと」という意味です。なお，（イ）の「一日中に」は「いちじつじゅうに」と読むことも可能です。

問題7-9の答え　（イ）

補足ですが，聴覚障害児は，「ひとつ，ふたつ，みっつ，よっつ……」という言い方や「ついたち，ふつか，みっか，よっか，……」という言い方を覚えていない例がかなり見られます。特に，「よっか（四日）」と「ようか（八日）」が混乱したり，「はつか（二十日）」の「はつ」と「はち（八）」が混乱したりする例がよく見られます。

手話表現の例

①一日中仕事をする。

(a) **一日間**／相変わらず（続く）

(b) 一日間／続く（続ける）
(c) 「朝から晩まで」と言い換える
(d) 「**一日中**」を使う（この手話には「朝から晩までずっと」という意味があるという）

②一日中にこれを仕上げる。

(a) 「9月1日」なら，「9／1」（日付を示す）／**まで（終わる）**
(b) 1／日（「C」を作るようなしぐさ，あるいは他の「日」を表す手話）／**まで（終わる）**

文例 7-10

①戦争中、生活が苦しかった。	②その事件は、戦争中に起きた。
③今週中は雨だろう。	④明日中に連絡する。
⑤彼は、会議中です。	⑥現在検討中です。
⑦世界中から集まる。	⑧5人中3人が合格した。
⑨-1 町中に噂が広まる。	⑨-2 町中の家に住んでいる。

手話表現は？

「～中」の「中」は何と読みますか？ 手話でどう表しますか？
「ちゅう」と「じゅう」は口形が似ていることもあり、聴覚障害児にとっては難しいところです。「ちゅう」と「じゅう」のどちらでも読める例としては、「今週中」や「今月中」などがあげられます。

日本語の意味は？　　　　　　　　　　　　　問題 7-10

「町中」を「まちじゅう」と読むのは、どちらですか？
（　）（ア）「町中に噂が広まる」
（　）（イ）「町中の家に住んでいる」

日本語の意味と答え

「まちじゅう」は「町全体」という意味で、「まちなか」は「町の中」という意味です。ですから、「町中に噂が広まる」の「町中」は「まちじゅう」、「町中の家に住んでいる」の「町中」は「まちなか」と読みます。

問題 7-10の答え　（ア）

手話表現の例

①戦争中，生活が苦しかった。

間

②その事件は，戦争中に起きた。

時

③今週中(じゅう・ちゅう)は雨だろう。

(a) 続く（続ける）
(b) 相変わらず（続く）
(c) まで（ずーっと）

④明日中に連絡する。

まで（終わる）

⑤ 彼は，会議中です。

中（真っ最中）

⑥ 現在検討中です。

(a) 中（真っ最中）
(b) 途中

⑦ 世界中から集まる。

場所／場所［少しずつ「場所」を表す位置をずらしながら］（「各地」の意）

⑧ 5人中3人が合格した。

中（内）

⑨-1 町中に噂が広まる。	⑨-2 町中の家に住んでいる。
(a) みんな（地域全部の意）	中（内）
(b) 「町／噂／広まる」として、「広まる」の手話を強調する	

【補足】

以下に、いろいろな「〜中」を記しました。「心配中」など「こんな言い方はない」というものが混ざっていますが、それはどれでしょうか？　また、実際に使われる「〜中」について、読み方と意味を考えてみてください。

- 仕事中　旅行中　心配中　営業中　進行中　試験中　外出中　指導中　お取り込み中　お楽しみ中　喪中　忌中　秘中の秘
- 春中　夏中　秋中　冬中　午前中　午後中　朝中　昼中　夕方中　夜中　21世紀中　2007年中　3月中　3日中　3時中　一年中　年中　一ヶ月中　一週間中　一日中　日中　一時間中　一分中　今年中　来年中　昨年中　今月中　来月中　先月中　今週中　来週中　先週中　今日中　本日中　明日中　昨日中　今世紀中
- 体中　頭中　顔中　眼中　口中　背中　腹中　手中　掌中　心中
- 家中　部屋中　廊下中　床中　屋根中　台所中　マット中　箱中　庭中　外中　グラウンド中　森中　山中　川中　町中　村中　市中　右京区中　京都市中　京都府中　北海道中　日本中　アメリカ中
- 会社中　学校中　病院中　電車中　車中　機中　船中　空気中　渦中　火中　水中　空中　真中　間中
- 親戚中　家族中　子ども中　大人中　老人中　女中　連中　患者中

文例 7-11

①~を始める上で，やってはいけないこと。	②家内とも相談した上で，返事する。
③法律の上では，問題はない。	④彼女は賢い上に，美しい。
⑤選ばれた上は，ベストを尽くす。	⑥酒の上の失敗

手話表現は？

「上」をどのような手話で表しましたか？

手話表現の例

①~を始める<u>上で</u>，やってはいけないこと。	②家内とも相談した<u>上で</u>，返事する。
時	将来（~する後）

③法律の上では，問題はない。	④彼女は賢い上に，美しい。
関係（～について）	加える

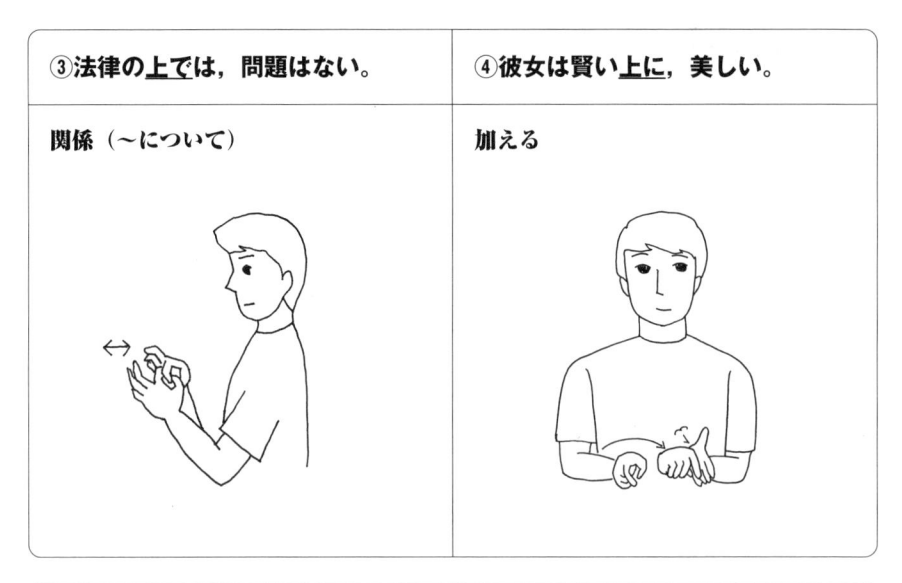

⑤選ばれた上は，ベストを尽くす。	⑥酒の上の失敗
ので	ので

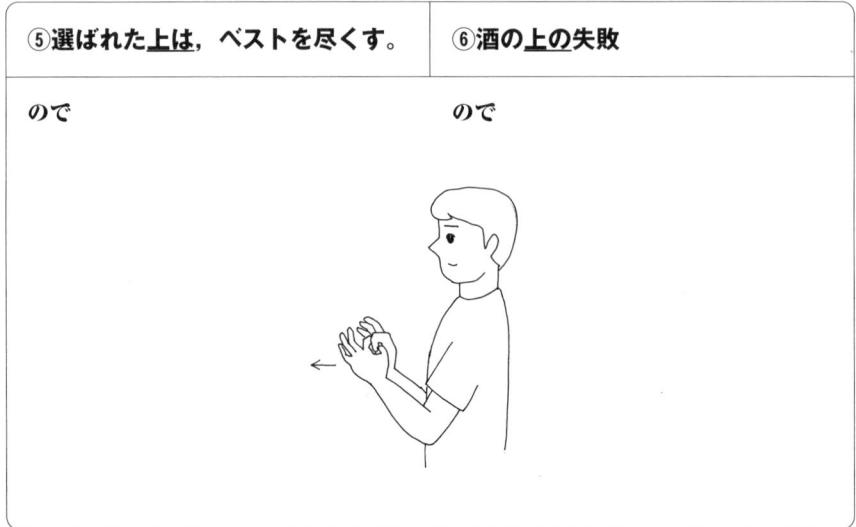

現実には，⑤などの文章で，「上」という手話を使う人がかなり見られます。

文例 7-12

①木の下に集まる。	②ブラウスの下にTシャツを着る。
③先生の下(した・もと)で研究する。	④正義の名の下(もと)に戦争をしかける。
⑤下見をする。	

手話表現は？

それぞれの文の中の「下」を，手話でどう表しますか？

日本語の意味は？　　　　　　　　　　　　　　問題7-12

「太郎(たろう)くんは，トレーナーの下(した)に（※）を着(き)ている」の（※）に入(はい)るのは，通常(つうじょう)，次(つぎ)のどちらですか？
- （　）（ア）Tシャツ
- （　）（イ）レインコート（雨合羽(あまがっぱ)）

日本語の意味と答え

「〜の下に」は，空間的に「地面に近い方」を意味する場合と，「自分のからだに近い方」を意味する場合があります。

問題7-12の答え　（ア）

「Aさんの下で」は，「Aさんの指導や指示を受けながら」という意味もあります。「下請け」の「下」と同じ意味でしょう。

「〜の名の下に」は，「その『名』をふりかざしながら」「その『名』を表面的な根拠として」という意味です。

「下見」や「下準備」の「下」には，「前もって」「予(あらかじ)め」の意味があります。

手話表現の例

①木の下に集まる。

下

②ブラウスの下にTシャツを着る。

中（内）

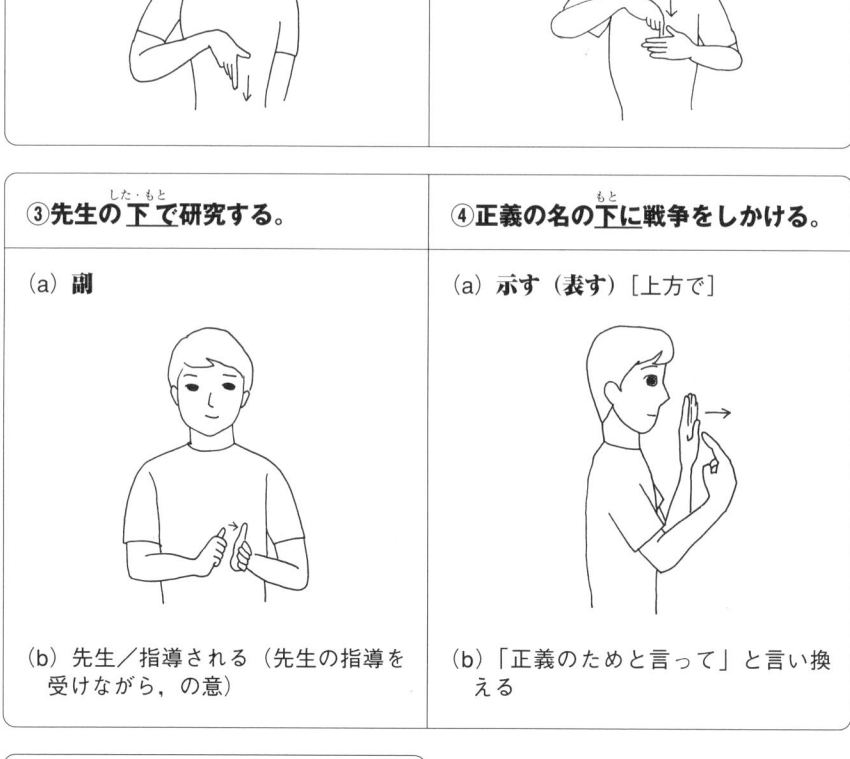

③先生の下で研究する。

(a) 副

(b) 先生／指導される（先生の指導を受けながら，の意）

④正義の名の下に戦争をしかける。

(a) 示す（表す）[上方で]

(b) 「正義のためと言って」と言い換える

⑤下見をする。

(a) 過去（〜する前に）　(b) 以前

応用問題 7

以下の文章を手話で表してみてください

- 私の家の前に，ビルが建った。その後，日当たりが悪くなった。
- 私の家の後ろにあったビルが解体されたあとに，駐車場ができた。
- おい，後ろの車の前のところを見ろよ。
- 大学受験まで，あと半年です。
- みんなの前で，そんなことを言わないでくれ。
- 1ヶ月もの間，彼はそれに関する文献を読みあさった。
- 若い間の苦労は，買ってでもしなさい。
- 両親が元気な間は，私は一日中仕事をすることができた。
- 私が見ていない間に，彼はそれを全部食べてしまった。
- しばらく見ない間に，大きくなったね。
- 薬がきいている間は良いが，薬が切れると悲惨だ。
- 私が出張中，部下がお世話になった。
- 日本中から同情の声が寄せられた。
- 私の入院中に，母が家の中で転んで骨折した。
- お取り込み中，失礼します。
- 今週中に決めてください。
- その島では，1年中花が咲き乱れている。
- 形の上では夫婦ということになっているが，実際には，夫婦の間はすっかり冷えている。
- 買うかどうかは，実物を見た上で決めたい。
- 英語を学習する上で大切なことは，何か？
- 生活が苦しい上に，夫が大怪我をして，大弱りだ。
- この種の本は，教育上好ましくない。
- 困難を承知の上で，引き受けた。
- 彼女は美しい上に，賢いので，男性ばかりか女性にも人気がある。
- 皆と相談した上で，決めよう。
- 日本代表に選ばれた上は，全力を尽くしてがんばるべきだ。
- 彼女の過去を知った上での交際です。
- 慎重に検討した上で，返事させていただきます。
- 成績は，中の下といったところだ。
- 1つ屋根の下に暮らす。
- 小学校1年の算数の教科書に，「1人ずつ順に車に乗ります。健太さんの前に7人います。健太さんは，前から何番目の車に乗っていますか」や「1人ずつ船に乗っています。美咲さんは，前から6番目の船に乗っています。美咲さんの前には，何人乗っていますか」という問題が載っている。「Aさんの前にいる7人」にAさんが含

まれているかどうかがわからず，これらの問題が難しい子どもが多いという。
- 「車上荒らし」ということばがある。「車の上」と言えば通常は「車の屋根の上」を意味し，「車の中」は「車内」を意味するから，「車上荒らし」は正確に言えば「車中荒らし」になるのではないか，という意見が見られた。それに対して，「リヤカーなどのように車に屋根がないのが普通だった時代は，『車の上』は車の床の上を意味する。この時代に『車上荒らし』ということばがあったとすれば，それが今も続いているのではないか」という意見も見られた。
- 文例7-10の【補足】のところで，いろいろな「~中」を列記し，「読み方と意味を考えてみてほしい」と記したが，その答え（人によって意見が大きく異なると思う）を自分も考える中で，以下のような感想をもった。
  ・「何かをしている途中」を意味する時は「~ちゅう」の言い方が多く（例：旅行中，指導中），「その場所全体に渡って」を意味する時は「~じゅう」の言い方が多い（例：からだ中，部屋中）ように思った。
  ・「夏中」と「冬中」の言い方はよく聞くが，「春中」や「秋中」の言い方はあまり聞かない。同じ四季を表すことばなのに，なぜこのような違いがあるのだろうか。
  ・「午前中」は「ごぜんちゅう」，「午後中」は「ごごじゅう」と読むのが一般的であり（ただし「後者の言い方はあまり聞かない」と言う人がいるだろう），「ごぜんじゅう」や「ごごちゅう」という言い方はあまり聞かない。なぜ読み方が異なるのだろうか。
  ・「心中」は，「しんじゅう」と「しんちゅう」のどちらとも読めるが，前者は「情死」を意味し，後者は「心の中」を意味する。また，「最中」は，「さいちゅう」と「もなか」の2通りの読み方があり，前者は「一番盛んになっている時」を意味し，後者は和菓子を意味する。
  ・「女中」は「じょちゅう」と読み，「家事の雑用をする召使いの女」を意味する。「親戚中（しんせきじゅう）」が「親戚全員」を意味するのに対し，「女中」が「女性全員」を意味することはない（この意味がもしある場合は「おんなじゅう」と読むべきだろう）。
  ・聴覚障害児・生徒を見ていると，漢字を見て意味を判断する例がよく見られる（例えば，「座薬」を「座って飲む薬」，「木枯らし」を「枯れた木」と解釈する）が，漢字を見て意味を考えようとする力は大切にするのと同時に，読み方と意味が正確に定着するよう，日々ていねいに働きかける必要があるだろう。

小学校2~3年の国語の教科書にあった文章（一部改変）
- 雪の下に頭を出しました。
- 空の上でお日さまが笑いました。
- クラスのみんなの前で発表しましょう。
- 触手の間に，オレンジ色の魚がうかんでいます。クマノミです。
- 2人とも玄関の前に腰を下ろしていました。

- 草の間にかわいい花を見つけました。
- かたかなで書くものを，学校の中で探してみましょう。
- 2人が椅子の上に乗って作りました。
- 白馬は体中汗びっしょりでした。
- 白馬は，さわぎたてるみんなの間を抜けて，風のように駆け出しました。
- スーホの作り出した馬頭琴は，広いモンゴルの草原中に広まりました。
- 2年生の間に，いろいろなお話を読みましたね。
- 今までに読んだ中で，面白いと思ったお話を，友達に紹介しましょう。
- みんな，顔中びしょぬれでした。
- そこら中のいろんな音が，いちどに聞こえてきました。
- 駅前の信号を渡り，歩道を左に進む。
- 動物園のバス停の手前にある。
- 「お母ちゃんは，後から来るよ」
- 2つのかげおくりの間には，どんな出来事があったのでしょう。
- 小屋のすぐ前に立っている，でっかいでっかい木だ。

8章 「もの」「こと」「ところ」にかかわって

　「もの」「こと」「ところ」などは，日本語ではよく使われることばですが，意味が広すぎて，かえって説明が難しいことがあります。
　「物」は具体的な実体を指し，「事」は行為や抽象的な実体を指し，「所」は場所を指す……と説明されることが多いのですが，例外もたくさんあります。「君は物がわかる人だ」と言う時の「物」は，具体的ではありませんし，「思うところあって，別行動をとった」と言う時の「ところ」は，場所を意味していません。

文例 8 - 1

　①物を大切にする。
　②嘘をついた者は……
　③高いが，ものは良い。
　④ものがのどを通らない。
　⑤白っぽい物を身にまとっていた。
　⑥原発とはどんなものかを知ってほしい。
　⑦物を思う。
　⑧あきれて，物も言えない。
　⑨何か書く物をください。
　⑩それは，彼のものだ。

⑪君は，物がわかる人だ。
⑫ものに憑かれる。
⑬ＳＦもの
⑭物ともしない。

文例 8-2

①ホッチキスとは紙を留めるのに使うもの（物）です。
②困った時は，助け合うものだ。
③人間は，死ぬものです。
④昔，あそこへよく行ったものです。
⑤是非聞かせてもらいたいものだ。
⑥大きくなったものだなあ。
⑦別れられるものなら別れたい。
⑧行かなくても良かったものを。
⑨何をされるかわかったものじゃない。
⑩時間がないもので，失礼します。
⑪だって，おなかがすいていたんだもの（〜だもん）。
⑫今回は良かったものの，……
⑬（私は二度と）行くものか（〜もんか）。

文例 8-3

①〜ということを，彼から聞いた。
②彼の言うことは信用できない。
③事を見守る。
④この事があった後……
⑤事をなしとげる。
⑥事を起こす。
⑦ばかなことをしてしまった。
⑧失敗したら事だよ。
⑨彼は電車のことに詳しい。
⑩私のことは心配するな。
⑪某氏というのは山田さんのことです。
⑫まあ，そういうことになる。

文例 8-4

①死ぬことはいやだ。
②彼は入院したということだ。
③病気になることもあるだろうね。
④富士山に登ったことがある。
⑤君，急ぐことはないよ。
⑥合格したければ，勉強することだ。
⑦努力したが，店を閉めることになった。
⑧毎朝牛乳を飲むことにしている。
⑨今度入院することになった。
⑩今度入院することにした。
⑪私は聞いていないことにする。
⑫わざわざ来ただけのことはあった。
⑬うまいことやったね。
　長いことお世話になった。
⑭不思議なことに，それは消えてしまった。
⑮皆さん，人の悪口は言わないこと。
⑯まあ，きれいな花だこと。

文例 8-5

①明るいところで，本を読む。
②兄のところに泊まる。
③知り合いのところに注文する。
④おところと名前を教えてください。
⑤雪のないところの人
⑥思うところあって，……
⑦本を読んでいるところに，電話がかかってきた。
⑧本を読んだところに，電話がかかってきた。
⑨帰ったところ，誰もいなかった。
⑩彼に話したところ，喜んで引き受けてくれた。
⑪調べたところでは，そんな事実はなかった。
⑫子どもどころか大人も夢中だ。
⑬それどころじゃない。

⑭見どころはどこですか？

文例 8-6

①そこが問題です。
②（場所を指さして）そこで彼は見たのです。
③そこで幕がおりた。

文例 8-7

①-1　良いものを聞いた。
①-2　良いことを聞いた。
②-1　悪い物を探す。
②-2　悪いところを探す。
②-3　悪い場所を探す。

文例 8-8

①塗る物，塗られる物により，塗料を選ぶ必要があります。
②今回は，塗る物として，刷毛（はけ）を使いましょう。
③塗装の前には，塗る物の表面の汚れやかびなどを落としてください。
④パンに塗る物で一番好きなのは，イチゴジャムです。
⑤マニキュアを塗ることで，爪が傷んだりしませんか？
⑥最初に，塗るところを，ていねいにふく必要があります。

文例 8-9

①-1　（1）食べる物
①-1　（2）食べ物
①-2　（1）怠ける者
①-2　（2）怠け者
①-3　（1）願うこと
①-3　（2）願い事
①-4　（1）住む所
①-4　（2）住所
①-5　（1）美しい人
①-5　（2）美人

②-1　焼く物
②-2　焼き物
③-1　入れる物
③-2　入れ物
④-1　（目などの）荒い物
④-2　荒物
⑤-1　働く者
⑤-2　働き者
⑥-1　尋ねる者
⑥-2　お尋ね者
⑦-1　愛する人
⑦-2　愛人
⑧-1　生き物
⑧-2　生きる物　生きている物
⑧-3　生もの　生の物
⑨-1　暖かい物
⑨-2　春の物
⑨-3　春物

文例 8-1

①物を大切にする。	②嘘をついた者は……
③高いが，ものは良い。	④ものがのどを通らない。
⑤白っぽい物を身にまとっていた。	⑥原発とはどんなものかを知ってほしい。
⑦物を思う。	⑧あきれて，物も言えない。
⑨何か書く物をください。	⑩それは，彼のものだ。
⑪君は，物がわかる人だ。	⑫ものに憑かれる。
⑬ＳＦもの	⑭物ともしない。

手話表現は？

「もの」は，「物」または「者」と書けます。「者」は人に対して使い，人でないものに対しては「物」を使いますが，ひらがなで書く人も多いです。
「者」は，「人」に比べると，見下している感じで使われることが多いようです。
「もの」が使われている文章を集めてみました。それぞれの「もの」を，手話でどう表しますか？

日本語の意味は？　　　　　　　　　　　　　　　　　　問題 8-1（1）

「ものがのどを通らない」の「もの」の中身は，次のどちらですか？
( ) (ア) 食べ物や飲み物
( ) (イ) 食べ物や飲み物ではない少し大きなもの

日本語の意味は？　　　　　　　　　　　　　　　　　　　問題 8-1 (2)

1）と2）のそれぞれで，どちらが自然な言い方ですか？

1）{ （　　）（ア）釣り竿とはどんな物ですか？
　　（　　）（イ）釣り竿とはどんなことですか？

2）{ （　　）（ア）金魚すくいとはどんな物ですか？
　　（　　）（イ）金魚すくいとはどんなことですか？

日本語の意味は？　　　　　　　　　　　　　　　　　　　問題 8-1 (3)

「塩水を物ともしない木」の意味は，次のどちらですか？
　（　　）（ア）塩水に弱い木・塩水がかかるとすぐに枯れる木
　（　　）（イ）塩水に強い木・塩水がかかっても枯れない木

日本語の意味と答え

「物」は，非常に広い意味で使われます。

「ものがのどを通らない」というのは，何かの事情（心配事・病気など）で，何かを食べたり飲んだりすることができないという意味です。

> 問題 8-1 (1) の答え　（ア）
> 問題 8-1 (2) の答え
> 　1）→（ア）　2）→（イ）
> 問題 8-1 (3) の答え　（イ）

「物」と「事」の違いは，大雑把に言うと，「物」は何か形のある具体的な実体を指すことが多く，「事」は動作や行為を指すことが多いようです（必ずしもそうなるとは限りませんが）。「釣り竿」は，具体的な物ですから，「どんな物か？」と尋ねます。一方，「金魚すくい」は，「金魚をすくうこと」ですから，行為を意味します。それで，「どんなこと？」と尋ねます。「物」か「事」かわからない単語の意味を尋ねる時は，「○△□の意味は何ですか？」「○△□って何ですか？」などと尋ねるでしょう。

「物ともしない」は，「〜に負けない，〜という困難に打ち勝つ，〜を問題にしない，〜に対して平気である」というような意味ですから，「塩水を物ともしない木」は，「塩水でも大丈夫な木」という意味です。

| 手話表現の例 | 現実に見られる表現例を含む，以下同様 |

①<u>物</u>を大切にする。

(a) **物**

(b) いろいろ

②<u>嘘</u>をついた者は……

(a) 人
(b) 彼または彼女
(c) **人々**

③高いが，<u>もの</u>は良い。

(a) 品物
(b) 性質

④<u>もの</u>がのどを通らない。

食べ物（ご飯）

⑤白っぽい<u>物</u>を身にまとっていた。	⑥原発とはどんな<u>もの</u>かを知ってほしい。
服	内容

⑦<u>物</u>を思う。	⑧あきれて，<u>物</u>も言えない。
（a）事 （b）いろいろ	（a）ことば （b）声

⑨何か書く<u>物</u>をください。	⑩それは，彼の<u>もの</u>だ。
(a)「筆記用具がほしい」意味なら「書く／好き（～たい）or 頼む（お願い）」（日常会話では，こちらの意味であることが多いようだ） (b)「紙がほしい」意味なら「紙／好き（～たい）or 頼む（お願い）」	具体的に物が目の前にある場合， (a) 単に「それ／彼」と言う (b) 彼を指さす 物が目の前にない場合， (c) それ／彼／持つ（他，「使う」「食べる」「飲む」など）

⑪君は，<u>物</u>がわかる人だ。	⑫<u>もの</u>に憑かれる。
(a) 意味（なぜ）／知る（わかる） (b) 知る（わかる）／ある（「理解がある」意）	妖怪・霊（「幽霊」を示すようなしぐさ）

⑬ＳＦ<u>もの</u>	⑭<u>物</u>ともしない。
「作品・物語・本」と言い換える	(a)「問題にしない」と言い換える (b)「できる（大丈夫）」と言い換える

文例 8-2

①ホッチキスとは紙を留めるのに使うもの（物）です。	
②困った時は，助け合うものだ。	③人間は，死ぬものです。
④昔，あそこへよく行ったものです。	⑤是非聞かせてもらいたいものだ。
⑥大きくなったものだなあ。	⑦別れられるものなら別れたい。
⑧行かなくても良かったものを。	⑨何をされるかわかったものじゃない。
⑩時間がないもので，失礼します。	⑪だって，おなかがすいていたんだもの（〜だもん）。
⑫今回は良かったものの，……	⑬（私は二度と）行くものか（〜もんか）。

手話表現は？

文例8-2では，動詞や形容詞などに「もの」がくっついた文を集めてみました。それぞれの「もの」を含んだ文章を，どのように手話で表現しますか？

日本語の意味は？　　　　　　　　　　　　　　　　　　問題8-2(1)

「昔，御所へ妻と一緒によく行ったものだ」という文の意味として，次のどちらが適切ですか？

- (　　)（ア）御所は，夫婦でよく行った所であることを説明している。
- (　　)（イ）「昔，御所へ夫婦でよく行ったなあ」と思い出して，なつかしがっている。

日本語の意味は？　　　　　　　　　　　　　　　　　問題 8-2 (2)

次の文で，（ア）と（イ）のどちらが適切ですか？
太郎くんは，明日休みなので
　（　）（ア）「明子の家へ遊びに行こうか」と思いました。
　（　）（イ）「明子の家へ遊びに行くもんか」と思いました。

日本語の意味は？　　　　　　　　　　　　　　　　　問題 8-2 (3)

次の文で，（ア）と（イ）のどちらが適切ですか？
太郎くんは，今日，学校でいやなことがあったので，
　（　）（ア）「明日，学校へ行こうか」と思いました。
　（　）（イ）「明日，学校へ行くもんか」と思いました。

日本語の意味と答え

「動詞や形容詞など＋もの……」の言い方はよく使われますが，そこにこめられている心情はさまざまです。

問題 8-2 (1)の答え　（イ）
問題 8-2 (2)の答え　（ア）
問題 8-2 (3)の答え　（イ）

文例の「①ホッチキスとは紙を留めるのに使うもの（物）です」は，「ホッチキスは紙を留めるのに使う」と言い換えても，意味はほとんど変わりません。

「②困った時は，助け合うものだ」を「困った時は，助け合う」としても，主要な意味は伝わります。この「～ものだ」には，「そういうものだよ。そうするのが当然だよ」という心情がこめられています。

同様に，「③人間は，死ぬものです」は，「人間は死ぬ」としても，主要な意味は伝わります。この「～ものだ」には，「必ずそうなるんだよ」という心情がこめられています。

「④昔，あそこへよく行ったものです」は，「昔，あそこへよく行った」としても，大体の意味は伝わりますが，「～ものだ」が加わることにより，昔の習慣をなつかしく思い出していることが強調されています。

他の文例についても，同様にいろいろな心情がこめられています。

「行くもんか」は,「行かないぞ!」と決めている意味です。

手話表現の例

①ホッチキスとは紙を留めるのに使うもの（物）です。

(a) 単に「〜は〜に使う」とする
(b) 「ホッチキス／何？／紙を留める／使う」と言い換える

②困った時は,助け合う<u>ものだ</u>。	**③人間は,死ぬものです。**
(a) 助け合う／決める（そのように決められている意） (b) 助け合う／**普通** or **当然**	人々／**絶対**／死ぬ

④昔,あそこへよく行ったものです。	**⑤是非聞かせてもらいたいものだ。**
(a) 単に「何回も行った」とする (b) なつかしそうな表情をつける (c) 「思い出される」「なつかしい」などと補足する	(a) 単に「聞きたい」とする (b) 「〜と希望する」などと付け足す

⑥大きくなった<u>もの</u>だなあ。	⑦別れられる<u>もの</u>なら別れたい。
感動した表情をつける	例（仮）

⑧行かなくても良かった<u>もの</u>を。	⑨何をされるかわかった<u>もの</u>じゃない。
(a) 単に「良かった」とする (b) 「～と思う」を付け足す	単に「何をされるかわからない」を強調しながら言う

⑩時間がない<u>もの</u>で，失礼します。	⑪だって，おなかがすいていたん<u>だもの</u>（～だもん）。
ので	(a) ので (b) 「～ので，しかたない」と補足する

⑫今回は良かった<u>ものの</u>，……	⑬（私は二度と）<u>行くものか</u>（～もんか）。
しかし	(a) 行く／ない（自分の意志）［強調しながら］ (b) 行く／止める［きっぱりとした表情で］（「行くのをやめる」意） (c) 「絶対」をつけ加える

　文例 8 - 1 に示した「もの」は，漢字（「物」「者」）で表すことが多いですが，文例 8 - 2 に示した「もの」は，①を除いて，通常ひらがなで書かれます。漢字で「物」と書ける場合は，手話の「物」を使ってもおかしくない文も多いように思います。しかし，「事」の手話と同様に，「物」という手話は，日常会話では多用されないようです。

文例 8-3

①〜ということを，彼から聞いた。	②彼の言うことは信用できない。
③事を見守る。	④この事があった後……
⑤事をなしとげる。	⑥事を起こす。
⑦ばかなことをしてしまった。	⑧失敗したら事だよ。
⑨彼は電車のことに詳しい。	⑩私のことは心配するな。
⑪某氏というのは山田さんのことです。	⑫まあ，そういうことになる。

手話表現は？

「こと」が使われている文章を集めてみました。それぞれの「こと」を，手話でどう表しますか？

日本語の意味は？　　　　　　　　　　　　　　　問題8-3

次のどれが，自然な言い方ですか？
- （　）（ア）某氏というのは，山田さんの物です。
- （　）（イ）某氏というのは，山田さんの者です。
- （　）（ウ）某氏というのは，山田さんのことです。

日本語の意味と答え

文例8-1で，「物」は具体的な実体を，「こと（事）」は行為や漠然としているものを指し示す時に使われることが多いと述べましたが，「某氏と

問題8-3の答え　（ウ）

8章　「もの」「こと」「ところ」にかかわって

いうのは，山田さんの（　　）だ」では，「こと」を入れなければなりません。「～のことです」は，「～を意味します」という意味だと覚えると良いでしょう。

手話表現の例

①～ということを，彼から聞いた。	②彼の言うことは信用できない。
(a) 話 (b) 事	(a) 話 (b) 内容

③事を見守る。	④この事があった後……
(a) 経過 (b) 様子（状態）	事件

⑤事をなしとげる。	⑥事を起こす。
仕事	(a) 仕事 (b) 事件 (c) 問題

⑦ばかなことをしてしまった。	⑧失敗したら事だよ。
活動	(a) 問題 (b) 困る

⑨彼は電車のことに詳しい。	⑩私のことは心配するな。
関係（〜について）	関係（〜について）

⑪某氏というのは山田さんのことです。	⑫まあ，そういうことになる。
意味（なぜ）	(a) 意味（なぜ） (b) まとめる（結局）

　これらの「こと」は，「事」という手話単語を使う人も多いようです。筆者の印象では，「物」という手話単語や「事」という手話単語は，どちらかと言えば手話の初心者に使われることが多いように感じます。手話を日常的に用いる聴覚障害者は，そんなに多用しないようです。

文例 8-4

①死ぬことはいやだ。	②彼は入院したということだ。
③病気になることもあるだろうね。	④富士山に登ったことがある。
⑤君，急ぐことはないよ。	⑥合格したければ，勉強することだ。
⑦努力したが，店を閉めることになった。	⑧毎朝牛乳を飲むことにしている。
⑨今度入院することになった。	⑩今度入院することにした。
⑪私は聞いていないことにする。	⑫わざわざ来ただけのことはあった。
⑬うまいことやったね。 　長いことお世話になった。	⑭不思議なことに，それは消えてしまった。
⑮皆さん，人の悪口は言わないこと。	⑯まあ，きれいな花だこと。

手話表現は？

　文例8-4では，動詞や形容詞などに「こと」がくっついた文を集めてみました。それぞれの「こと」を含んだ文章を，どのように手話で表現しますか？

手話表現の例

①死ぬことはいやだ。	②彼は入院したということだ。
単に「死ぬ／嫌い」とする	伝聞を意味するので、「〜らしい（おそらく）」「〜と聞いた」などの手話を使う

③病気になることもあるだろうね。	④富士山に登ったことがある。
時	経験

⑤君，急ぐことはないよ。	⑥合格したければ，勉強することだ。
必要ない（いらない）	必要

⑦努力したが，店を閉めることになった。	⑧毎朝牛乳を飲むことにしている。
まとめる（**結局**）／店／閉める	(a) 単に「毎朝牛乳を飲む」とする (b) 「〜と**決める**」「〜習慣がある」などと補足する

8章 「もの」「こと」「ところ」にかかわって

⑨ 今度<u>入院することになった</u>。

（a）入院／命令される（「入院を指示された」意）
（b）入院／決める（「決まる」意）
（c）入院／**予定**
（d）（⑩との違いを説明するために）「周囲の状況やみんなの意見でそう決まった」と補足説明する

⑩ 今度<u>入院することにした</u>。

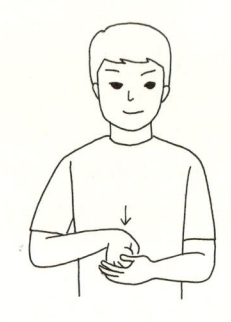

（a）入院／**決心（覚悟）**
（b）入院／決める
（c）入院／予定
（d）（⑨との違いを説明するために）「自分の考えでそう決めた」と補足説明する

⑪ 私は<u>聞いていないことにする</u>。

私／聞いていない／決める or 予定／活動（「聞いていないことにして行動する」意）

⑫ わざわざ来ただけの<u>こと</u>はあった。

（a）意味（なぜ）
（b）「来て良かった」などと言い換える

⑬ うまい<u>こと</u>やったね。
　　長い<u>こと</u>お世話になった。

この「こと」は省略する

⑭ <u>不思議なことに</u>，それは消えてしまった。

「不思議な話だが」と言い換える

⑮ 皆さん，人の悪口は<u>言わないこと</u>。

「言うな」と言い換える

⑯ まあ，きれいな花<u>だこと</u>。

感動した表情をつける

文例 8-5

①明るいところで，本を読む。	②兄のところに泊まる。
③知り合いのところに注文する。	④おところと名前を教えてください。
⑤雪のないところの人	⑥思うところあって，……
⑦本を読んでいるところに，電話がかかってきた。	⑧本を読んだところに，電話がかかってきた。
⑨帰ったところ，誰もいなかった。	⑩彼に話したところ，喜んで引き受けてくれた。
⑪調べたところでは，そんな事実はなかった。	⑫子どもどころか大人も夢中だ。
⑬それどころじゃない。	⑭見どころはどこですか？

手話表現は？

「ところ」が使われている文章を集めてみました。

「ところ」を漢字で書くと「所」になりますが，「物」や「事」と同様に，具体的な実体を意味する時に漢字で書き，抽象的なものを意味する時にひらがなで書くことが多いようです。

それぞれの「ところ」を，手話でどう表しますか？

なお，「⑦読んでいるところ」と「⑧読んだところ」の他に，「読むところ」という言い方もあります。これらについては，文例10-8を参照してください。

手話表現の例

①明るいところで，本を読む。	②兄のところに泊まる。
場所	家

③知り合いのところに注文する。	④おところと名前を教えてください。
「会社」など（文意に合わせて）	（a）住所 （b）住む／場所

⑤雪のないところの人	⑥思うところあって，……
地域	（a）思う／事 （b）考え

⑦本を読んでいるところに，電話がかかってきた。	⑧本を読んだところに，電話がかかってきた。
（a）時 （b）（⑧との違いを説明するために） 　　途中	（a）時 （b）（⑦との違いを説明するために） 　　「読む／終わる／時」と言い換える

⑨ 帰った<u>ところ</u>，誰もいなかった。	⑩ 彼に話した<u>ところ</u>，喜んで引き受けてくれた。
(a) しかし (b) 「結果（結ぶ）」という手話単語を使う	(a) 単に「彼に話した。彼は引き受けてくれた」というように区切る (b) 「結果（結ぶ）」という手話単語を使う

⑪ 調べた<u>ところ</u>では，そんな事実はなかった。	⑫ <u>子どもどころか</u>大人も夢中だ。
(a) 結果（結ぶ） (b) **部屋（範囲・限定）**	(a) 子ども／だけ／夢中／違う（「子どもだけが夢中なのではなくて」の意） (b) 子ども／**加える**（「子どもに加えて」の意）

⑬ <u>それどころ</u>じゃない。	⑭ <u>見どころ</u>はどこですか？
(a) 単に手を振る［「それどころじゃない」と言うように］ (b) 「今，そんなことをする暇がない」などと説明する	(a) 見る／場所 (b) 見る／良い／場所 (c) 見る／勧める／場所

文例 8-6

| ①そこが問題です。 | ②(場所を指さして)そこで彼は見たのです。 | ③そこで幕がおりた。 |

手話表現は？

「そこ（が・で）」は，どんな手話になりましたか？

②を「それ／彼／見た」とすると，「それを彼は見た」と誤解されないでしょうか？ また，③を「それ／幕／おりる」とすると，「その幕がおりた」と誤解されないでしょうか？

なお，「それ」「その」などのこそあどことばが指し示す内容を読み取ることが難しい聴覚障害児がよく見られます。

手話表現の例

①そこが問題です。	②(場所を指さして)そこで彼は見たのです。	③そこで幕がおりた。
それ／問題	それ／**場所**／彼／見た	それ／**時**／幕がおりる

文例 8-7

①-1 良いものを聞いた。	①-2 良いことを聞いた。	
②-1 悪い物を探す。	②-2 悪いところを探す。	②-3 悪い場所を探す。

手話表現は？

　文例8-1～文例8-5で、「もの」「こと」「ところ」の手話表現の仕方について考えてきました。

　では、これらの文例の意味は、どう違うのでしょうか？　また、手話でどう表現したら良いでしょうか？

日本語の意味は？　　　　　　　　　　　　　　　　　問題8-7(1)

　「良いものを聞いた」の意味として、次の2つの文のうち、どちらがより適切ですか？
- (　)（ア）良い音楽や曲を聴いた。
- (　)（イ）良い話（心が温まる話など）を聞いた。

日本語の意味は？　　　　　　　　　　　　　　　　　問題8-7(2)

　太郎くんは、明子さんから、「あなたのことが嫌い。絶交よ」と言われて、ショックを受け、明子さんに言いました。そのせりふとして、次のどれが最も適切ですか？
- (　)（ア）「僕に悪い物があれば直すから、絶交しないでくれ」
- (　)（イ）「僕に悪いところがあれば直すから、絶交しないでくれ」
- (　)（ウ）「僕に悪い場所があれば直すから、絶交しないでくれ」

日本語の意味と答え

「良いものを聞いた」は、「良いCD・レコードを聴いた」というような意味です。一方、「良いことを聞いた」は、「何か良い話（もうけ話など）を聞いた」という意味です。

問題8-7(1)の答え　（ア）
問題8-7(2)の答え　（イ）

「悪い物」は、「何か悪い品物」のようなイメージがまずあります。「悪いところ」と「悪い場所」は似ていますが、性格は抽象的・曖昧なものですから、「悪い性格があれば直す」と言いたい時は「悪いところを直す」と言います。一方、テレビがこわれ、修理屋さんへ持って行った時や、体調が悪くて病院へ行った時に、「悪いところを直してほしい」と「悪い場所を直してほしい」のどちらも言えます（が、どちらかと言えば「ところ」の方が自然な感じです）。

手話表現の例

①-1 良いものを聞いた。	①-2 良いことを聞いた。
良い／音楽（歌，CDなど）／聴く	良い／話／聞く（聞こえる）

②-1 悪い物を探す。	②-2 悪いところを探す。	②-3 悪い場所を探す。
悪い／**物**（品など）／探す	(a) 悪い／場所／探す (b)「僕の性格で悪いところを探す」などと補足説明する	悪い／**場所**／探す

文例 8-8

①<u>塗る物</u>，<u>塗られる物</u>により，塗料を選ぶ必要があります。	②今回は，<u>塗る物</u>として，刷毛を使いましょう。
③塗装の前には，<u>塗る物</u>の表面の汚れやかびなどを落としてください。	④パンに<u>塗る物</u>で一番好きなのは，イチゴジャムです。
⑤マニキュアを<u>塗る</u>ことで，爪が傷んだりしませんか？	⑥最初に，<u>塗るところ</u>を，ていねいにふく必要があります。

手話表現は？

これらの文は，実際にある所に載っていた文章を少し改変したものです。

それぞれの文で，「塗る物」や「塗られる物」は，何を意味しているでしょうか？　手話では，どう表現すれば良いでしょうか？

日本語の意味は？

問題 8-8

次の文章の下線部は，それぞれ（ア）（イ）（ウ）のどれを意味しますか？

- （ア）ペンキなどの塗料や絵の具のようなもの
- （イ）塀や壁，板，画用紙のようなもの
- （ウ）ブラシや筆のようなもの

・1）<u>塗る物</u>→（　　），2）<u>塗られる物</u>→（　　）により，塗料を選ぶ必要があります。

・今回は，3）<u>塗る物</u>→（　　）として，刷毛を使いましょう。

・塗装の前には，4）<u>塗る物</u>→（　　）の表面の汚れやかびなどを落としてください。

・パンに5）<u>塗る物</u>→（　　）で一番好きなのは，イチゴジャムです。

日本語の意味と答え

「ブラシや筆，刷毛」などは一貫して「塗る物」ですが，「塀や壁，板」などは，「塗られる物」と言ったり「塗る物」と言ったりします。また，ペンキなどの塗料やパンに塗るバターやジャムなどを「塗る物」ということもあります。すなわち，「塗る物」は，文章によって，絵の具のような物，画用紙のような物，筆のような物のどれを意味するかが変わってきます。

> 問題8-8の答え
> 1)→（ウ）　2)→（イ）
> 3)→（ウ）　4)→（イ）
> 5)→（ア）

文例8-1の「⑨何か書く物をください」のところで，「この『書く物』は，通常は『筆記用具』を意味するが，『紙』を意味することもある」と述べたのは，これと同じ事情によります。実際，ペンは持っているが，紙がない時，「書く物，何かありませんか？」などと言う例が時々見られます（普通は，「紙をください」と言うと思いますが）。

そこで，以下のように整理しました。それぞれを手話でどう表しますか？

ペンキなどの塗料や絵の具のような「塗る物」		塀や壁，板，画用紙のような「塗られる物」（「塗る物」と言われる時もある）
ブラシや筆，刷毛（はけ）のような「塗る物」	塗るところ	塗ること

手話表現の例

ペンキなどの塗料や絵の具のような「塗る物」	塀や壁，板，画用紙のような「塗られる物」（「塗る物」と言われる時もある）
（a）（状況や文脈により，意味しているところがはっきりしている場合）単に「塗る／物」とする （b）左手でびんを持ち，右手で何かびんのような物に入れてどこかに塗るしぐさ／右手でそのびんを示した所を指さす	（a）（状況や文脈により，意味しているところがはっきりしている場合）単に「塗られる／物」「塗る／物」とする （b）右手で何かをもって塗っているしぐさ／左手で，その右手が塗っている下の所を指さす

ブラシや筆,刷毛(はけ)のような「塗る物」	塗るところ	塗ること
(a)（状況や文脈により,意味しているところがはっきりしている場合）単に「塗る／物」とする (b) 右手で何かをもって塗っているしぐさ／左手で,その右手の所を指さす	塗る／場所	(a) 塗る／事 (b)「こと」は省く (c)「活動」などと言い換える

　日本語の「塗る物」の意味するところは，文章によって変わってきます。

　手話通訳者が「塗る物」と聞いてとっさにどれを意味するのか判断できなかった時は，話し手の話がわかりにくいものであることをそのまま聞き手に伝えるべきという声もあります。また，「塗る物」の意味するところが手話通訳者にわかっても，それをていねいに通訳すると，聞き手が「今言われた『塗る物』は，どれを意味するか」を考えて判断する機会を奪っていることになる，と指摘する声もあります。相手の状況やその場面で優先すべきことは何かなどを総合的に判断するしかないでしょう。

【補足】

	－1「もの(物))」	－2「こと(事)」	－3「ところ(所)」
①「書く」	書くもの	書くこと	書くところ
②「書かれる」	書かれるもの	書かれること	書かれるところ
③「書いた」	書いたもの	書いたこと	書いたところ
④「書かれた」	書かれたもの	書かれたこと	書かれたところ
⑤「書いている」	書いているもの	書いていること	書いているところ
⑥「書いていた」	書いていたもの	書いていたこと	書いていたところ
⑦「書いてある」	書いてあるもの	書いてあること	書いてあるところ

　「①－1書くもの」「④－1書かれたもの」「⑦－2書いてあること」などを読んで，どんな文章が作れるでしょうか？　特に，「①－1書くもの」は，文章によっ

ていろいろな意味があります。実際に使われていた文例を以下に記します。

「①-1書くもの」の文例
・彼が書くものは，ユニークだ。
・彼が書くものは，ノンフィクションです。
・ペンとか何か書くものはありませんか？
・引っ越しの手続きの時書くものは何ですか？
・日記は，自分のために書くものだ。

「②-1書かれるもの」の文例
・彼女によって書かれるものは，安心感をもって読むことができる。
・書くものも書かれるものも手元になかったので，店の人に身振りで「紙とペンをくれ」と伝えようとした。

「④-1書かれたもの」の文例
・漂流物の中には，ハングルで書かれたものもある。
・この本は，添加物の毒性について書かれたものです。
・以下に書かれた文章は，私の個人的な見解によって書かれたものです。
・江戸時代に書かれたものから，昔の町民の暮らしぶりがよくわかった。

「書くもの」は，文章によって，「作品・書かれた内容・文章（つまり，文字の部分，または文字が書いてある紙のようなもの）」や「ペンなどの筆記用具」，「紙など（文字は書かれていない）」を意味します。

それに対して，「書かれるもの」は，「作品・内容・文章」と「紙」のいずれかを意味し，「筆記用具」を意味することはほとんどないように思われます。これは，「彼はペンで原稿用紙に小説を書く」について，「彼によって書かれる小説」「原稿用紙に書かれる小説」または「小説が書かれる原稿用紙」と言えるのに，「彼によって書かれるペン」とか「原稿用紙に書かれるペン」とは言えないことと関連するように思います（通常は「書くのに使われたもの」と言い換えるように思います）。

さらに，「書かれた物」については，既に書かれていますから，「紙」と「文字」は一体化されています。そして，ほとんどの場合「作品・書かれた内容・文章（つまり，文字の部分，または文字が書いてある紙のようなもの）」を意味するようです。「ペンなどの筆記用具」を「書かれたもの」と言うことはできないように思い

ます（通常は「書くのに使われたもの」と言い換えるように思います）。

　「もの」「こと」「ところ」は，日本語によく出てくることばです。「えっ，どんなもの？」「どんなこと？」「どんなところ？」「どういうもの？」「どういうこと？」「何の物？」「何のこと？」「何の話？」などなど，これらの違いをはっきりと説明することは難しいです。聴覚障害がない子どもは，そのあたりの感覚を，日常会話の中で自然に身につけていくようです。

　聴覚障害児に対する日本語指導のあり方について，昔から研究・工夫されてきましたが，今後もそうされる必要があるでしょう。

文例 8-9

①-1（1）食べる物	①-1（2）食べ物
①-2（1）怠ける者	①-2（2）怠け者
①-3（1）願うこと	①-3（2）願い事
①-4（1）住む所	①-4（2）住所
①-5（1）美しい人	①-5（2）美人
②-1 焼く物	②-2 焼き物
③-1 入れる物	③-2 入れ物
④-1（目などの）荒い物	④-2 荒物
⑤-1 働く者	⑤-2 働き者
⑥-1 尋ねる者	⑥-2 お尋ね者
⑦-1 愛する人	⑦-2 愛人

⑧-1 生き物	⑧-2 生きる物 / 生きている物	⑧-3 生(なま)もの / 生(なま)の物(もの)
⑨-1 暖かい物	⑨-2 春の物	⑨-3 春物

手話表現は？

　今まで「飲み物」「煮物」「美人」は，それぞれ「飲む物」「煮る物」「美しい人」と考え，手話で表現してきた人が多いだろうと思います。ほとんどの単語は，そのように考えてよいのですが，意味が変わってくるものが時々見られます。それを，②以下で取り上げてみました。

日本語の意味は？

問題 8 - 9

以下の文章は，それぞれ（ア）と（イ）のどちらの意味ですか？
1)「太郎くんは，のけ者にされた（のけ者になった）」
- （ア）太郎くんは，「仲間はずれにされている人」である。
- （イ）太郎くんは，「（誰かを）仲間はずれにしている人」である。

2)「太郎くんは，笑いものにされた（笑いものになった）」
- （ア）太郎くんは，「笑った人」である。
- （イ）太郎くんは，「笑われた人」である。

3)「太郎くんは，笑われものにされた（笑われものになった）」
- （ア）太郎くんは，「笑った人」である。
- （イ）太郎くんは，「笑われた人」である。

4)「太郎くんの待ち人は来なかった」
- （ア）その「待ち人」が，太郎くんを待っていた。
- （イ）太郎くんが，その「待ち人」を待っていた。

日本語の意味と答え

「もの」が「者」と「物」のどちらを意味するかの判断ができない聴覚障害児が見られるかもしれません。例えば，「怠けもの」や「あわてもの」の「もの」は「者」ですが，「読みもの」や「調べもの」の「もの」は「物」です。

なお，「笑いもの」と「笑われもの」は，ある辞典では「笑い者」と「笑われ者」になっていましたが，別の辞典では「笑い物」と「笑われ者」になっていました。また，インターネット上では，「笑い者」「笑い物」「笑いもの」「笑われ者」「笑われ物」「笑われもの」の全てが見られました。

「怠け者」は「怠ける人」を意味し，「若者」は「若い人」を意味しますが，「働き者」は，単に「働く人」ではなく，「勤勉に働く人」を意味します。

「A君は怠け者だ」では，A君が「怠ける人」という意味ですが，「B君はのけ者だ」では，B君が「仲間はずれにされている人」という意味です。「C君は笑いものだ」では，C君が「笑われている人」という意味ですし，「D君は笑われものだ」では，D君が「笑われている人」という意味です。「〜ものにする」「〜ものになる」「〜ものにされる」のどれかという違いが加わると，さらに「この人はどっ

8章　「もの」「こと」「ところ」にかかわって

ちなのか」の判断がややこしくなるかもしれません。

> 問題 8-9 の答え
> 1）→（ア）　2）→（イ）　3）→（イ）　4）→（イ）

また，「待ち人」というのは，その「人」は「他の人から来るのを待たれている人」のことです。

この他，「⑨-1　暖かい物」「⑨-2　春の物」「⑨-3　春物」の違いはわかるでしょうか？　これらが使われている文章を以下に記しておきます。

⑨-1　何か暖かい物が食べたいなあ。お鍋がいいなあ。
⑨-2　春の物を使った料理が食べたいなあ。校庭で春の物を探そう。
⑨-3　デパートへ行ったら，もう春物がたくさん店頭に出ていたわ。

手話表現の例

①-1（1）食べる物	①-1（2）食べ物
①-2（1）怠ける者	①-2（2）怠け者
①-3（1）願うこと	①-3（2）願い事
①-4（1）住む所	①-4（2）住所
①-5（1）美しい人	①-5（2）美人

それぞれ
「食べる／物（いろいろ，でも可）」
「怠ける／人（男，女，人々，でも可）」
「希望（願う）／事（内容，などでも可）」（単に「願う」だけでも可）
「住む／場所」（「住所」という手話があるので，それでも可）
「美しい／人（男，女，人々，でも可）」

②-1 焼く物	②-2 焼き物
(a)　焼く／物 (b)　焼く／いろいろ (c)　「魚」「肉」などのことばを補う	陶磁器を意味する時は，「お皿」と言い換えるか，「焼いたお皿」などと言い換える（他，あぶって焼いた料理や焼きを入れて作った刃物を意味する時は，「料理」や「包丁」などのことばを補う）

③-1 入れる物	③-2 入れ物
(a) 入れる／物 (b) 入れる／いろいろ (c) 「はさみなどを入れる物」というように何かことばを補う	「箱」「皿」などと言い換える

④-1 （目などの）荒い物	④-2 荒物
(a) 荒い／物 (b) 荒い／いろいろ (c) 「ざる」などのことばを補う	(a) ほうき／バケツ／いろいろ (b) （「荒物」という日本語を知っている人に対して）荒い／物

⑤-1 働く者	⑤-2 働き者
働く／人（男，女，人々）	(a) 懸命／働く／人（男，女，人々） (b) 働く／働く［「働く」手話を強調して繰り返す］／人（男，女，人々）

⑥-1 尋ねる者	⑥-2 お尋ね者
尋ねる（質問）／人（男，女，人々）	「警察がつかまえようと捜している人」などと言い換える

⑦-1 愛する人	⑦-2 愛人
愛［手のひらをなでるようなしぐさ］／人	人によって表現方法は様々です。「愛する人」や「妻」，「恋人」とは違うイメージをもっていることばです

⑧-1 生き物	⑧-2 生きる物 　　生きている物	⑧-3 生もの（なま） 　　生の物（なま）（もの）
生物	(a) 生きる／物 (b) 生きる／いろいろ (c) 生物	(a)「火を加えていない」と言い換える (b)「生きる」という手話を使う

⑨-1 暖かい物	⑨-2 春の物	⑨-3 春物
(a) 春（暖かい）／物 (b) 春（暖かい）／料理	(a) 春（暖かい）／物 (b) 春（暖かい）／関係（〜について）／物（いろいろ、でも可）	(a) 春（暖かい）／物 (b) 春（暖かい）／ぴったり（合う）／服（「春らしい服」の意）（「服」は文意に合わせて別のことばでも可）

　⑧-3 (b) の「生きる」は，「生き生きした」という意味であり，「生野菜」の「生」で用いられる表現です。

　なお，「魚を生のまま食べる」と「魚を生きたまま食べる（シラウオの躍り食いなどがありますね）」を，手話でどう区別して表すかは難しいところです。

　ついでに言うと，「生焼き」や「生乾き」の「生」は，「まだ（〜ない）」や「中途半端」（「途中」の手話に似ており，途中で投げ出す雰囲気をつけた手話表現）という手話単語を使うと良いでしょう。

応用問題 8

以下の文章を手話で表してみてください

- 「唾(おし)が物を言う」というキャッチフレーズで，口話法が宣伝された時があった。
- そのことが，いざという時，大きく物を言った。
- 宗教は過去の物か？
- 愛護は強制されるものか？
- そういう時は，黙っているものだ。
- 絶対渡すものか。
- 物言えば唇寒し。
- やつは物になるぞ。
- 物は試しだ。
- 時計が止まっていたものだから，遅刻しそうになった。
- そうしたいものですね。
- だって，知りたかったんですもの。
- 地盤の強度は１年で変わるものなんですか？
- 彼は，車のことなら，何でも知っている。
- 馬鹿なことを言うな。
- 私のことは心配しないで。
- 食べたことがない。
- 何のことかさっぱりわからない。
- ことの起こりは，彼が彼女を笑ったことだ。
- 風邪を引いたかなと思った時は，早く寝ることです。
- 彼は重い病気になったということだ。
- まあ，そういうことだ。
- まあ，そういうことになるね。
- まあ，そういうことにしておこう。
- （○△法第□条）……の場合は，乙が負担することとする。
- ……の場合は，乙部氏が負担することにしよう。
- 皆で話し合い，乙部氏が負担することになった。
- それじゃ，結果的に乙部氏が負担することになるじゃないか。
- 読まないことにしている。
- この話，自分は聞かなかったことにするよ。
- 急ぐことはないですよ。
- 皆さん，これから，寄り道をしないこと。わかったわね。
- 長いこと話している。
- うまいことやったね。
- 悲惨なことに，彼はこんな目に会った。

- まあ，きれいな花だこと。
- それでいいこと？
- 彼のことだから，大丈夫でしょう。
- 君の関与するところじゃない。
- 最後のところがおもしろい。
- リフォームを考え，会社の人に来て見てもらったところ，違法建築だと言われた。
- 「こんにちは」「あらっ，良いところであなたに出会えたわ。今，財布を落としたのに気づいて，どうしようかと思っていたところ。悪いけど，お金を貸してくれない？」
- 彼が書く物は，ユニークだ。
- 彼が書く物は，ノンフィクションです。
- ペンとか何か書く物はありませんか？
- 引っ越しの手続きの時書くものは何ですか？
- 日記は，自分のために書く物だ。
- 日記を書くことは，自分の心の整理になる。
- 名前を書くところがないんですが……。
- その部屋は，彼がいつも絵を描くところです。
- 彼が書いた物からわかったことがある。
- 彼が書いた物を持ってきてくれ。
- あなたが手紙の中で書いたことは，正しい。
- 川端康成が『雪国』を書いたところはどこですか？
- 自分の悪口を書かれることはつらい。
- 「ペンキがほしいのですが……」「木部や鉄部など，塗る物によって，ペンキの種類が変わってきますよ」
- パンに塗る物として，私はバターが好きです。
- 私は，フランス語が話せないので，身振りで「何か書く物がほしい」と言うと，彼女はすぐにメモ用紙を持ってきた。「あのう，書かれる物じゃなくて，書く物がほしいんだけど……」と思ったが，彼女の行為が嬉しかった。
- 人事は「ひとごと」と「じんじ」の2通りの読み方があり，意味も異なる。
- 「何が食べたいか」と聞かれて，「春の物が食べたいなあ」と答えた。
- 君が求めている本は，そこにあるよ。
- そこに居たのか。
- そこを読んでください。
- そこへ邪魔が入った。
- そこが大切です。
- そこが知りたいんです。
- （場所を指さして）そこで，彼はころんだのです。
- 最近，彼の居場所を尋ねてくる者が多い。彼は「お尋ね者」なのかい？

- ●魚を生のまま食べる。
- ●魚を生きたまま食べる。

小学校2～3年の国語の教科書にあった文章（一部改変）
- ●この印のところで，書く練習をしましょう。
- ●雪をどけようとふんばっているところです。
- ●種から家が出てきて，どんどん大きくなるところがおもしろいです。
- ●初めて知ったことや，不思議だなあと思ったことを，話し合おう。
- ●教科書に書いてあることと比べてみましょう。
- ●相手に伝わらないことがあります。
- ●漢字には，同じ部分をもつものがあります。
- ●おもしろいものを見るたびに，スイミーは元気を取り戻した。
- ●見たこともない魚たち。
- ●がま君たちの言うこと，することを，人形を使って表してみよう。
- ●お手紙をもらったことがないんだもの。
- ●しなくっちゃいけないことがあるんだ。
- ●そんなことあるものかい。
- ●だって，僕が君にお手紙出したんだもの。
- ●続けて読むってことだね。
- ●自分のことを，読む人に知ってもらいましょう。
- ●1年間をふりかえると，楽しいことがいっぱいありましたね。
- ●その日にあったことを短い文で書くことにしました。
- ●ある日のことでした。
- ●1等になったものは，殿様の娘と結婚させるというのでした。
- ●おせんたくができないものですから。
- ●友達と似ているところや違うところを見つけましょう。
- ●ありは，ものがよく見えません。
- ●ふしぎなことに，その行列は，はじめのありが巣に帰るときに通った道すじから，外れていないのです。
- ●「娘さんからは，前に，あわつぶをもらったことがあるよ」
- ●集まった人々は，「名医の手にもあまる病気を，こんな汚いなりをした若者に治せるもんかい」とあざわらいました。
- ●目に見えない物や絵に描けない物を表す漢字。

9章 全体否定と部分否定などにかかわって

部分否定の文章の理解は，難しいです。

京都府立聾学校高等部のある学年では，比較的学力が高い生徒が多いと言われていましたが，「全部はできなかった」を，「全部×だった」という意味にとらえていた生徒がかなり見られました。また，「全部×」という意味ではないとわかっていた生徒でも，「全部できた？」と聞かれて，「全部はできなかったわ」と答えた場合，「全部○とすることは難しかった。つまり，ちょっと間違えてしまった」という意味になる場合が多いことを理解していない生徒が見られました。

「しなかったのではない」「そう言えないこともない」などの二重否定の表現も，難しいです。特に，日本語では，婉曲な言い方や間接的な言い方が多いです。「手話通訳する時，誤解を避けるため，『しなかったのではない』は『した』と言い換えるようにしている」と言う人が見られます。その一方で，「できないことはない……」を「できる」と言い換えると，意味（そのことばにこめている気持ち）が少し変わってくるから，簡単に言い換えたくない時もある，と言う人も見られます。相手の理解状況や話し手の気持ちなどを考えて，その場で最も適切な表現方法を考える必要があるでしょう。

「はい」	「いいえ」

思考様式a

「はい」	「どちらとも言えない」	「いいえ」

思考様式b

上記のように，aとbの思考様式が考えられます。aは「はい」と「いいえ」しかないとするものであり，bは「どちらとも言えない」場合があることを考慮に入れようとするものです。幼い子どもはaの思考様式ですが，大人の多くはbの思考様式であると言えるでしょう。

「やれないことはない」について、それは、思考様式aの場合、「やれる」の意味になります。それに対して、思考様式bの場合、「やれる」または「どちらとも言えない」の意味になります。さらに、なぜ「やれる」と言わずに「やれないことはない」と言うのか、その心理状態を考える必要があります。つまり、「やれる」とはっきり言うことがためらわれるような心理状態の時に、「やれないことはない」という言い方がよく用いられる、と考えられるでしょう。

筆者が大学生の時、「『やれないことはない』のような二重否定の言い方について、『やれる』と言い換えて通訳している。その方が誤解されることが少ないから」と述べた手話通訳者が見られました。それを聞いた時、筆者は、「自分が『やれないことはない』と言った時、それを『やれます』と通訳されると、自分としては言い切ることにためらいがあるから『やれないことはない』と言っているのだけど……」と思ったものでした。

その後、聾学校に着任し、部分否定や二重否定の文章の理解が難しい生徒を目の当たりにしました。それで、筆者としては、現在では、聞き手の思考様式がaとbのどちらであるかによって、手話表現の仕方を考える必要があると考えています。すなわち、思考様式aの人に対しては、「やれる」とした方が誤解が少ないでしょう。一方、思考様式bの人に対しては、二重否定の意味を理解していると思われる（理解していなくても、説明すれば理解されると思われる）ので、二重否定のまま意味を通訳することが求められることもあるでしょう。

なお、日本語の文章によっては、いろいろな意味に解釈できるものがあります。例えば、「全部Aでない」では、全部が「Aではない」、という意味と、「全部A」ではない、という意味があります。すなわち、全体否定と部分否定のどちらなのか、曖昧な文章があることに注意する必要があるでしょう。

文例9-1

① （目の前のプリントを指さして）全部解けなかった。
② （目の前のプリントを指さして）全部は解けなかった。

文例9-2

①毎日書いていないよ。
②毎日書いてはいないよ。

文例9-3

①みんな試合に出られない。
②みんなが試合に出られるのではない。

文例9-4

①絶対に（必ず）賛成する。
②絶対に賛成しない。

③必ずしも賛成しない。

文例 9-5

①お花だけではだめよ。
②お花だけはだめよ。
③コップだけが足りないわ。

文例 9-6

①（それは）彼に賛成する理由ではない。
②（自分には）彼に賛成する理由がない。
③（それは）彼に賛成する意味ではない。
④（それでは）彼に賛成する意味がない。
⑤（私は）彼に賛成するわけではない。
⑥（私は）彼に賛成するわけにはいかない。
⑦（私が）彼に賛成するわけがない。

文例 9-1

① （目の前のプリントを指さして）
全部解けなかった。

② （目の前のプリントを指さして）
全部は解けなかった。

手話表現は？

①は「全問不正解」（全体否定）の意味で，②は「全問正解になったわけではない」意味（部分否定）とします。①と②のそれぞれを，手話でどう表しますか？

日本語の意味は？　　　　　　　　　　　　　　　　問題 9-1（1）

明子「今日のテスト，できた？」
太郎「漢字の問題，全部できなかったと思う」
漢字の問題が10問あったとすれば，太郎くんは，何問ぐらい解けたと思っていることになりますか？　最も適切なものを選びなさい。

- （　）（ア）10問全部解けたと思っている。
- （　）（イ）8問ぐらい解けたと思っている。
- （　）（ウ）2問ぐらいだけ解けたと思っている。
- （　）（エ）解けた問題はない（解けた問題は0問）と思っている。

日本語の意味は？　　　　　　　　　　　　　　　　問題 9-1（2）

明子「今日のテスト，できた？」
太郎「漢字の問題，全部はできなかったと思う」
漢字の問題が10問あったとすれば，太郎くんは，何問ぐらい解けたと思っていることになりますか？　最も適切なものを選びなさい。

- （　）（ア）10問全部解けたと思っている。
- （　）（イ）8問ぐらい解けたと思っている。
- （　）（ウ）2問ぐらいだけ解けたと思っている。
- （　）（エ）解けた問題はない（解けた問題は0問）と思っている。

日本語の意味と答え

「全部できなかった」は，「全問×（不正解）だった」という意味です。

> 問題9-1(1)の答え　（エ）
> 問題9-1(2)の答え　（イ）

一方，「全部はできなかった」は，「全問○（正解）とすることができなかった」という意味であり，「全部×」も含まれていると考えられますが，「全部できた？」と聞かれて，「全部は解けなかった」と答える場合は，通常「少しだけ解けなかった」ことを意味します。これは，「は」の有無により意味が変わってくる例です。

なお，「少しできた」と「少しはできた」について，「は」の有無による違いはほとんどありませんが，「全部できなかった」と「全部はできなかった」の違いを学習すると，「少しできた」と「少しはできた」も異なる意味だと解釈した生徒が見られました。

手話表現の例　　　　現実に見られる表現例を含む，以下同様

①（目の前のプリントを指さして）**全部解けなかった。**	②（目の前のプリントを指さして）**全部は解けなかった。**
(a) **全部**／解く／難しい（できない） (b) **全部**／×	(a) **ほとんど（約）**／解く／できる＋少し／解く／難しい（できない） (b) 全部／解く／事／難しい（できない） (c) 全部／解く／それ or 少し間／難しい（できない） (d) 「×が少しある」などと言い換える

9章　全体否定と部分否定などにかかわって

「②全部は解けなかった」を,「ほとんど／解く／できない」という手話で表すと, 解けなかった問題の方が多いという意味になるかもしれません。

「②全部は解けなかった」を通訳する時, (a) のような手話表現は時間がかかるので, 時間に追われる通訳場面では工夫が求められると思います。

文例 **9－2**

①毎日書いていないよ。　　②毎日書いてはいないよ。

手話表現は？

①は「どの日も書いていない」意味（全体否定）であり、②は「毎日書いているわけではない」意味（部分否定）とします。
①と②のそれぞれを、手話でどう表しますか？

手話表現の例

①毎日書いていないよ。	②毎日書いてはいないよ。
いつも（毎日）／書く／**ない**（単なる打ち消し）	(a) いつも（毎日）／書く／**違う**
	(b)「書く日と書かない日がある」と言い換える

9章　全体否定と部分否定などにかかわって

文例 9-3

①みんな試合に出られない。

②みんなが試合に出られるのではない。

手話表現は？

①と②のそれぞれを，手話でどう表しますか？

日本語の意味は？　　　　　　　　　　　　　　問題 9-3(1)

先生がクラブ顧問会議の後，体育館へ来て言いました。
先生「みんな試合に出られません」
生徒のみんなが思ったこととして，次のどちらが適切ですか？
- (　)(ア)「試合に出られる人は，0人」と思った。
- (　)(イ)「試合に出られない人が少しいる」と思った。

日本語の意味は？　　　　　　　　　　　　　　問題 9-3(2)

先生がクラブ顧問会議の後，体育館へ来て言いました。
先生「みんなが試合に出られるのではありません」
生徒のみんなが思ったこととして，次のどちらが適切ですか？
- (　)(ア)「試合に出られる人は，0人」と思った。
- (　)(イ)「試合に出られない人が少しいる」と思った。

日本語の意味と答え

「みんな試合に出られません」や「みなさんは試合に出られません」は，全体否定，すなわち全員参加できないという意味です。

一方，「塩ではない」は「塩と違う」という

問題 9-3(1)の答え　（ア）
問題 9-3(2)の答え　（イ）

意味ですから、「みんなが試合に出られるのではない」は、「『みんなが試合に出られる』のと違う」という意味です。したがって、一部参加できて、一部参加できないという意味です。

手話表現の例

①みんな試合に出られない。	②みんなが試合に出られるのではない。
みんな／試合／参加／**難しい（できない）**	（a）みんな／試合／参加／できる／（それ or 少し間）／**違う**
	（b）試合／［右側で］「少し／参加／難しい（できない）」／［左側で］「他（別・以外）／できる」
	（c）「試合に出られる人と出られない人がいる」と言い換える

この文章も、意見がたくさん出されました。

文例 9-4

| ①絶対に（必ず）賛成する。 | ②絶対に賛成しない。 | ③必ずしも賛成しない。 |

手話表現は？

「絶対に」や「必ず」は，どんな手話になりましたか？

手話表現の例

①絶対に（必ず）賛成する。	②絶対に賛成しない。	③必ずしも賛成しない。
絶対／賛成	（a）**絶対**／賛成／**ない**（自分の意志） （b）**絶対**／**反対**	（a）**必ず（約束）** or 絶対／賛成／（それ or 少し間）／**違う** （b）「賛成するとまだ決めていない」などと言い換える

「絶対」と「必ず（約束）」の使い分けも，難しいところです。

文例 9-5

① (「お花だけを持っていけばいいのか？」と聞かれて)「**お花だけではだめよ**」

② (喘息で入院した人の所へ，何をお見舞いに持っていけば良いかと聞かれて)「(何でもいいけど) **お花だけはだめよ。**(花粉が喘息を悪化させるから)」

③ (食事会の準備で，「10人来るから，10人分以上あればOKだわ」と言いながら点検していた時)「お皿やスプーンなどは10人分以上あるけど，(コップだけ7つしかないから) **コップだけが足りないわ**」

手話表現は？

①は，「お花だけを持っていく」行為が「だめ」であって，お花の他に必要なものがあるという意味です。②は，「何でもいいが，お花だけはだめ」という意味です。

①と②，③のそれぞれを，手話でどう表しますか？

日本語の意味は？　　　　　　　　　　　　　　　問題 9-5（1）

次の文で，（ア）と（イ）のどちらが適切ですか？
先生「あなたは，好き嫌いがありますか？」
花子「好き嫌いは，ほとんどありませんが，
　　（　）（ア）梅干しだけはだめなんです」
　　（　）（イ）梅干しだけではだめなんです」

9章　全体否定と部分否定などにかかわって

日本語の意味は？　　　　　　　　　　　　　　　　　　　問題9-5(2)

　明子さんは，パーティーに招かれましたが，何を持っていけば良いか，悩んでいます。明子さんが「お花だけではだめかしら？」と言うと，太郎くんが「そうだね」と答えました。太郎くんが言った意味は，次のどちらですか？

- (　)（ア）お花を持って行ってはいけない。
- (　)（イ）お花の他に，別の物も持っていく必要がある。

日本語の意味は？　　　　　　　　　　　　　　　　　　　問題9-5(3)

　明子さんは，「今晩の食事会は，10人来るから，10人分以上あればOKだわ」と言いながら点検しました。
　啓子「これから買い物に行くけど，食器は全部そろっている？」
　明子「紙コップだけが足りないの」
　明子さんが言った意味は，次のどれですか？

- (　)（ア）紙コップだけ人数分ある。他の食器が不足している。
- (　)（イ）紙コップだけ不足している。他の食器は人数分ある。
- (　)（ウ）紙コップの他に，いろいろな食器を買う必要がある。

日本語の意味と答え

　「梅干しだけはだめ」は，「これだけは×」の意味です。

　「お花だけではだめ」は，「『お花だけ』という状態はだめ」という意味です。

　「紙コップだけが足りない」は，他のは足りている（人数分ある）が，紙コップだけが不足している（人数分そろっていない）意味です。

問題9-5(1)の答え　（ア）
問題9-5(2)の答え　（イ）
問題9-5(3)の答え　（イ）

手話表現の例

①お花だけではだめよ。

(a) 花／だけ／（それ or 少し間）／
貧しい（足りない）

(b) 花／**他（別・以外）**／必要（「花の
他に必要な物がある」と言い換える）

②お花だけはだめよ。

花／だけ／**だめ（×）** or 禁止 or 止め
る or 悪い

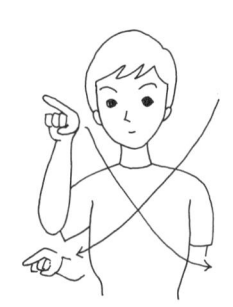

③コップだけが足りないわ。

(a) コップ／だけ／貧しい（足りない）
(b) 貧しい（足りない）／コップ／だ
け
(c) コップ／だけ／少ない

この文章も，意見がたくさん出されました。

9章　全体否定と部分否定などにかかわって

文例 9-6

①（それは）彼に賛成する理由ではない。	②（自分には）彼に賛成する理由がない。
③（それは）彼に賛成する意味ではない。	④（それでは）彼に賛成する意味がない。

⑤（私は）彼に賛成するわけではない。	⑥（私は）彼に賛成するわけにはいかない。	⑦（私が）彼に賛成するわけがない。

手話表現は？

「意味」や「わけ」をどう表しましたか？ 「意味」と「わけ」の両方とも「なぜ（理由）」という手話を使う人が多いと思いますが，①と③などが同じ手話表現になりませんでしたか？

「⑤～わけではない」と「⑥～わけにはいかない」，「⑦～わけがない」は意味が異なりますが，どのような手話表現を使いましたか？

日本語の意味は？　　　　　　　　　　　　　　　　　問題 9-6

1）「賛成しないぞ！」の意味になるのは，次のどれですか？
2）「賛成するはずがない！」の意味になるのは，次のどれですか？

　　（ア）「（それは）彼に賛成する意味ではない」
　　（イ）「（それでは）彼に賛成する意味がない」
　　（ウ）「（私は）彼に賛成するわけではない」
　　（エ）「（私は）彼に賛成するわけにはいかない」
　　（オ）「（私が）彼に賛成するわけがない」

日本語の意味と答え

「理由」と「意味」,「わけ」の手話として,「なぜ」の手話単語が使われることが多いのですが, 日本語の意味としては, かなり違います。

> 問題9-6の答え
> 1)→（エ）　2)→（オ）

「～ではない」は「～と違う」と言い換えることができます。「～わけにはいかない」は,「認められない・許可できない・そんな状態になったら困る」という意味を含んでいます。「～わけがない」は, 通常「～はずがない」という意味です。

手話表現の例

『日本語−手話辞典』をひもとくと,（「ことばの意味」の）「意味」と,「理由」,「なぜ」,（「どういう訳か？」の）「わけ」は同じ手話になっていました。

①（それは）彼に賛成する理由ではない。	②（自分には）彼に賛成する理由がない。
彼／賛成／**意味（なぜ）**／違う	彼／賛成／**意味（なぜ）**／ない（単なる打ち消し）

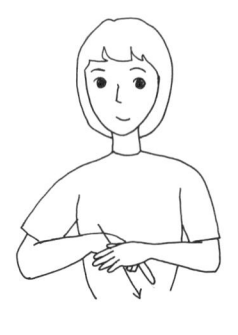

9章　全体否定と部分否定などにかかわって

③ (それは) 彼に賛成する意味ではない。	④ (それでは) 彼に賛成する意味がない。
(a) ①と同じ (b) [左側で] それ／[真ん中で]「＝」（イコールの意）／[右側で]「彼／賛成」／[真ん中で] 違う	(a) ②と同じ (b) 「賛成してもしなくても，同じことになる」などと言い換える

⑤ (私は) 彼に賛成するわけではない。	⑥ (私は) 彼に賛成するわけにはいかない。	⑦ (私が) 彼に賛成するわけがない。
「私／彼／賛成」の後，文意に合わせて (a) はっきり／言う／嫌い (b) あいまい	(a) 私／彼／賛成／**難しい（できない）** or 認めない or 断わる (b) 「私は反対だ」と言い換える	(a) ②と同じ (b) 私／彼／賛成／絶対／ない (c) 私／彼／賛成／まさか

　この文章も，非常にたくさんの意見が出されました。
　なお，ここでは詳しく記しませんでしたが，「彼が賛成する」と「彼に賛成する」は意味が違うことに注意して表現する必要があります。

応用問題 ⑨　以下の文章を手話で表してみてください

- チューリップばかりだ。
- チューリップだけがない。
- チューリップばかりではない。
- 少しほしい。
- 少しだけほしい。
- 少しでもほしい。
- 少しもほしくない。
- 少し食べたくない。
- 少ししか食べられない。
- （5問のうち）1問できなかった。
- （5問のうち）1問もできなかった。
- 少し解けなかった。
- 少しも解けなかった。
- 少ししか解けなかった。
- 少しだけ解けなかった。
- 毎日休まなかった。
- 毎日は休まなかった。
- それだけはだめよ。
- それだけではだめよ。
- 彼に言うことだけはだめ。
- 彼に言うだけではだめ。
- いつも化粧している。
- いつも化粧していない。
- いつも化粧しているわけではない。
- みんな悪くないよ。
- みんなが悪いのではないよ。
- みんな合格していないよ。
- みんなが合格したのではないよ。
- 全く変えないよ。
- 全て変えるのではないよ。
- 全く変えるつもりはないよ。
- 全て変えるつもりはないよ。
- 絶対に間違っている。
- 絶対間違っていない。
- 必ずしも間違いではない。

- Aだけがないよ，Bはあるよ。
- Aだけでなく，Bもあるよ。
- 全部わかったわけではない。
- 全部わかるわけがない。
- それは，君を許した意味ではないよ。
- それじゃ，君を許した意味がないよ。
- それは，君を許す理由じゃないよ。
- そんな，君を許す理由がないよ。
- 僕は，君を許すわけではないよ。
- 僕は，君を許すわけにはいかないよ。
- （僕は）君を許すわけがないよ。
- 全ての人が成功するわけではない。
- 合格したと決まったわけではない。
- 彼がスーツを着たままだった理由が，全くわからない。
- どういうわけか，彼はスーツを着たままだった。
- 何か深いわけがありそうだね。
- それを認めるわけにはいかないじゃないか。
- そんなこと，わけはない（わけない）よ。
- まさか，そんなわけがない！
- 君の気持ちもわからないわけではないが，まあ，ここは我慢してくれ。
- こんな易しい問題が解けないということはないだろう。
- この町では，彼のことを知らない人はいないよ。
- 彼には，食べられない物はない。
- 彼女は，毎日家にいるとは限らない。
- それが全部悪いと言っているのではない。
- 金がほしいから，そう言ったのではない。
- 卓球？　できないことはないが，うまくはないよ。
- まあ，そう言われたら，嬉しくないことはないね。
- 明日？　まあ，暇じゃないこともないね。
- 「あの大学の入試，数学の問題は，6問中4問解けないと合格できないと言われているよ」「えー，4問も解くなんて，私，絶対無理！　私が4問も解けるはずがないよ」
- 「明日からの旅行に持って行く服，これだけでいいかしら？」「それだけではだめだよ。あちらは，今すごく寒いらしいから」
- 「合宿に持って行く物は，これでいいかしら？」「どれどれ，あら，これだけはだめよ。あちらでなくされたら困るから」
- 「パーティーの準備，これでいいかしら？」「どれどれ，あら，紙コップ，これだけが足りないわ。最大で20人来る予定だから」

小学校 2～3 年の国語の教科書にあった文章（一部改変）
- いつまでもそこにじっとしている<u>わけにはいかない</u>よ。
- それ<u>だけでは</u>わかりにくい（cf. それだけがわかりにくい）。
- この文<u>だけでは</u>（cf. この文だけは），何を伝えたいのか，よく分からない。
- ものの特徴は，1つとは<u>かぎりません</u>（cf. 1つではありません）。
- 「ぬぐ」の反対は，「着る」<u>だけではありません</u>。
- 「くすの木の切り株が苦しんでおります。それ<u>ばっかでねえ</u>，それを他の木が心配して，庭じゅう暗うなっているのが，ようないのです」

10章 時制にかかわって

　「食べる」は現在形，「食べた」は過去形，「食べている」は現在進行形，などと説明されることが多いですが，日本語では，必ずしもそうとは限りません。日本語の時制は難しいとよく言われます。例えば，「彼は，食べる時，『いただきます』と言った」では，「彼が食べる」ことも「彼が『いただきます』と言う」ことも過去の話のはずですが，これを「彼は，食べた時，『いただきます』と言った」とすると，変な文章になるでしょう。また，「ご飯を食べる時，（あいさつは）何と言うか？」と「ご飯を食べた時，（あいさつは）何と言うか？」では，意味が異なるでしょう。

文例 10-1

① （彼はよく）怒る。
② （彼は，今）怒っている。
③ （彼は，まだ）怒っている。

文例 10-2

①地震の時，あなたは何をしていたか？
②地震の時，あなたは何をしたか？

文例 10-3

①ご飯を食べる時，（あいさつは）何と言うか？

②ご飯を食べた時，(あいさつは) 何と言うか？

文例 10-4

①東京へ行く時に，会いました。
②東京へ行った時に，会いました。
③学校が終わって，家に帰る時に，「さようなら」と言います。
④学校が終わって，家に帰った時に，「ただいま」と言います。

文例 10-5

①（来春）結婚します。
②（昨年）結婚しました。
③（彼は）結婚しています。
④（彼は）結婚していました。（今は離婚したという意味とする）

文例 10-6

①-1 （空を見上げて）凧が落ちているよ。
①-2 （河原を見て）凧が落ちているよ。
②-1 （その話を今）聞いているよ。
②-2 （その話は，もう）聞いているよ。

文例 10-7

①電灯がつく。
②電灯をつける。
③電灯がついている。
④電灯がつけてある。
⑤電灯をつけておく。

文例 10-8

①今，食事をするところです。
②今，食事をしているところです。
③今，食事をしたところです。

文例 10 - 1

①（彼はよく）怒る。	②（彼は，今）怒っている。	③（彼は，まだ）怒っている。

手話表現は？

日常会話では，「怒る」や「怒っている」，「怒った」の違いについて，単に「怒る」とだけ手話で表す人がよく見られます。

しかし，「怒る」と「怒っている」には，違いがあります。それを手話でどう表しますか？

日本語の意味は？　　　　　　　　　　　　　　　　　　　　　問題 10 - 1

太郎くんは，日曜日の朝，母親に叱られました。その日の昼，クラブから帰ってきた太郎くんは，母親の不機嫌そうな様子を見て，朝からずっと家にいた姉に「お母さんはまだ僕のことを怒っているの？」と尋ねました。それに対する姉の答えとして，次の3つのうち，どれが最も適切ですか？
　　（　）（ア）「お母さんはよく怒るよ」
　　（　）（イ）「さあ，別のことで怒っているのかもね」
　　（　）（ウ）「今，怒っているよ」

日本語の意味と答え

一般的には，「怒る」は単なる動作を示し，「怒っている」は現在進行中であることを示す，と説明されています。

問題10 - 1の答え　（イ）

さらに同じ現在進行中であっても，単に「今怒っている状態であること」を伝えたい文章と，「まだ続けている」ことを伝えたい文章が見られます。

問題10 - 1では，太郎くんは「母親が怒っている状態」であることを知った上で尋ねていますから，（ウ）より（イ）の方が答えとして適切でしょう。

手話表現の例　　　　　　　　現実に見られる表現例を含む，以下同様

①（彼はよく）怒る。	②（彼は，今）怒っている。	③（彼は，まだ）怒っている。
単に「怒る」とする	(a) 単に「怒る」とする (b)「今している」という意味なので，「**今**」という手話を補う	(a) 怒る／**相変わらず**（続く） (b) 怒り／**続く（続ける）**

　③のところで「まだ（〜ない）」という手話単語を使うと、それだけで「彼はまだ怒っていない」という意味にとらえる人がいるかもしれません（第２巻の文例15−1参照）。

文例 10-2

| ①地震の時,あなたは何をしていたか? | ②地震の時,あなたは何をしたか? |

手話表現は?

この2つの文章の違いは,どのような答えになるかを考えたら,よくわかるでしょう。すなわち,①では,「寝ていた」「2階で勉強していた」などが答えになり,②では,「机の下にもぐった」などが答えになるでしょう。

「泥棒が入った時,私は2階で勉強していた」や,「泥棒が入った時,私は物置に隠れた」という文章であれば,「泥棒が入った時」という文章でともに同じ「時」という手話単語を使っても,その後に続く動詞(「勉強する」「隠れる」など)を見て,容易に意味が理解できるでしょう。なぜなら,泥棒が入ったのに気づいても勉強し続ける人は通常いないでしょうし,逆に,泥棒が入ったことに気づく前に,物置に隠れる人も通常いないからです。

けれども,「何をしていたか」という文章になると,どう区別して表現すれば良いでしょうか? 文例10-1では,「〜している」をどうしても表したい場合,「今」や「相変わらず(続く)」という手話を補ったら良いと述べましたが,文例10-2の①と②はどう区別して表現すれば良いでしょうか?

日本語の意味は?   問題10-2(1)

「地震の時,あなたは何をしましたか?」の問いに対する答えとして,次のどちらが適切ですか?
( )(ア)「私は,机の下にもぐりました」
( )(イ)「私は,寝ていました」

日本語の意味は？

問題10-2（2）

「地震の時，あなたは何をしていましたか？」の問いに対する答えとして，次のどちらが適切ですか？
- （　）（ア）「私は，机の下にもぐりました」
- （　）（イ）「私は，寝ていました」

日本語の意味と答え

「地震の時，何をしたか？」は，「あっ，地震だ」と感じた直後に何をしたかを尋ねています。それに対して，「地震の時，何をしていたか？」は，「あっ地震だ」と感じるまで何をしていたかを尋ねています。

問題10-2(1)の答え　（ア）
問題10-2(2)の答え　（イ）

手話表現の例

①地震の時，あなたは何をしていたか？	②地震の時，あなたは何をしたか？
(a)「時」という手話単語を使う (b)（②と区別するために）「地震が起きる前まで，あなたは何をしていたか」などと言い換える	(a)「時」という手話単語を使う (b)（①と区別するために）「地震が起きたのに気づいて，あなたは何をしたか」などと言い換える

　現実には，①と②は，（「時」という手話を使って）同じ手話表現になってしまう，と述べる人が見られます。また，両者の違いは，日本語の口形を見て判断する，と述べる聴覚障害者も見られます。

文例 10-3

①ご飯を食べる時,(あいさつは) 何と言うか？

②ご飯を食べた時,(あいさつは) 何と言うか？

手話表現は？

「食べる」と「食べた」の両方とも,単に「食べる」という手話単語だけで表す人の場合,①と②をどう区別して表現しますか？

日本語の意味は？　　　　　　　　　　　　　　　　　　　　　問題 10-3(1)

「ご飯を食べる時,あいさつは何と言いますか？」に対する答えとして,次のどちらが適切ですか？
- (　) (ア)「いただきます,と言います」
- (　) (イ)「ごちそうさま(でした),と言います」

日本語の意味は？　　　　　　　　　　　　　　　　　　　　　問題 10-3(2)

「ご飯を食べた時,あいさつは何と言いますか？」に対する答えとして,次のどちらが適切ですか？
- (　) (ア)「いただきます,と言います」
- (　) (イ)「ごちそうさま(でした),と言います」

日本語の意味と答え

一般的には,「ご飯を食べる時」は「食べる前」「これから食べようとする時」のことであり,「ご飯を食べた時」は「食べた後」のことです。ただし,日常会話では,「ご飯を食べた後,(あいさつは) 何と言うか？」の言い方の方がよく使われると思います。

問題 10-3(1)の答え　(ア)
問題 10-3(2)の答え　(イ)

手話表現の例

①ご飯を食べる時，（あいさつは）何と言うか？	②ご飯を食べた時，（あいさつは）何と言うか？
(a) 単に，「食べる／時」と表す (b) 「食べる／**過去**（〜する前）」と言い換える	(a) 単に，「食べる／時」と表す (b) 「食べる／**将来**（〜する後）」と言い換える
	(c) 「食べる／**終わる**／時」と表す
	(d) 「食べる／**た**（〜した）／時」と表す

文例 10-4

①（「彼とは，いつ会ったのですか」という問いに対して）**東京へ行く時に，会いました。**	②（「彼とは，いつ会ったのですか」という問いに対して）**東京へ行った時に，会いました。**
③**学校が終わって，家に帰る時に，「さようなら」と言います。**	④**学校が終わって，家に帰った時に，「ただいま」と言います。**

手話表現は？

「行く」と「行った」の両方とも，単に「行く」という手話単語だけで表す人の場合，①と②をどう区別して表現しますか？

文例10-3では，「食べる時」を「食べる／前」，「食べた時」を「食べる／後」と言い換えても良いと述べましたが，「①東京へ行く時に会った」の意味が，例えば「東京へ行く途中，新幹線の車内で会った」という意味である場合，「行く／前」という手話表現を使って良いのでしょうか？

それから，③と④について，この「帰る」や「帰った」は，それぞれ現在形と過去形を意味するのではなく，「行動を起こす前」と「行動を起こした後」を意味します。どのような手話で表せば良いでしょうか？

日本語の意味は？　　　　　　　　　　　　　　　問題 10-4（1）

「あなたは，最近田中さんと会ったことがありますか？」と聞かれ，「はい，東京へ行く時，ばったり会いました」と答えた時，この答えの意味として，次のどちらが適切ですか？
- (　　)（ア）私は，東京へ行く途中，田中さんと会った。
- (　　)（イ）私は，東京にいた時（いる間），田中さんと会った。

10章　時制にかかわって

日本語の意味は？

問題 10-4（2）

「あなたは，最近田中さんと会ったことがありますか？」と聞かれ，「はい，東京へ行った時，ばったり会いました」と答えた時，この答えの意味として，次のどちらが適切ですか？

（　）（ア）私は，東京へ行く途中，田中さんと会った。
（　）（イ）私は，東京にいた時（いる間），田中さんと会った。

日本語の意味と答え

「①東京へ行く時に会った」は，東京へ行く途中，例えば新幹線や飛行機の中で，彼と会った，という意味と考えるのが自然でしょう。「東京へ出発する直前」も含まれると考える人もいると思います。

そして，「②東京へ行った時に会った」は，東京に（旅行などで）滞在していた時に，彼と会った，という意味です。

問題 10-4（1）の答え　（ア）
問題 10-4（2）の答え　（イ）

手話表現の例

①東京へ行く時に，会いました。	②東京へ行った時に，会いました。
（a）単に，「東京／行く／時／会う」と表す	（a）単に，「東京／行く／時／会う」と表す
（b）「東京／行く／**途中**／会う」とする	（b）「東京／いる／**間**／会う」と言い換える

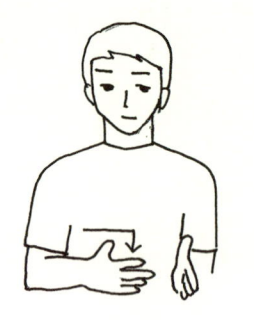

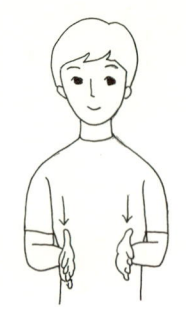

③学校が終わって，家に帰る時に，「さようなら」と言います。	④学校が終わって，家に帰った時に，「ただいま」と言います。
帰る（向こうへ）／時	帰る（こちらへ）／時

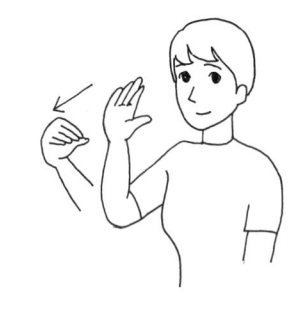

　現実には，①と②は，（「時」という手話を使って）同じ手話表現になってしまう，と述べる人が見られます。また，両者の違いは，日本語の口形を見て判断する，と述べる聴覚障害者も見られます。

　「家に帰る」の手話には方向性があるので，③では，「手前が学校，向こう側が家」と考えて「帰る」の手話を，また，④では，「手前が家，向こう側が学校」と考えて「帰る」の手話を表せば，ともに「時」という手話単語を用いるだけで，意味は十分伝わると思われます。

文例 10-5

①（来春）結婚します。	②（昨年）結婚しました。
③（彼は）結婚しています。	④（彼は）結婚していました。 （今は離婚したという意味とする）

手話表現は？

①と②の「結婚」は、「挙式」や「入籍」などを意味します。一方、③と④の「結婚」は、「夫婦関係にある」という意味です。④の「結婚していた」は、状況によって意味が変わるでしょうが、ここでは、「彼は離婚し、夫婦関係が終わりました」という意味としておきます。

それぞれ、どのような手話表現になりましたか？

日本語の意味は？   問題 10-5

「彼は結婚していますか？」の意味は、通常次のどれですか？
- （　）（ア）今、結婚式場で結婚式をやっているか？
- （　）（イ）既に、ある女性と結婚した（入籍した）か？
- （　）（ウ）これから、ある女性と結婚する（入籍する）予定であるか？

日本語の意味と答え

「結婚する」は「結婚式をあげる・入籍する」という意味です。そして、「結婚している」は、「結婚式をあげている」という意味よりは、「既に結婚した」という意味で使われることの方が多いです。

問題10-5の答え　（イ）

手話表現の例

① (来春) 結婚します。	② (昨年) 結婚しました。
(a) 単に「結婚する」とする (b) (「結婚している」との違いを説明するために)「結婚式をあげる」「区役所に届けを出す」などと補足説明する	(a) 単に「結婚した」とする (b) (「結婚していた」との違いを説明するために)「結婚式をあげた」「区役所に届けを出した」などと補足説明する

③ (彼は) 結婚しています。	④ (彼は) 結婚していました。 (今は離婚したという意味とする)
(a) 単に「結婚する」とする (b) (「結婚する」との違いを説明するために)「夫婦関係にある」「一緒に暮らしている」などと補足説明する	(a) 単に「離婚した」とする (b) (「結婚した」との違いを説明するために)「夫婦関係が終わった」「別れた」「その時は夫婦関係にあった」などと補足説明する

文例 10 - 6

①-1（空を見上げて）凧が落ちているよ。	①-2（河原を見て）凧が落ちているよ。
②-1（その話を今）聞いているよ。	②-2（その話は，もう）聞いているよ。

手話表現は？

　①-1は，空を見上げて，凧がひらひらと地面に向かって落ちてきていることを見た時に言う文章です。それに対して，①-2は，河原を歩いていて，凧が地面に落ちているのを見つけた時に言う文章です。

　②-1は，「今聞いているところだ」という意味です。②-2は，「聞き終わっており，もう知っている」という意味です。

　それぞれ，どんな手話表現になりましたか？

手話表現の例

①-1（空を見上げて）凧が落ちているよ。	①-2（河原を見て）凧が落ちているよ。
(a) 上に視線を向けながら「凧／落ちる」とする (b) (a)の後，上（空）を指さす (c) 「今」という手話単語を補う	(a) 下に視線を向けながら「凧／落ちる」とする (b) (a)の後，下（地面）を指さす (c) 「終わる」や「た（〜した）」という手話単語を補う

②-1（その話を今）**聞いているよ**。	②-2（その話は，もう）**聞いているよ**。
(a) 単に「話／聞く」とする (b) 「今」という手話単語を補う	(a) 単に「話／聞く」とする (b) 「終わる」や「た（～した）」という手話単語を補う

　「～している」について，大雑把に言うと，(A)「彼は，本を読んでいる」のように，「本を読む」動作が今も続いている場合と，(B)「彼は，倒れている」のように，「倒れる」動作そのものは終わっているが，「倒れた」状態が今も続いている場合とが考えられます。文例10－1の「彼は怒っている」や本例の①－1，②－1は(A)に，文例10－5の「彼は結婚している」や本例の①－2，②－2は(B)に近いと言えるでしょう。

　「今」という手話単語を補えるかどうかについて，(A)の場合は，「彼／今／本／読む」や「彼／今／怒る」のようになり，自然な表現になりますが，(B)の場合は，「彼／今／倒れる」や「彼／今／結婚」という手話になり，「今倒れつつある」や「今結婚式をあげている」意味にとられる可能性があることになるでしょう。

　一方，「終わる」や「た（～した）」という手話単語を補えるかどうかについて，(A)の場合は，「彼／本／読む／終わる or た（～した）」や「彼／怒る／終わる or た（～した）」のようになり，過去の出来事を意味する文に変わってしまうでしょう。(B)の場合は，過去形にしても，意味は大体通じると思われます。しかし，「凧が（河原に）落ちたよ」と「凧が（河原に）落ちているよ」，「その話はもう聞いたよ」と「その話はもう聞いているよ」は，微妙に意味が異なります。その微妙な違いについても，児童生徒には理解してほしいと思います。

　筆者の印象では，他動詞に「～ている」をつけたものは(A)の意味になり，自動詞に「～ている」をつけたものは(B)の意味になることが多いように思います。例えば，「落とす」や「あける」という他動詞の場合，「彼は葉っぱを落としている」や「彼は窓をあけている」となり，(A)の意味になります。一方，「落ちる」や「あく」という自動詞の場合，「実が落ちている」や「窓があいている」となり，(B)の意味になります。

　しかし，両方の意味に取れる例も多く見られます。本例がその一例です。また，どちらとはっきり言うことが難しい例も多く見られます。

文例 10−7

①電灯がつく。　　　　　②電灯をつける。

③電灯がついている。　　④電灯がつけてある。　　⑤電灯をつけておく。

手話表現は？

①は，電灯が自動的につくという意味です。②は，誰かが電灯のスイッチを入れてつける意味です。日常会話では，この2つを区別しないで手話表現する人が多いようですが，①は自動詞，②は他動詞と言われています。

③は，「今部屋に電灯がついている」という意味です。④は，「応接室へ行ったら，電灯がつけてあった。自分のためにつけておいてくれたのだな」というような時に使う文章です。⑤は，「もうすぐ来客があるから，応接室の電灯をつけておこう」というような時に使う文章です。

それぞれどのような手話で表しますか？

日本語の意味は？　　　　　　　　　　　　　　　　　問題 10-7

次の1）～8）の場面では，次の（ア）～（コ）のどれを言うのが適切ですか？（複数回答可）

（ア）「～がつく」　　（イ）「～がついた」　　（ウ）「～をつける」

（エ）「～をつけた」　　（オ）「～がついている」

（カ）「～がついていた」　　（キ）「～がつけてある」

（ク）「～がつけてあった」　　（ケ）「～をつけておく」

（コ）「～をつけておいた」

1）夜，明子さんが勉強していたら，突然停電して，部屋が真っ暗になった。しばらくして，電気が復旧して部屋が明るくなった時，明子さんが言ったことばは，「あっ，電灯（　　　）！」である。

2）母親が外出する息子に「帰宅したら，すぐに集中して勉強ができるよう，あなたの部屋のクーラー（　　　）わ」と言いました。

3) 太郎くんが帰宅すると，部屋にクーラーがついていた。母親が「暑かったでしょ。すぐに集中して勉強できるよう，あなたの部屋のクーラー（　　　）のよ」と言った。
4) 私の家では，めったにクーラーを使わない。クーラー（　　　）のは，お客様が来られる時ぐらいである。
5) 太郎くんが帰宅すると，母親が「あなた，今朝出かける時，クーラーを切るのを忘れたでしょ。あなたの部屋に入ったら，クーラー（　　　）よ」と言った。
6) 太郎くんが帰宅すると，母親が「あなた，出かける時，クーラーを切るのを忘れたでしょ。あなたの部屋に入ったら，クーラー（　　　）ままだったよ」と言った。
7) 母親が家にいた息子に言った。「帰ったら，クーラー（　　　）から，うれしかったわ。ありがとう」
8) 玄関に近づいたら自動的に電灯（　　　）ようにしてある家が，最近増えている。

日本語の意味と答え

これらの問題は，時制も絡んでおり，難しいかもしれません。

問題10-7の答え
1)→（イ）　2)→（ケ）　3)→（コ）　4)→（ウ）　5)→（カ）
6)→（イ）　7)→（ク）または（カ）　8)→（ア）

7) では，母親が「息子が私のためにクーラーをつけてくれた」と思っている場合は，どちらかと言えば「（ク）クーラーがつけてあった」の方が自然でしょう。

手話表現の例

①電灯がつく。	②電灯をつける。
明かり	(a) ①と同じ (b) (①との違いを説明するために) 電灯のスイッチを押したりひもを引っ張ったりする動作を加える

③電灯がついている。	④電灯がつけてある。	⑤電灯をつけておく。
(a) ①と同じ (b) (①との違いを説明するために) 明かり／**相変わらず（続く）**	(a) ①と同じ (b) (意味を厳密に説明するために)「誰かが私のために電灯をつけた」などと補足説明する (c) 行為の結果が存続していることを示すために,「**ある**」の手話を使う	(a) ①と同じ (b) (意味を厳密に説明するために)「誰かのために電灯をつけて準備しておく」などと補足説明する

文例 10-8

| ①今，食事をするところです。 | ②今，食事をしているところです。 | ③今，食事をしたところです。 |

手話表現は？

「ところ」について，「ここは勉強するところ」であれば「場所」という意味でしょうが，この文例10-8の「ところ」は，全て「時」という意味です。
それぞれ，どんな手話で表しましたか？

日本語の意味は？　　　　　　　　　　　　　　　　　　問題10-8

それぞれの文の意味として，次の（ア）～（ウ）のどれが適切ですか？
1)「今，食べるところです」　　→（　　）
2)「今，食べているところです」　→（　　）
3)「今，食べたところです」　　→（　　）

（ア）今，食事中。食べている途中。
（イ）これから食べようとしている（今は，食べる前）。
（ウ）今，食事が終わった（今は，食べた後）。

日本語の意味と答え

「食べるところ」は「これから食べる」意味であり，「食べているところ」は「今食事中」という意味であり，「食べたところ」は「食べ終わったばかりだ」という意味です。

問題10-8の答え
1)→（イ）　2)→（ア）
3)→（ウ）

10章　時制にかかわって

手話表現の例

①今，食事をするところです。	②今，食事をしているところです。	③今，食事をしたところです。
「今／食事」の後 (a) 始める (b) 迫る（もうすぐ）	「今／食事」の後 (a) 中（真っ最中）	(a) 今／食事／終わる
	(b) 途中	(b) 今／食事／た（〜した）
		(c)「食事が終わったばかり」と言い換える（文例12-4の①を参照）

応用問題 10

以下の文章を手話で表してみてください

- 彼女は，キムチを食べます。
- 彼女は，キムチを食べています。
- 彼は，今日，勉強しません。
- 彼は，今，勉強していません。
- 雪がふらない所は，どこですか？
- 雪がふっていない所は，どこですか？
- 彼を行かせない。
- 彼を行かせなかった。
- 彼を行かせるのではない。
- 彼を行かせるのではなかった。
- （そんなつもりで）彼を行かせたのではない。
- （そんなつもりで）彼を行かせたのではなかった。
- 来春結婚されるそうで，おめでとうございます。
- 「あなたは，結婚していますか？」「はい，昨秋結婚しました」
- 「彼は，結婚しているんですか？」「昨春結婚したのですが，今年になって，別れたそうです。結婚していた時は，本当に幸せそうだったのですが……」
- 「あなたは，富士山を見たことがありますか？」「はい，あります」「いつ見たのですか？」「去年東京へ行く時に，見ました」
- 私は，東京に行く時に，財布を盗まれました。
- 私は，東京に行った時に，財布を盗まれました。
- 先月国へ帰る時に，家を処分しました。
- 先月国へ帰った時に，家を処分しました。
- 来月国へ帰る時に，家を処分するつもりです。
- 来月国へ帰った時に，家を処分するつもりです。
- 今日の午後，会議があるから，会議室を掃除しておくように。
- 来客があるので，床の間に花をいけておいた。
- 夜遅く帰宅し，電灯をつけると，部屋の中が荒らされていた。
- 夜遅く帰宅し，電灯をつけると，夕食の用意がしてあった。
- 玄関の電灯は，あたりが暗くなると灯るように設定してある。
- 夜遅く帰宅すると，私の部屋の電灯がついていた。
- いつお客様が来られてもよいように，応接室のクーラーがつけてある。
- いつお客様が来られてもよいように，応接室のクーラーをつけておきなさい。
- 今部屋を掃除するところだよ。
- 今部屋を掃除したところだよ。
- 今部屋を掃除しているところだよ。

- すんでに殺されるところだった。
- 何かを探していて，それが見つかった時，その物は今もそこにあるのに，なぜ「ある！」と言わずに，「あった！」と言うのだろうか。
- 「〜している」には，「彼は本を読んでいる」のように本を読む行為が進行中であることを意味する場合と，「彼は死んでいる」のように行為そのものは既に終わっているが，「その状態が続いている」ことを意味する場合とがある。では，「やしの実が落ちている」の意味は，どちらだろうか。やしの実が落ちている最中の時「やしの実が落ちている」と言う場合があるかもしれないが，通常は「やしの実が落ちている」は，そのあたりに実が落ちている状態を意味する。

　ところで，誰かが死んでいるのを発見して人を呼ぶ時，「人が死んでいる！　誰か来て！」と言うが，「人が死んだ！　誰か来て！」とは通常言わない。逆に，子どもが海に落ちた時，「子どもが落ちた！　誰か来て！」と言うが，「子どもが落ちている！　誰か来て！」とは通常言わない。それはどうしてだろうか。

小学校2〜3年の国語の教科書にあった文章（一部改変）
- 春風が寝坊<u>している</u>な（cf. 寝坊するな，寝坊したな）。
- 竹やぶも雪も，みんな<u>困っている</u>な（cf. みんなが困るよ，みんなが困った，（僕は）みんなに困っている）。
- 雪をどけようと<u>ふんばっているところ</u>です（cf. ふんばるところ，ふんばったところ）。
- 女の子が迷子<u>になっています</u>（cf. 迷子になる，迷子になった）。
- その時，その人物は何を<u>している</u>か（cf. 何をするか・したか）。
- わりばしの端を2センチ切り，2本に<u>しておきます</u>（cf. します）。
- 好き嫌いをなくしたいから，食べたものを<u>書いておく</u>（cf. 書く）。
- 門には立て札が<u>立っていて</u>，「〜」と書いてあった。
- 娘は，彼が好きに<u>なっていた</u>（cf. 娘は，彼が好きになった）。
- ちょうど屋根にカラスが2羽<u>止まったところ</u>でした（cf. 止まるところ，止まっているところ）。
- 「おばちゃんは，今からお家に<u>帰るところ</u>よ」
- 五十音順に<u>並べてあります</u>。
- どのページにあるかが分かるように<u>してある</u>。
- 家に帰ると，もう夕ご飯のしたくが<u>できていた</u>。

11章 「〜ても」「〜でも」「〜けど」「〜時」「〜たら」「〜ながら」などにかかわって

文と文のつながりを考える時，順接の確定条件，逆接の確定条件，順接の仮定条件，逆接の仮定条件の4つが考えられます。

	順　接	逆　接
確定条件	雨がふったので，遠足を延期した。 雨がふった。だから，遠足を延期した。	雨がふったけど，遠足を実施した。 雨がふった。しかし，遠足を実施した。
仮定条件	(もし)雨がふると，遠足は延期する。	(たとえ)雨がふっても，遠足は実施する。

　逆接の確定条件（〜けど，〜が，しかし，など）を表す手話として，手のひらの向きを変える「しかし」という手話単語がありますが，逆接の仮定条件を示す「〜ても」や「〜でも」があると，「しかし」という手話単語を使う人が多く見られます。

　「〜する時」「〜した時」「〜したら」「〜すると」「〜すれば」「〜するなら」などの使い分け方も複雑で，説明が難しいです。例えば，「生水を飲むと，おなかをこわす」という文章では，「生水を飲む時，おなかをこわす」とは言えませんし，逆に「スープを飲む時，音をたてないようにしよう」という文章では，「スープを飲むと，音をたてないようにしよう」とは言えません。この理由をどう説明すればよいでしょうか？

文例 11-1

①雨がふっても，行く。
②雨がふっているけど，行く。

③雨がふっているのに，行った。

文例 11-2
①彼は，皆に反対されても，行くだろう。
②彼は，皆に反対されても，行った。
③彼は，皆に反対されたけど，行った。

文例 11-3
①高校へ行ったら，卓球をがんばりたい。
②高校へ行っても，卓球をがんばりたい。

文例 11-4
①いつ行っても，彼はいない。
②行くけど，彼はいないだろう。
③行っても，彼はいないだろう。

文例 11-5
①どこへ行っても，彼は熱烈に歓迎された。
②いつ来ても，見られますよ。
③（私が）いつ見ても，それは正常に動いていたよ。
④いつ見てもきれいだね。

文例 11-6
①からだをこわしたけど，それをやりたい。
②からだをこわしてでも，それをやりたい。

文例 11-7
①梅の木だけ枝を切ってくれ。
②梅の木だけでも枝を切ってくれ。

文例 11-8
①コーヒーを飲むか。
②コーヒーを飲もうか。

③コーヒーでも飲もうか。

文例 11-9

①子どもでもできる問題。
②大人でも難しいぐらい，これは難しい問題だ。
③冗談（に）でも，口にするな。

文例 11-10

①戸をあけた時，何かが部屋に飛び込んできた。
②金がある時は良いが，金がなくなれば悲惨だ。
③彼はアメリカに行く時，日本の家を処分した。
④彼はアメリカに行く時，盗難に遭った。
⑤彼はアメリカに行った時，盗難に遭った。
⑥地震が起きた時，どうするか？

文例 11-11

①冬になったら（引っ越すつもりだ）
②冬になると（雪がふる）
③中学へ行ったら（英語をがんばりたい）
④1億円当たったら（どうする？）
⑤彼が行くなら（私は行かない）

文例 11-12

①携帯電話をしながら運転する。
②運転しながら遠くの方を見る。
③（どうしたら良いかを）考えながら，編み物をする。
④楽しみながら勉強する。
⑤傷を負いながらも走る。

文例 11-13

①だから，ですから，それで，したがって（そこで，すると）
②しかし，けれど（も），でも，だが，ところが
③そして，そうして，それから，それに，そのうえ

④ところで,さて
⑤それでは,では,じゃ,そ(う)したら,それなら
⑥それとも,または,あるいは,もしくは,それとも
⑦例えば,すなわち,つまり,なぜなら,ただし

文例11-13の補足

　彼女は,使い方がわからなくて困っていた。すると,通りすがりの男が親切に教えてくれた。

文例 11-1

| ①雨がふっても,行く。 | ②雨がふっているけど,行く。 | ③雨がふっているのに,行った。 |

手話表現は?

①の「〜ても」のところで,②の「〜けど(しかし)」という手話単語を使う人がよく見られます。それぞれを,どのように手話で表しましたか?

日本語の意味は?　　　　　　　　　　　　　　　　　　　　問題11-1(1)

次の文で,(ア)と(イ)のどちらが適切ですか?
明子「今,大雪だよ。どうするの?」
太郎「今行かないと,遅刻するから,
　　( )(ア)雪がふっているけど,行くよ」
　　( )(イ)雪がふっても,行くよ」

日本語の意味は?　　　　　　　　　　　　　　　　　　　　問題11-1(2)

次の文で,(ア)と(イ)のどちらが適切ですか?
明子「天気予報を見ると,明日は晴れるみたいだけど,もし雨がふったら,どうするの?」
太郎　( )(ア)「雨がふっているけど,行くよ」
　　　( )(イ)「雨がふっても,行くよ」

日本語の意味と答え

「〜ても」は,逆接の仮定条件を示す接続助詞です。ですから,「雨がふっても」では,雨はまだふっていないのです。それに対して,

問題11-1(1)の答え　(ア)
問題11-1(2)の答え　(イ)

11章　「〜ても」「〜でも」「〜けど」「〜時」「〜たら」「〜ながら」などにかかわって

「～けど」は，逆接の確定条件を示す接続助詞です。ですから，「雨がふっているけど」は「今，雨がふっている状態」であり，「雨がふったけど」は「今，雨がふり終わった状態」です。

手話表現の例　　　現実に見られる表現例を含む，以下同様

①雨がふっても，行く。	②雨がふっているけど，行く。	③雨がふっているのに，行った。
(a) 雨／かまわない／行く	雨／しかし／行く [「かまわない，しかたない」などの表情で]	雨／しかし／行った [「あきれた」などの表情で]
(b) 雨／関係ない／行く		

　現実には，「①雨がふっても行く」を，「雨／しかし／行く」という手話と口形を併用して表現する人が見られます。
　なお，「アリはものがよく見えないのに，なぜアリの行列ができるのだろうか」で，「見えないけど」や「見えないが」とするとやや不自然に感じられることから，「～のに」は「～けど」や「～が」と自由に置き換えられるとは言えないように思われます。

文例 11-2

| ①彼は，皆に反対されても，行くだろう。 | ②彼は，皆に反対されても，行った。 | ③彼は，皆に反対されたけど，行った。 |

手話表現は？

文例11-1の「①雨がふっても，行く」の「雨がふっても」は，「雨／関係ない」や「雨／かまわない」という手話で表しましたが，この文例11-2の「①反対されても，行くだろう」も，同じような意味になるでしょう。では，「②反対されても，行った」をどのように手話で表しますか？

手話表現の例

①彼は，皆に<u>反対されても</u>，<u>行くだろう</u>。	②彼は，皆に<u>反対されても</u>，<u>行った</u>。	③彼は，皆に<u>反対されたけど</u>，<u>行った</u>。
(a) 反対／**かまわない**／行く (b) 反対／関係ない／行く	(a) 反対／かまわない／行った (b) 反対／関係ない／行った (c) 反対／しかし／行った	反対／**しかし**／行った

②は，既に起こったことなので，③と同じ意味になりますから，「しかし」を使ってもおかしくないでしょう。

文例 11-3

> ①高校へ行ったら，卓球をがんばりたい。

> ②高校へ行っても，卓球をがんばりたい。

手話表現は？

特に②は，「高校／行く／しかし／卓球／がんばる／〜たい」という手話表現（「高校へ行くけど，卓球をがんばりたい」意）になりませんでしたか？

日本語の意味は？　　　　　　　　　　　　　　　　　　　　問題11-3

太郎くんと花子さんは，それぞれ中学校の時どんな状況でしたか？次の（ア）（イ）のどちらが適切かを考えて，選びなさい。
1）太郎「高校へ行ったら，卓球をがんばりたい」　→（　）
2）花子「高校へ行っても，卓球をがんばりたい」　→（　）
　（ア）中学の時も，卓球をがんばっていた。
　（イ）中学の時は，卓球をしていなかったか，または，がんばっていなかった。

日本語の意味と答え

「①高校へ行ったら……」は，「高校へ行くまでは，卓球をしていなかったか，またはがんばっていなかった」という意味であり，「②高校へ行っても……」は，「高校へ行く前も卓球をがんばっていた」という意味です。

このことを理解していない生徒が時々見られます。

> 問題11-3の答え
> 　1）→（イ）　　2）→（ア）

手話表現の例

①高校へ行ったら，卓球をがんばりたい。	②高校へ行っても，卓球をがんばりたい。
高校／行く／時 or **将来（〜する後**）／卓球／がんばる／好き（〜たい）	「高校／行く／将来（〜する後）」のあと (a) **相変わらず（続く）**／卓球／がんばる／好き（〜たい） (b) 卓球／がんばる／**相変わらず（続く）**／好き（〜たい）
	(c) 卓球／がんばる／**続く（続ける）**／好き（〜たい）

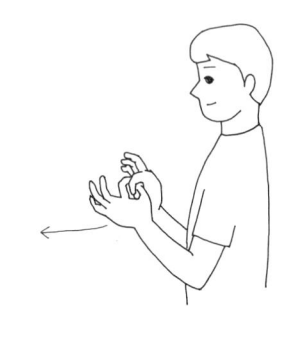

　現実には，「行ってもがんばる」を，「行く／しかし／がんばる」という手話と口形を併用して表現する人が見られます。

11章　「〜ても」「〜でも」「〜けど」「〜時」「〜たら」「〜ながら」などにかかわって

文例 11-4

| ①いつ行っても，彼はいない。 | ②行くけど，彼はいないだろう。 | ③行っても，彼はいないだろう。 |

手話表現は？

②と③は似ていますが，下記の問題を見ればわかるように，違いがあります。それぞれどんな手話表現になりましたか？

日本語の意味は？　　　　　　　　　　　　　　問題 11-4

1）と2）のそれぞれで，どちらが，適切な言い方になりますか？

1）政夫　　（　）（ア）「僕は，行っても，君はどうする？」
　　　　　　（　）（イ）「僕は，行くけど，君はどうする？」
　晶子「あなたが行くなら，私は行かないことにするわ」

2）　　　（　）（ア）「行っても，彼はいないだろう。だから，僕は行くのをやめた」
　　　　（　）（イ）「行くけど，彼はいないだろう。だから，僕は行くのをやめた」

日本語の意味と答え

「行くけど」は逆接の確定条件を示し，「行っても」は逆接の仮定条件を示します。つまり，「僕は行くけど」は，「僕は行く」と決めている状態ですが，「行っても」は，そうとは限りません。

問題11-4の答え
1）→（イ）　2）→（ア）

手話表現の例

①いつ行っても，彼はいない。	②行くけど，彼はいないだろう。	③行っても，彼はいないだろう。
行く／**時**／いつも（毎日）or 全部／彼／いない	行く／**しかし**／彼／いない／思う	行く／**損（無駄）**／彼／いない／思う

　現実には，「③行っても彼はいない」を，「行く／しかし／彼／いない」という手話と口形を併用して表現する人が見られます。

11章　「〜ても」「〜でも」「〜けど」「〜時」「〜たら」「〜ながら」などにかかわって

文例 11-5

①どこへ行っても，彼は熱烈に歓迎された。	②いつ来ても，見られますよ。
③（私が）いつ見ても，それは正常に動いていたよ。	④いつ見てもきれいだね。

手話表現は？

この文例①～④は，「起こりうるケース全てに対して」という意味が含められています。手話でどう表現しますか？

手話表現の例

①<u>どこへ行っても</u>，彼は熱烈に歓迎された。	②<u>いつ来ても</u>，見られますよ。
行く／場所／場所／（全部 or みんな） （「行った場所全部で」の意）	(a) 来る／時／全部 (b) 来る／時／いつも（毎日）

③（私が）<u>いつ見ても</u>，それは正常に動いていたよ。	④<u>いつ見ても</u>きれいだね。
(a) 見る／時／全部 (b) 見る／時／いつも（毎日）	(a) 相変わらず（続く）／きれい（美しい） (b) いつも（毎日）／きれい（美しい）

現実には，「①どこへ行っても」を，「場所／場所／行く／しかし」という手話と口形を併用して表現する人が見られます（他の文例も同様）。

文例 11-6

① からだをこわしたけど，それをやりたい。

② からだをこわしてでも，それをやりたい。

手話表現は？

「①〜けど」と「②〜でも」が同じ手話表現（「〜／しかし」）になる人がよく見られます。それぞれを手話でどう表しますか？

日本語の意味は？　　　　　　　　　　　　　　　　　　　問題 11-6（1）

花子「病気になったけど，海外旅行に行きたい」
花子さんの今のからだのようすは，次のどちらですか？
- （　）（ア）花子は，病気になっている。
- （　）（イ）花子は，まだ病気になっていない。

日本語の意味は？　　　　　　　　　　　　　　　　　　　問題 11-6（2）

太郎「病気になってでも，海外旅行に行きたい」
太郎くんの今のからだのようすは，次のどちらですか？
- （　）（ア）太郎は，病気になっている。
- （　）（イ）太郎は，まだ病気になっていない。

日本語の意味と答え

「〜けど」は，確定条件を示しますから，「①からだをこわしたけど」は「からだをこわした状態である」ことを意味します。一方，「②からだをこわしてでも」は，仮定条件を意味しますから，「まだからだをこわしていない状態」です。

問題 11-6（1）の答え　（ア）
問題 11-6（2）の答え　（イ）

このことを理解していない生徒が見られるようです。

手話表現の例

①からだをこわしたけど，それをやりたい。	②からだをこわしてでも，それをやりたい。
からだ／障害（折る）／**しかし**／それ／する（実行）／好き（〜たい）	からだ／障害（折る）／**かまわない**／それ／する（実行）／好き（〜たい）

現実には，「②〜でもやる」を，「〜／しかし／やる」という手話と口形を併用して表現する人が見られます。

文例 11-7

① 梅の木だけ枝を切ってくれ。　　② 梅の木だけでも枝を切ってくれ。

手話表現は？

特に②は，どんな手話表現になりましたか？

日本語の意味は？　　問題 11-7

庭のいろいろな木が大きくなっています。明子さんは，太郎くんに「あなたも忙しいでしょうけど，（※）」と頼んで，外出しました。明子さんは，帰宅後，梅の木だけではなく，他の木の枝も切られていたのを見て，「他の木は切ってと頼んでいなかったのに」と言って怒りました。この時，（※）の中には，次のどちらの文が入るでしょうか？

- （　　）（ア）梅の木だけ，伸びすぎた枝を切ってください。
- （　　）（イ）梅の木だけでも，伸びすぎた枝を切ってください。

日本語の意味と答え

「梅の木だけ切ってください」は，梅の木だけを切ることをお願いしています。それに対して，「梅の木だけでも切ってください」は，梅の木だけを切ることになってもかまわないが，できれば「他の木も切ってほしい」という気持ちがこめられています。

問題 11-7 の答え　（ア）

Aさんは，部長から「この仕事だけでもいいからやってくれ」と言われ，その仕事だけを仕上げて，そのあと暇をもて余していたとします。すると，部長から，「君，時間が余ったんなら，他の仕事もしておいてくれたっていいじゃないか」と怒られる可能性があることになりますね。さらに，その時，Aさんが「だって，部長は，『この仕事だけしてくれ』と言ったじゃないですか!?」と言うと，部長から「『この仕事だけしてくれ』とは言っていない。『この仕事だけでもしてくれ』と言

ったのだ」と言われる……という事態になる可能性も考えられますね。

手話表現の例

①梅の木だけ枝を切ってくれ。	②梅の木だけでも枝を切ってくれ。
梅／木／だけ／枝／切る／頼む（お願い）	(a) ①と同じ (b) （①との違いを説明するために）梅／木／だけ／かまわない／枝／切る／頼む（お願い） (c) 「**最低（最小限・せめて）**」という手話を補う

現実には、「この仕事だけでもお願いします」を、「これ／仕事／だけ／お願い」という手話と口形を併用して表現する人が見られますが、日常会話では、それで事足りる場合が多いでしょう。

文例 11-8

| ①コーヒーを飲むか。 | ②コーヒーを飲もうか。 | ③コーヒーでも飲もうか。 |

手話表現は？

特に③は，どんな手話表現になりましたか？

①は単なる質問です。②と③は相手を誘っていますが，②は「コーヒーを飲むこと」に誘っているのに対し，③には「コーヒーでも他の飲み物でも何でも良いが……」という意味がこめられています。

太郎くんが「うどんでも食べようか」と言ったので，その場にいたみんな（花子さんも含む）は，外へ出かけました。いろいろなお店があったのですが，結局みんなが入ったのは，カレー屋さんでした。その時，花子さんが，「うどんでも食べようか」の「でも」にこめられている意味を理解していなかったら，「太郎くんが『うどんを食べよう』と言ったから，うどんを食べるんなら，私も食べたいと思って，同行したのに……」と不満に思う可能性が生じることになるでしょう。

手話表現の例

①コーヒーを飲むか。	②コーヒーを飲もうか。	③コーヒーでも飲もうか。
（あなた）／コーヒー／飲む／か？	（一緒）／コーヒー／飲む／〜しよう／か？	(a) ②と同じ（②との違いを説明するために） (b) （一緒）／コーヒー／いろいろ／飲む／〜しよう／か？ (c) （一緒）／例（仮）／コーヒー／飲む／〜しよう／か？

現実には，「③コーヒーでも飲もうか」は，「コーヒー／飲む／〜しよう／か？」という手話と口形を併用して表現する人が見られますが，日常会話では，それで事足りるでしょう。

文例 11-9

①子どもでもできる問題。	②大人でも難しいぐらい，これは難しい問題だ。	③冗談（に）でも，口にするな。

手話表現は？

「名詞＋でも」や「名詞＋助詞＋でも」について，文例11-7の「この仕事だけでも」は「かまわない」という手話を補い，文例11-8の「コーヒーでも」は「など（いろいろ）」や「例（仮）」という手話を補いました。では，この文例において，「でも」をそれぞれどのように手話で表しますか？

日本語の意味は？　　　　　　　　　　　　　　　　　　問題 11-9

太郎くんは，ある問題を間違えました。それを見た花子さんは，太郎くんに「あなたでも間違えたの」と言いました。この文の背景に隠されている花子さんの気持ちを説明する文として，次のどちらが適切ですか？

　（　　）（ア）花子さんは太郎くんのことを「賢い」と思っている。
　（　　）（イ）花子さんは太郎くんのことを「賢くない」と思っている。

日本語の意味と答え

通常，大人と子どもを比べると，大人の方が正答する回数や確率が高いです。ですから，「子どもが解ける問題」はかなり易しい問題で，「大人が間違える問題」はかなり難しい問題ということになります。そして，「子どもでも解ける問題」ということばには，「子どもだって解けるのに。こんなに易しい問題なのに」という気持ちがこめられていることになります（それで，「子どもでも解ける問題」を「子ども／しかし／解く／できる／問題」という手話で表すと，

問題11-9の答え　（ア）

「子どもなのに解ける問題」のような意味になり，違和感を感じる人が生じるでしょう）。

この問題の「あなたでも間違ったの」は，「あなたは賢いのに，そのあなたが間違えるとは！」という気持ちがこめられています。もしこれが「あなたも間違えたの」であれば，「私もあなたと同じで間違えた」という意味になります。

手話表現の例

①子どもでもできる問題。	②大人でも難しいぐらい，これは難しい問題だ。	③冗談（に）でも，口にするな。
（例（仮））／子ども／できる or **簡単**／問題	（a）大人／解く／難しい／これ／とても／難しい／問題 （b）大人／難しい／他（別・以外）／みんな／**もっと**／難しい／これ／難しい／問題	（a）冗談／かまわない／違う／言う／だめ（×） （b）「君は冗談で言ったのかもしれないが，言うな」と言い換える

この文章も，意見がたくさん出されました。

文例 11-10

①戸をあけた時，何かが部屋に飛び込んできた。	②金がある時は良いが，金がなくなれば悲惨だ。	③彼はアメリカに行く時，日本の家を処分した。
④彼はアメリカに行く時，盗難に遭った。	⑤彼はアメリカに行った時，盗難に遭った。	⑥地震が起きた時，どうするか？

手話表現は？

「時」には，「〜前」「〜間」「〜途中」「〜後」などの意味が含まれており，文章によって意味が異なります。特に，④の「行く時」と⑤の「行った時」のように，動詞の形（「行く」・「行った」）によっても，意味が異なります。④は「アメリカに行く途中」という意味ですし，⑤は「アメリカにいる間」という意味です（文例10-4参照）。

「時」は，それぞれどんな手話表現になりましたか？

日本語の意味は？　　　　　　　　　　　　　　　　　問題 11-10

次の文章の正しい方に○をつけなさい。
1) ｛ （　）（ア）スープを飲むと，音をたてないようにしましょう。
　　（　）（イ）スープを飲む時，音をたてないようにしましょう。
2) ｛ （　）（ア）生水を飲むと，おなかをこわしますよ。
　　（　）（イ）生水を飲む時，おなかをこわしますよ。

日本語の意味と答え

「〜時」と「〜と」の言い方について，両方とも使える文と前者しか使えない文，後者しか使えない文とがあります。

「戸をあけた時，犬が飛び込んできた」と「戸をあけると，何かが飛び込んできた」は，両方とも自然な言い方ですが，「戸をあける時，犬が飛び込んできた」は

不自然な言い方です。「スープを飲む時，音をたてないように」は言えますが，「スープを飲むと，音をたてないように」とは言えません。逆に，「生水を飲むと，おなかをこわす」は言えますが，「生水を飲む時，おなかをこわす」とは言えません。なお，「生水を飲んだ時，おなかをこわす」という言い方について，「絶対間違いとは言えないが，ちょっと不自然さを感じる」と言う人が見られます。

> 問題11-10の答え
> 1）→（イ）　2）→（ア）

手話表現の例

①戸をあけた時，何かが部屋に飛び込んできた。	②金がある時は良いが，金がなくなれば悲惨だ。	③彼はアメリカに行く時，日本の家を処分した。
時	(a) 時 (b) 間	(a) 時 (b) 過去（～する前）

④彼はアメリカに行く時，盗難に遭った。	⑤彼はアメリカに行った時，盗難に遭った。	⑥地震が起きた時，どうするか？
(a) 時 (b) **途中**	(a) 時 (b) **間**	(a) 時 (b) **将来（〜する後）**
	(c)「行った時」を「滞在している間」「旅行中」などと言い換える	(c) すぐに

　「時」という手話単語を使っても，文脈のつながりの中で，意味がわかる時があります。「泥棒が入った時，私は2階で勉強をしていた」では，通常泥棒が入ったのに気づいたら，勉強をやめるので，「泥棒が入る前」という意味であることがわかりますし，「泥棒が入った時，私は警察に電話をした」では，通常泥棒が入るのに気づく前に警察に電話はしないので，「泥棒が入った後（入ったのに気づいた後）」という意味であることがわかるでしょう（文例10-2参照）。

文例 11-11

①冬になったら（引っ越すつもりだ）	②冬になると（雪がふる）	③中学へ行ったら（英語をがんばりたい）
④１億円当たったら（どうする？）	⑤彼が行くなら（私は行かない）	

手話表現は？

「～する時」「～した時」「～したら」「～すると」「～するなら」「～したなら」「～すれば」などを，手話でどう表現しますか？

日本語の意味は？　　　　　　　　　　　　　　問題 11 - 11（1）

次の文で，（ア）と（イ）のどちらが適切ですか？
明子「夏休みの旅行の行き先を，どこにしようかしら」
太郎　（　）「（ア）長野へ行って，どう？」
　　　（　）「（イ）長野へ行ったら，どう？」

日本語の意味は？　　　　　　　　　　　　　　問題 11 - 11（2）

次の文で，（ア）と（イ）のどちらが適切ですか？
明子「昨日，長野県へ旅行に行ってきたのよ」
太郎　（　）「（ア）長野へ行って，どう？」
　　　（　）「（イ）長野へ行ったら，どう？」

日本語の意味と答え

「～て」は，動作の継起を示す場合（「家に帰って遊ぶ」など）と，理由を示す場合（「ひもじくて泣く」など）があります。「長野へ行

問題11 - 11（1）の答え　（イ）
問題11 - 11（2）の答え　（ア）

って，どう？」に対して「楽しかった」と答えた場合，それは「長野へ行って，楽しかった」という意味です。一方，「～たら」は，順接の仮定条件を示します。ですから，「長野へ行ったらどう？」は，「長野へ行ったら，楽しいと思うよ」などのような意味です。

手話表現の例

①冬になったら（引っ越すつもりだ）	②冬になると（雪がふる）	③中学へ行ったら（英語をがんばりたい）
「時」の手話を使う	(a) ある条件下で必ず起こる事柄なので，「時」の手話を省く (b)「時」の手話を使う	(a)「時」の手話を省く (b)「時」の手話を使う (c)「将来（～する後）」を使う

④１億円当たったら（どうする？）	⑤彼が行くなら（私は行かない）
(a)「時」の手話を使う (b) ほとんど起こりえない事柄なので，「もし」を使う（「もし／１億円／当たる／（例（仮））／どうする？」）	(a)「時」の手話を使う (b) 単なる仮定の話なので，「例（仮）」を使う（「彼／行く／例（仮）／私／行く／ない」）

ほとんどの文章で，「時」という手話を使う人が多いようです。

しかし，「～したら」や「～なら」などを「～する時」と置き換えると，変な文章になることがあります。例えば，「１億円当たったらどうする？」を「１億円当

たる時どうする？」にすると，変な文章になりますね。また，「彼が行くなら私は行かない」を「彼が行く時私は行かない」にすると，やや不自然な文章になりますね。

　日本語の「〜する時」「〜した時」「〜したら」「〜すると」「〜するなら」「〜したなら」「〜すれば」などの使い分けは，非常に難しいです。

　　1)　(○)　彼は，死ぬ時，遺言を残した。
　　　　(×)　彼は，死ぬと，遺言を残した。
　　2)　(×)　彼女はそう言う時，部屋を出て行った。
　　　　(○)　彼女はそう言うと，部屋を出て行った。

　上記の1）と2）に示したように，「〜する時」や「〜すると」が使える文章と使えない文章があるでしょう。
　以下に，上記の文例11−11の①〜⑤の文章を元にして，いろいろな文章を示します。「これは○か×か？」と聞かれたら，明快に「○」「×」と答えられる文章と，「○だ」「いや，間違いではないが，不自然だ」などと意見が分かれる文章が見られるでしょう。その理由を説明せよ，と言われると，説明が難しいのではないでしょうか。自分で「○」「×」を考えて，右端の空欄に記入してみてください。

①	「〜する時」 「〜した時」 「〜すると」 「〜するなら」 「〜したなら」 「〜したら」 「〜すれば」	冬になる時，引っ越すつもりだ。 冬になった時，引っ越すつもりだ。 冬になると，引っ越すつもりだ。 冬になるなら，引っ越すつもりだ。 冬になったなら，引っ越すつもりだ。 冬になったら，引っ越すつもりだ。 冬になれば，引っ越すつもりだ。	
②	「〜する時」 「〜した時」 「〜すると」 「〜するなら」 「〜したなら」 「〜したら」 「〜すれば」	冬になる時，雪がふる。 冬になった時，雪がふる。 冬になると，雪がふる。 冬になるなら，雪がふる。 冬になったなら，雪がふる。 冬になったら，雪がふる。 冬になれば，雪がふる。	

③	「～する時」 「～した時」 「～すると」 「～するなら」 「～したなら」 「～したら」 「～すれば」	中学へ行く時，英語をがんばりたい。 中学へ行った時，英語をがんばりたい。 中学へ行くと，英語をがんばりたい。 中学へ行くなら，英語をがんばりたい。 中学へ行ったなら、英語をがんばりたい。 中学へ行ったら，英語をがんばりたい。 中学へ行けば，英語をがんばりたい。	
④	「～する時」 「～した時」 「～すると」 「～するなら」 「～したなら」 「～したら」 「～すれば」	1億円当たる時，どうする？ 1億円当たった時，どうする？ 1億円当たると，どうする？ 1億円当たるなら，どうする？ 1億円当たったなら，どうする？ 1億円当たったら，どうする？ 1億円当たれば，どうする？	
⑤	「～する時」 「～した時」 「～すると」 「～するなら」 「～したなら」 「～したら」 「～すれば」	彼が行く時，私は行かない。 彼が行った時，私は行かない。 彼が行くと，私は行かない。 彼が行くなら，私は行かない。 彼が行ったなら，私は行かない。 彼が行ったら，私は行かない。 彼が行けば，私は行かない。	

文例 11-12

①携帯電話をしながら運転する。	②運転しながら遠くの方を見る。
③（どうしたら良いかを）考えながら，編み物をする。	
④楽しみながら勉強する。	⑤傷を負いながらも走る。

手話表現は？

「AしながらBする」というのを，手話でどう表現しますか？

日本語の意味は？　　　　　　　　　　　　　　　　問題 11-12

明子「新聞を読みながら電話するのは，やめて」
明子さんの言った意味は，次のどれですか？　適切なものを選びなさい。
（　）（ア）新聞を読んではいけない。
（　）（イ）電話してはいけない。
（　）（ウ）新聞を読むことと電話することを，同時にしてはいけない。

日本語の意味と答え

「AしながらBする」は，「A」と「B」の行為を並行して進める，という意味です。

問題11-12の答え　（ウ）

多くの場合は，2つの動作を並行して進める意味ですが，「⑤傷を負いながらも走る」や「狭いながらも楽しい我が家」の「ながら」は，「～であるのに，しかし」の意味があります。

11章　「～ても」「～でも」「～けど」「～時」「～たら」「～ながら」などにかかわって

手話表現の例

①携帯電話をしながら運転する。

運転（電話しながら）［左手で電話をし，右手でハンドルを握るしぐさ］

②運転しながら遠くの方を見る。

運転（遠くを見ながら）［左手でハンドルを握り，右手で遠くを見るしぐさ，または，両手でハンドルを握り，視線を遠くに向けている様子］

③（どうしたら良いかを）**考えながら，編み物をする。**

（a）考える／編み物をする／考える／編み物をする（「AしながらBする」において，A，B，A，Bというように動作を繰り返すことで，同時進行していることを示す）

（b）［左側で］考える［右側で］編み物をする／［左側と右側に両人差し指を置きながら］**平行（同時進行）**

（c）考える／**続く（続ける）**／編み物をする

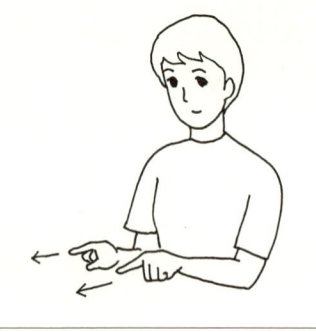

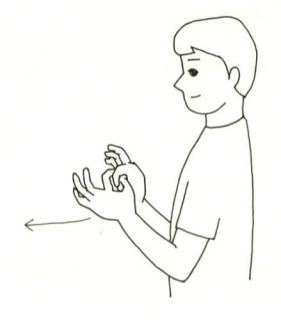

④楽しみながら勉強する。	⑤傷を負いながらも走る。
単に「楽しむ／勉強」とする	傷／しかし／走る

　「AしながらBする」という文章において，①と②のように，2つの動作（AとB）を同時にできる場合は，そうした方がわかりやすいでしょう。しかし，AとBの動作を同時にできない場合，「平行（同時進行）」や「続く（続ける）」という手話を使うなど，工夫が求められるでしょう。

　なお，「AしながらBする」という文章を，「BしながらAする」という文章に変えられるかについて，実は，後者の「～する」が主要となっているのです。それは，「母に教えてもらいながら，宿題をする」と言えても，「宿題をしながら，母に教えてもらう」とは言えないことを考えればわかるでしょう。

文例 11-13

①だから，ですから，それで，したがって（そこで，すると）	②しかし，けれど(も)，でも，だが，ところが	③そして，そうして，それから，それに，そのうえ
④ところで，さて		⑤それでは，では，じゃ，そ（う）したら，それなら
⑥それとも，または，あるいは，もしくは，それとも		⑦例えば，すなわち，つまり，なぜなら，ただし

手話表現は？

いわゆる「接続詞」に関することばを集めたものです。

聾学校で「この日本語単語を手話でどう表せば良いか」と聞かれて，筆者が困ることが多い例の1つに，「そして」「すると」「そこで」「では」のような接続詞があげられます。

接続詞の使い分けが苦手な聴覚障害児が多いと言われていますが，それぞれを手話でどう表せば良いでしょうか？

フリー百科事典『ウィキペディア（Wikipedia）』では，接続詞が以下のように分類されていました。

a）順接：前の文脈の当然の結果として，後の文脈を導く（だから，それで）
b）逆接：前の文脈と相反する事柄として，後の文脈を導く（けれども，しかし）
c）並列：対等の関係にあることを示す（および，ならびに，また）
d）添加：別の物事を付け加える（さらに，そのうえ）
e）説明：前の文脈を言い換える（つまり，なぜなら）
f）選択：複数の中からいずれかを選ぶ（または，もしくは）
g）転換：話題を変える（ところで，さて）

また，富田隆行（著）『文法の基礎知識とその教え方』（凡人社，1991年）の分類

では，上記のc）とd）がひとまとめになっており，他に，「相手の言ったことに対して，『そのようであるならば』『そのような状況であれば』ということを表すために使われる接続詞（例：それでは，では，そ（う）したら，そしたら，それなら）」が掲げられていました。

　文例11－13の①は「順接」，②は「逆接」，③は「並列・添加」，④は「転換」，⑤は「相手の話を受けて」，⑥は「選択」，⑦は「説明」を示す接続詞であることになるでしょう。

　なお，①のところで，「そこで」や「すると」は，他の「だから」などとは少し異質であり，②のところでは，「ところが」は，他の「しかし」などとは少し異質である，などと述べる人がいると思います。これについては，文例11－13の補足を参照してください。

　③に関連して，「おまけに」は「並列・添加」に分類されると思いますが，「彼女はプライドが高く，おまけに泣き虫だ」を見ればわかるように，どちらかと言えば，マイナスの現象を並べる時に使われる，という指摘も見られます。

　⑥に関しても，「または」と「あるいは」，「もしくは」などの間に微妙に違いがある，という指摘も見られます。

日本語の意味は？　　　　　　　　　　　　　　　　　問題 11-13（1）

次の文で，（ア）「それで」，（イ）「しかし」，（ウ）「そして」，（エ）「ところで」，（オ）「では」のどれを入れるのが適切でしょうか？
1）「昨日，テレビを見たよ。（　　），お風呂に入ったよ」
2）「昨日風邪を引いた。（　　），学校を休んだ」
3）「昨日風邪を引いた。（　　），学校を休まなかった」
4）「いい天気ですね。（　　），あなたのお母さんは元気ですか？」
5）「先生，頭が痛いです」「（　　），保健室へ行きなさい」

日本語の意味は？

問題11-13（2）

1）日常会話の場面です。先生が「傘またはレインコートを持って来なさい」と言った時，「叱られる」ことになるのは，次の誰ですか？（複数回答可）

- （　）（ア）傘だけを持って来たA子。
- （　）（イ）レインコートだけを持って来たB子。
- （　）（ウ）傘とレインコートの両方を持って来たC子。
- （　）（エ）傘とレインコートの両方とも持って来なかったD子。

2）命題論理学の問題です。次の命題のうち，正しくないのはどれですか？　なお，3は奇数で，4は偶数です。（複数回答可）

- （　）（ア）「3は奇数，または4は偶数」は正しい。
- （　）（イ）「3は奇数，または4は奇数」は正しい。
- （　）（ウ）「3は偶数，または4は偶数」は正しい。
- （　）（エ）「3は偶数，または4は奇数」は正しい。

日本語の意味と答え

問題11-13（1）は，文例11-13の①～⑤が見分けられるかを調べる問題です。1）は③の「並列・添加」を，2）は①の「順接」を，3）は②の「逆接」を，4）は④の「転換」を，5）は⑤の「相手の話を受けて」を意味します。これらについては，異論はないでしょう。

問題11-13（1）の答え
1）→（ウ）　2）→（ア）　3）→（イ）
4）→（エ）　5）→（オ）

問題11-13（2）の答え
1）→（エ）（場合によっては（ウ）も？）
2）→（エ）のみ

問題11-13（2）は，⑥の「または」の意味を理解できているかを調べる問題です。

「または」について，日常会話では，「AとBのいずれか一方だけ」を意味することが多いようです。例えば，金曜日に「月曜日または火曜日にテストをする」と予告され，月曜日にテストがあると，生徒たちのほとんどは「火曜日はもうテスト

はない」と思ってしまうでしょう。また,「傘またはレインコートを持って来なさい」と言われ,両方とも持って行くと,「両方とも持って来る必要はないのに」と言われる(叱られる)かもしれませんね。しかし,例外もあります。例えば,「応募資格:京都市在住または在勤」の場合,「あなたは,京都市に住んでいて,しかも京都市内の会社に勤務しているからダメ」と言われることはありませんから,ここでは,「A∪B」の意味で使われていると言えるでしょう。

一方,命題論理学や数学の問題では,「AまたはB」は,はっきりと「A∪B」を意味します。すなわち,「Aだけ」「Bだけ」「AとBの両方とも」の3つのケースを含みます。ですから,「6の約数または8の約数」は,「{1, 2, 3, 4, 6, 8}」を意味します。「A∪B」の意味であることをはっきり示したい時は,「AとBのどちらか,あるいは両方」などと言う方が良いようです。

手話表現の例

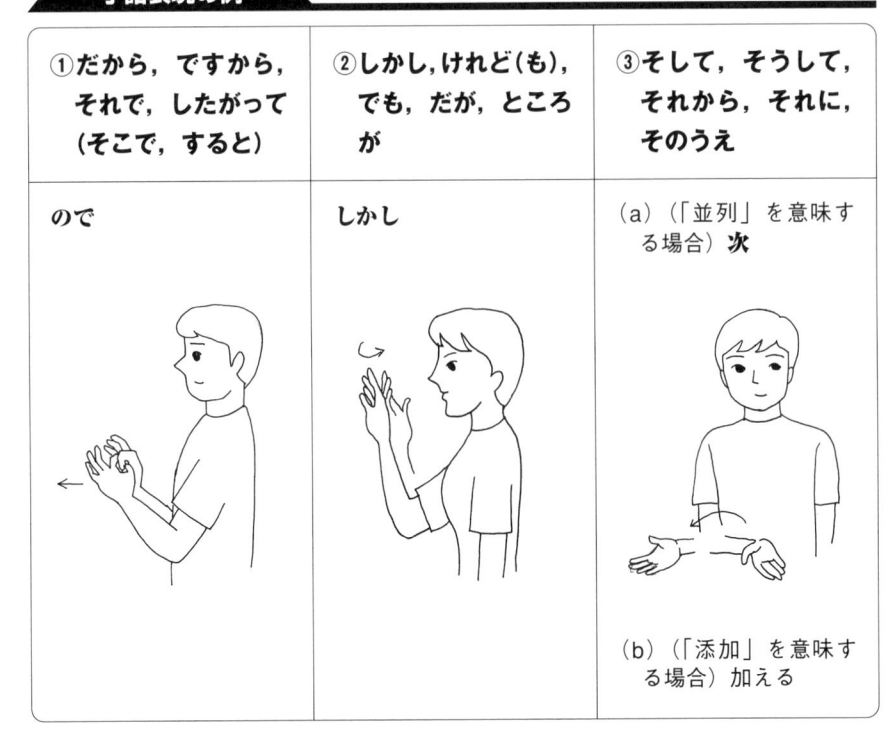

①だから,ですから,それで,したがって(そこで,すると)	②しかし,けれど(も),でも,だが,ところが	③そして,そうして,それから,それに,そのうえ
ので	しかし	(a)(「並列」を意味する場合)**次**
		(b)(「添加」を意味する場合)加える

11章 「〜ても」「〜でも」「〜けど」「〜時」「〜たら」「〜ながら」などにかかわって

④ところで，さて	⑤それでは，では，じゃ，そ（う）したら，それなら
ところで（横に置く）	（a）表情で「それなら」というようにうなずくだけにする （b）「それ／時」（「その場合」の意）

⑥それとも，または，あるいは，もしくは，それとも	⑦例えば，すなわち，つまり，なぜなら，ただし
（a）また （b）（AとBのどちらか一方を選ぶ意味の時は）［左側で］A／［右側で］B／どちら（とにかく）／（1つ） （c）（「A∪B」を意味する時は）「AとBの2つがあること」を示した後，「1つだけ選んでも良いし，全部（2つ）選んでも良い」と説明する	・例えば→「例（仮）」の手話を使う ・すなわち・つまり→「まとめる（結局）」の手話を使ったり，「言い換えると」と言い換えたりする ・なぜなら→「その理由は〜です」と言い換えたり，「（前文）＋理由／何＋（後文）」としたりする ・ただし→「しかし」の手話を使う

⑥の (c) について,「A∪B」の意味であることをはっきり示したい時は,「AとBのどちらか,あるいは両方」などと言う方が良いと述べましたが,「どちら(とにかく)」の手話は,「両方」を言う時も使われる場面をよく見かけるので,ますます難しいところです。「A／1（人さし指を指さす）／B／2（中指を指さす）」と言いながら2本指を示し,片手で「どちら／1つ／選ぶ／かまわない」(「いずれか1つだけを選んでも良い」意)と言い,その後に「人さし指を指さす／中指を指さす／その2本指を同時に選ぶしぐさ／かまわない」(「両方とも選んでも良い」意)と言うのが,冗長ですが,誤解を最小限にする言い方であるように思います。

文例 11-13 の補足

【補足1】

①の「前の文の内容が原因で，後の文の内容が起きる場合」(「順接」)を表す接続詞「だから，ですから，それで，したがって（そこで，すると）」について，例えば「それで」と「そこで」,「すると」は自由に置き換えられるかを考えるために，以下の文章を読んでください。a，b，cのどれかを「不自然だな」と感じませんか？

1）	a 「私は，のどがかわいている。<u>それで</u>，水がほしい」 b 「私は，のどがかわいている。<u>そこで</u>，水がほしい」 c 「私は，のどがかわいている。<u>すると</u>，水がほしい」
2）	a 「私は，使い方がわからず，困った。<u>それで</u>，彼の家に電話をかけて，使い方を尋ねた」 b 「私は，使い方がわからず，困った。<u>そこで</u>，彼の家に電話をかけて，使い方を尋ねた」 c 「私は，使い方がわからず，困った。<u>すると</u>，彼の家に電話をかけて，使い方を尋ねた」
3）	a 「彼女は，使い方がわからなくて，困っていた。<u>それで</u>，通りすがりの男が，見かねて教えてくれた」 b 「彼女は，使い方がわからなくて，困っていた。<u>そこで</u>，通りすがりの男が，見かねて教えてくれた」 c 「彼女は，使い方がわからなくて，困っていた。<u>すると</u>，通りすがりの男が，見かねて教えてくれた」

「そこで」は，「それで」と比べると，「ワンクッション」置いているような気がします。また，「すると」には，「意外なことに」という気持ちが少しこめられているような気がします

1）では，「のどがかわいている」ことから「水がほしい」ことは当然起きる事態です。それで，「それで」を使った文aは，自然な感じがします。一方，「そこで」を使った文bは，少し不自然な気がします。「私はのどがかわいていた。そこで，民家に入って水を所望した」とすると，自然な感じになりますが。また，「すると」を使った文cは，「意外なことに」というニュアンスは全くないだけに，さらに不

自然な気がします。

　2）では、「使い方がわからない時は、彼に尋ねるしかない」と思っている場合もあるので、「それで」を入れた文 a は、自然な感じがします。また、「私は使い方がわからない」ことから、解決策としていろいろな選択肢が考えられたが、その中で「彼の家に電話をかけて尋ねる」ことを選んだという場合、「そこで」を入れた文 b は、自然に聞こえます。一方、「すると」を入れた文 c では、主語が「私」であるだけに、違和感を感じます。

　3）について、「それで」を使った文 a では、前の文の内容と後の文の内容の間には強い因果関係がないので、少し不自然な気がすると言う人がいるかもしれません。また、「そこで」を使った文 b でも、少し不自然な感じがすると言う人がいるかもしれません。これが、「彼女は、使い方がわからなくて、困っていた。そこで、通りすがりの男に思い切って尋ねてみた」ならば、自然な感じになるでしょう。ということで、「すると」を入れた文 c が、一番自然な感じがします。

　これらは、筆者個人の印象です。ある日本語が誤用かどうか、不自然かどうかについて、意見が真っ二つに分かれることもありうるのですから、上記の解説は筆者個人の考えということにして、読んでください（以下同様）。

【補足2】

　②の「前の文の内容から考えられることと逆の内容を示す後の文をつなぐ場合」（「逆接」）を示す接続詞「しかし、けれど（も）、でも、だが、ところが」について、例えば「しかし」と「ところが」は自由に置き換えられるかを考えるために、以下の文章を読んでください。a と b のどちらかを「不自然だな」と感じませんか？

1）	a「私は、昨日、風邪を引いた。しかし、学校を休まなかった」 b「私は、昨日、風邪を引いた。ところが、学校を休まなかった」
2）	a「私は、デパートへ買い物に行った。しかし、デパートは休みだった」 b「私は、デパートへ買い物に行った。ところが、デパートは休みだった」

　筆者としては、「ところが」には、「意外なことに」という気持ちがこめられているような気がします。

　1）では、「風邪を引いた」ことから「学校を休む」ことは当然想像されることです。したがって、「しかし」は当然入れられます。「ところが」を入れることについて、主語が「私」の場合、「ところが」は不自然・大げさな気がします。もし主

語を「彼」に換えると、「彼が風邪を引いた。ところが、彼は学校を休まなかった」という文章になり、これは不自然ではありません。

　2）では、「しかし」と「ところが」の両方とも、自然な文章です。しかし、「デパートへ行った」ことと「デパートが休みだった」ことの間には強いつながりはなく、しかも「デパートへ行った」ということは、休みであることを想像していなかったわけで、「びっくりした」という意味がありますから、「予想していなかった」ことを強調したい時は、「ところが」の方がよく使われるような気がします。

【補足3】

　③の「前の文の内容に後の文の内容を付け加えるような場合」（「並列・添加」）を示す接続詞「そして、そうして、それから、それに、そのうえ」について、「そして」と「それに」は、自由に置き換えられるかを考えるために、次の文章を読んで比較してみてください。

> 1）a「昨日はさんざんだった。寒かった。そして、風も強かった」
> 　　b「昨日はさんざんだった。寒かった。それに、風も強かった」
>
> 2）a「昨日、テレビを見た。そして、風呂に入った」
> 　　b「昨日、テレビを見た。それに、風呂に入った」

　「そして」や「それから」は、単なる「並列」を示している感じですが、「それに」や「そのうえ」などは、「それに加えて」という感じがします。

　1）では、「昨日はさんざんだった。寒かったうえに、風も強かった」という意味があるので、「それに」を入れても自然な感じです。また、「そして」を入れても不自然ではありません。

　2）では、「これもしたよ。そのうえにこれもしたよ」と言いたい時は、「それに」を入れてもいいですが、単にやったことを淡々と述べる場合は、「そして」の方が自然な気がします。

　次に、「それから」と「そして」は、自由に置き換えられるかを考えるために、次の文章を読んで比較してみてください。

> 3）a「洗濯物を干して、それから出かけた」
> 　　b「洗濯物を干して、そして出かけた」

どちらと言えば，bの文章は不自然な言い方だと思う人が多いのではないでしょうか。「遊びに行きたいなら，宿題をして，それから出かけなさい」の「それから」は「そして」に置き換えると，（特に紙に書く場合は）不自然な言い方になると言う人が多いのではないかと思います。不自然になる理由を説明するのは難しいですが。この「それから」は，「それ／将来（～する後）or 以降 or から」という手話を用いても良いのではないかと思います。

手話表現の例

上記の補足の中で「すると」が自然な感じで使われている文章（「彼女は，使い方がわからなくて困っていた。すると，通りすがりの男が親切に教えてくれた」）について，手話表現はどうすれば良いでしょうか？

「すると」は「順接」を意味しますので，「ので」の手話単語を使っても，間違いではないと思います。しかし，上記のところで述べたように，「すると」には，「ので」とは少し異なるニュアンスがこめられています。

> **彼女は，使い方がわからなくて困っていた。すると，通りすがりの男が親切に教えてくれた。**
>
> (a)「困っていた。それを見て，知らない男が教えてくれた」と言い換える
> (b)「困る／ので／次／（そこへ）歩いてきた／男／優しい／教えてくれる」と手話で表し，その「ので」のところで，話題転換のために表情を変える

言語は「からだで覚える」ことが大事なのかなと感じさせられたエピソード

英語でも，「but」と「however」はともに「しかし」と訳されますが，少し違いがあるそうです。これに関して，筆者が中学・高校の時のことを思い出します。中2の時の宿題は，英語で日記を書くことでしたが，アメリカ人の先生から「あなたは，『but』と『however』が自然に使い分けられている。どうしてわかったのか？」と聞かれたことがあります。その時，筆者は「え，この2つに違いがあるの？　私はどうやって使い分けたのかな？　私は何となく両方を適当に使っただけだけど，たまたまそれが自然な使い分け方だったのかな」と思いました。そして，「英語の教科書に出てくる文章を全部暗記するように心がけていたことと関連するのかもしれない」と答えたものでした。

応用問題 11　以下の文章を手話で表してみてください

- 雪がふっても，マラソン大会は実施します。
- 雪がふっているけど，マラソン大会は実施します。
- 雨がふっても，大雪がふっても，日がかんかん差しても，彼は毎日通い続けた。
- 卒業しても，僕たちは友達だよ。
- 中学へ行ったら，英語をがんばりたい。
- 中学へ行っても，将棋をしたい。
- 自腹を切ってでも行きたい。
- 全財産を失ってでも，娘の命を救いたい。
- 探してみるけど，見つからないと思う。
- 探してみても，見つからないと思う。
- 探してみたが，見つからなかった。
- こんなに探しても，見つからないところをみると……
- 両手でも持てないぐらいたくさんの荷物だった。
- こんなに言っても，わからないのか。
- 彼には何回も頼んだけど，だめだった。
- 彼には何回頼んでも，だめだろう。
- 彼は，お金がなくなりかけても，平気だ。
- 彼は，お金がなくなりかけても，平気だった。
- 彼女は，ああ見えても，デリケートなんだ。
- どこへ行っても，そういう奴はいるものだ。
- いつ行っても，彼女は一生懸命仕事をしている。
- 何を言われても，私はあきらめない。
- 何回聞いても，私にはなぜそうなるのかわからなかった。
- お金持ちとは言っても，彼と比べると，大したことないんだけどね。
- 彼は，ああ見えても，医者です。
- そんなことを言われても，困ります。
- 高いと言っても，あれと比べると，安いものだ。
- 何回聞いても，良い話だね。
- 孫は，目に入れても痛くないぐらい，かわいいものだ。
- 大雪なのに，行くのですか？
- 大雪でも，行くのですか？
- 買い物に行きましょうか。
- 買い物でも行きましょうか。
- この仕事だけでも，やっておいてくれないか。
- 子どもでもわかる問題なのに。

- 誰にでもできる問題だ。
- 彼女は，誰にでも愛想をふりまく。
- 今からでも遅くないから，行ってきたら？
- 少しでも進ませたいと思う。
- どこへでもお届けしますよ。
- 明日にでも行きましょうか。
- A駅まで徒歩2分，B駅まででも徒歩7分です。
- 私にできることなら，何でもさせていただきます。
- 私でもできることなのに，彼はできなかった。
- 彼はアメリカに行く時，日本の家を処分した。
- 彼は，「しかたないよ」と言うと，部屋を出て行った。
- 夫が死んだら，私はどうすればいいのか。
- 1億円当たったらいいのになあ。
- 万が一 3億円当たったら，何に使いますか？
- 君がそんなことを言い続けるなら，絶交だよ。
- 外に出ると，あたり一面雪だった。
- 春になったら，雪が溶ける。
- 春になったら，引っ越す予定だ。
- 勉強できる時に勉強しとけよ。
- 父は，死ぬ時，遺言を残した。
- 朝起きたら，あたり一面雪景色だった。
- 明日の朝起きたら，あたり一面雪景色になっているでしょう。
- 彼の所へ行ったら，真実を伝えてください。
- 彼女は，彼の所へ行くと，真実を伝えた。
- 彼女は笑うと，えくぼができる。
- 彼女が子どもの時，笑うと大きなえくぼができた。
- 今の時期，山に行く時，まむしに注意しなさいよ。
- 生水を飲むと，おなかをこわすから，気をつけなさい。
- 今やらないと，後で後悔することになるよ。
- おまえが女なら，こんなことを頼みはしない。
- おまえが女なら，こんなことを頼みはしなかった。
- おまえが男だったら良かったのに。
- 彼がそのことを知ると，彼は激怒するだろう。
- 彼がそのことを知れば，彼は激怒しただろう。
- もし彼が犯人を知っているなら，彼は，このような行動をとるはずだ。
- もし彼が犯人を知っていたなら，彼は，このような行動をとっていたはずだ。
- 彼に注意しておいたのですが……
- あれほど彼に注意しておいたのに，もう。

- 辞書を引きながら，英語の論文を何とか読み終えました。
- 友達と話しながら，昼ご飯を食べた。
- 彼は，働きながら，法律の勉強をしている。
- 狭いながらも楽しい我が家です。
- 飲んだら乗るな，乗るなら飲むな。
- 「～」という疑問が湧き起こってきた。そこで，「～」を調べてみた。
- 財布がない。さては，さっきの電車の中ですられたか。
- このみかんはおいしい。それに安い。
- 彼女は，デパートへ行った。それから，彼と喫茶店で会った。
- 彼女は，デパートへ行った。そこで，彼とばったり会った。
- 彼女は，デパートへ行った。そうして，これを見つけたのだった。
- 水につけてみた。すると，別の色に変わった。
- うまくいかなかった。そこで，別の方法でやってみた。
- うまくいかなかった。そこで，君に頼みがある。
- それでは，どうすれば良いのですか。
- それで，どうすれば良いのですか。
- では，行きましょうか。
- さて，行きましょうか。
- 「あの本は，何回読んでも，わからなかった」という文章は，「あの本は，何回も読んだけど，わからなかった」とか「あの本は，何回も読んだのに，わからなかった」と言い換えることができる（「も」の位置としてどこが適切かの判断が難しいだろう。「何回も読んでも」よりは「何回読んでも」の方が自然であるし，「何回読んだのに」は不自然 or 誤用である）。しかし，「あの本は，何回読んでも，わからないだろう」という文章を，「あの本は，何回も読むけど（or 何回も読んだけど），わからないだろう」や「あの本は，何回も読むのに（or 何回も読んだのに），わからないだろう」と言い換えることはできない。これは，「何回読んでも」は「仮定条件」を意味するから，と説明されている。
- 「明日テストがあるけど，何も勉強していない」と「明日テストがあるのに，何も勉強していない」の両方とも自然な文章である。しかし，「彼はすぐ怒るけど，いい奴だ」は自然な文章であるが，「彼はすぐ怒るのに，いい奴だ」は不自然な文章である。これは，「～のに」という言い方は，ある種の期待や予想があるのに，それが裏切られたという心情がある時に使われるから，と説明できよう。つまり，「明日テストがある」から，当然勉強しているべきなのに，という心情が，「明日テストがあるのに，何も勉強していない」にこめられている。それに対し，「すぐ怒る」ことと「いい奴」の間には，つながりがないので，「彼はすぐ怒るのに，いい奴だ」は不自然な言い方になるのである。
- 「～なら」や「～たら」は「～ば」と言い換えられる，と説明されることがある。しかし，「部屋を出るなら，電灯を消してくれ」とは言えるが，「部屋を出れば，電

灯を消してくれ」とは言えない。また，「～料理を食べるなら，あの店がいい」は，「～料理を食べるのだったら，あの店がいい」と言い換えられるが，「～料理を食べたら，あの店がいい」や「～料理を食べれば，あの店がいい」とは言い換えられない。
- 「Aという行為の後に，Bという行為をすれば，全て『Aしてから，Bする』と言えるか」と言えば，そうではない。例えば，「駅に行ってから，電車に乗った」という言い方は不自然であり，「駅に行って，電車に乗った」とする方が自然だろう。
- 「事故があって，帰れなかった」と言えても，「事故があって，帰らなかった」とは言えない，と書かれていた本があった。また，「音が小さくて，よく聞こえなかった」は自然な文だが，「音が小さくて，補聴器のボリュームをあげた」は不自然な文である，と書かれていた本があった。
- 「罪を犯すと，逮捕される」は自然な文章であるが，「罪を犯すと，逮捕された」は不自然な文章である。それは，「AするとBする」は，「Aという条件が満たされると，必ずBという状態になる」という意味があるから，「AするとBした」は不自然な言い方になる，と説明できよう。
- 理由を意味する「から」は，「ので」と同じ意味だと言う人が多い。実際，「暑いから窓をあけよう」と「暑いので窓をあけよう」は，どちらも自然な言い方である。しかし，「から」と「ので」には違いがあると指摘する人が見られる。「昨日なぜ欠席しましたか？」に対して，「病気だったからです」とは言えても，「病気だったのでです」とは言えない（ただし，「病気だったので」とは言える）。また，「彼は，病気なので，欠席している」と言えても，「彼は，病気だから，欠席している」は不自然だと言う人が見られる。すなわち，「ので」は客観的な理由を述べるのに使われ，「～から」は話し手の主観的な理由を述べるのに使われる，という指摘がある。したがって，「雪がふったから，遅刻した」は，「雪がふったので，遅刻した」と比べると，遅刻を大雪のせいにしようとしている雰囲気を感じると言う人が見られることになるのだろう。

  一方，「～けれど（も）」と「～が」の間の違いについては，指摘する人はほとんど見られないようだ。ただ，「～が」の方が，話し言葉の中で使われる回数が多いようだと述べる人は見られる。
- 「ながら」を使った文章について，小学校の教科書を見たら，意外にたくさんあった。しかも，「狭いながらも楽しい我が家」のように「しかし」の意味がある「ながら」も含まれていたことに驚かされた。

小学校2～3年の国語の教科書にあった文章（一部改変）
- お日さまが笑いました。「みんな困っているな」。そこで，南を向いて言いました。「春風。起きなさい」
- 国語の時間でも，おもしろい本を紹介し合ったりしましたね。
- ふろくを見ながら，さがしてみましょう。

- 点を打つところが違う<u>と</u>，文の意味が違ってしまうことがあります。
- かたつむり君が「すぐやるぜ」と言いました。<u>それから</u>，かえる君は，がま君の家へ戻りました。
- 輪ゴムをひっぱりながらねじる<u>と</u>，元にもどろうとします。
- <u>これで</u>，準備ができました。<u>それでは</u>，材料を組み立てましょう。
- どんなお話か考え<u>ながら</u>読みましょう。
- スーホは，にこにこし<u>ながら</u>，みんなにわけを話しました。
- あたりを見<u>ても</u>，持ち主らしい人もいないし，おかあさん馬も見えません。
- 白馬の背には，次々に矢がささりました。<u>それでも</u>，白馬は走り続けました。
- 白馬は，ひどい傷を受け<u>ながら</u>，走り続けて，大好きなスーホのところへ帰って来たのです。スーホは，歯を食いしばり<u>ながら</u>，白馬にささっている矢を抜きました。
- 「誰だ」と聞い<u>ても</u>，返事はなく，物音が続いています。
- 白馬は，体をすり寄せました。<u>そして</u>，やさしくスーホに話しかけました。
- 自分<u>でも</u>問題を作ってみよう。
- 満ち潮の時に，大ざめに<u>でも</u>追われて，逃げこんだのでしょう。
- 本の題名に調べたい事柄が表れていなく<u>ても</u>，また，1冊全部読まなく<u>ても</u>，目次や索引を見れ<u>ば</u>，調べたいことがどこに書いてあるかが分かることがある。
- 「承知しました。<u>では</u>，どうぞちらへ」
- ありはものがよく見えません。<u>それなのに</u>，なぜありの行列ができるのでしょうか。
- ありは，<u>やがて</u>，巣に帰っていきました。<u>すると</u>，巣の中から，たくさんのはたらきありが次々と出てきました。<u>そして</u>，列を作って，砂糖の所まで行きました。
- ウィルソンは，働きありが，地面に何か道しるべになるものをつけておいたのではないか，と考えました。<u>そこで</u>，ウィルソンは，働きありの体の仕組みを，細かに研究してみました。<u>すると</u>，ありは，おしりのところから，特別の液を出すことが分かりました。
- <u>それで</u>，ちがった種類のありの道しるべが交わってい<u>ても</u>，決して迷うことがなく，行列が続いていくのです。
- わたしが両手を拡げ<u>ても</u>，お空はちっともとべない……
- 私が体をゆすっ<u>ても</u>，きれいな音は出ない……
- あんなに気をつけて歩いていた<u>のに</u>，おじいさんは石につまずいて転んでしまいました。
- 写真だけの本です。言葉が全くない<u>のに</u>，見ているだけで，いろいろな言葉が次々とうかんできます。
- <u>そうして</u>，<u>さて</u>，家への帰り道でのことです。
- <u>けれど</u>，いくらたっ<u>ても</u>，あたりはひっそりとしずまりかえったままです。「鳥の声は聞こえ<u>ても</u>，木の声は聞こえないのかしらん」
- 地の底からのような，そうかと思う<u>と</u>，頭の上からのような響き……
- 心配しなく<u>ても</u>，大丈夫。

- こわがらないで，何度でもやろう。
- 見回しても，見回しても，花畑。
- どの道を通っても，何か危険が待ち受けています。
- どんなに小さな声で言っても，じさまはすぐに目を覚ましてくれる。

12章 「〜だけ」「ばかり」「くらい（ぐらい）」「ほど」などにかかわって

文例 12-1

①女だけだ。
②女ばかりだ。
③女が多い。

文例 12-2

①3人だけ来ている。
②3人だけ来ていない。
③3人しか来ていない。

文例 12-3

①5つばかりあげる。
②5つだけあげる。

文例 12-4

①（私は，今彼に全てを）話したばかりだ。
②（私は，彼に事実を）話しただけだ。

文例 12-5
① （私は）日本に来たばかりだ。
② （私は今）日本に来たところだ。

文例 12-6
①彼はアメリカへ行ったばかりだ。
②彼はアメリカへ行ってばかりだ。

文例 12-7
①頭が痛いばかりか，気分も悪い。
②飛び上がらんばかりの喜びよう。
③私が目を離したばかりに，こんなことになった。

文例 12-8
①これだけ言ってもわからないのか。
② （君は賢いから，ヒントを）これだけ言ったら，もうわかるでしょ。

文例 12-9
①女の子だけに，夜の一人歩きはやめた方がよい。
②予想しなかっただけに，喜びも大きい。
③自慢するだけあって，すばらしい。
④買うだけのお金がない。
⑤食べたいだけどうぞ。

文例 12-10
①到着は9時ぐらいになる。
②1時間ぐらいかかる。
③すいかぐらいの大きさの石。
④彼ぐらい賢い人はいない。
⑤彼と結婚するぐらいなら，死んだ方がまし。

文例 12-11
①1時間ほどかかる。

②母ほど優しい人はいない。
③弱い犬ほどほえる。
④早ければ早いほど良い。
⑤目が回るほど忙しい。
⑥冗談にしても、ほどがある。

文例 12 − 1

| ①女だけだ。 | ②女ばかりだ。 | ③女が多い。 |

手話表現は？

特に，②の「女ばかり（女ばっかり）」をどのように表現しますか？

手話表現の例

現実に見られる表現例を含む，以下同様

①女だけだ。	②女ばかりだ。	③女が多い。
女／だけ	(a) 女／だけ (b) 女／多い（たくさん） (c) 全部／女	(a) 女／何回も（たくさん） (b) 女／多い（たくさん）

文例 12 - 2

| ①3人だけ来ている。 | ②3人だけ来ていない。 | ③3人しか来ていない。 |

手話表現は？

　手話を見ると，②と③が同じ手話（「3／人／だけ／来る／ない」）になる人が時々見られます。特に，③をどのような手話で表しますか？

日本語の意味は？　　　　　　　　　　　　　　　　　　　　　問題 12 - 2 (1)

　道子さんは，絵の具箱の中を見て，「あら，赤しかないわ」と言いました。
　絵の具箱の中は，どんな状態だったのですか？
　　（　）（ア）赤だけが入っていた。
　　（　）（イ）赤だけが入っていなかった。

日本語の意味は？　　　　　　　　　　　　　　　　　　　　　問題 12 - 2 (2)

　正くんのクラスの生徒は，10人です。今，風邪がはやっています。
　朝のSHRの時，先生が「今日は，3人しか来ていないね」と言いました。正くんのクラスの生徒は，何人来ていたことになりますか？
　　（　）（ア）3人来ていた。
　　（　）（イ）7人来ていた。

日本語の意味と答え

　「Aしかない」は，「Aだけある」と同じ意味ですから，「赤しかない」と「3人しか来ていない」は，それぞれ「赤だけある」「3人だけ来ている」意味です。

問題 12 - 2 (1) の答え　（ア）
問題 12 - 2 (2) の答え　（ア）

12章　「～だけ」「ばかり」「くらい（ぐらい）」「ほど」などにかかわって

手話表現の例

①3人だけ来ている。	②3人だけ来ていない。	③3人しか来ていない。
3／人／だけ／来る	3／人／だけ／来る／ない（単なる打ち消し）	(a) 3／人／だけ／来る ［「少ないな」という表情をつけながら］ (b) 3／人／他（別・以外）／来る／ない（「3人の他は来ていない」意）

　同じ量であっても，ある人は「えーっ，少ない。もうこれしかないの!?」と思うでしょうし，別の人は「ああ良かった，まだこれだけあるわ」と思うでしょう。つまり，「～しかない」には，「不満」「強調」などの気持ちがこめられています。このあたりも，生徒に理解させる必要があるでしょう。

文例 12−3

| ① 5つばかりあげる。 | ② 5つだけあげる。 |

手話表現は？

「父は，妹ばかりに優しい」の「ばかり」は「だけ」という意味ですが，この文例12−3①の「ばかり」は，「ぐらい，おおよそ」という意味です。

手話表現の例

① 5つばかりあげる。

(a) 5／**ぐらい（頃）**／与える（あげる）

(b) **ほとんど（約）**／5／与える（あげる）

② 5つだけあげる。

5／**だけ**／与える（あげる）

文例 12 − 4

| ①（私は，今彼に全てを）**話したばかりだ。** | ②（私は，彼に事実を）**話しただけだ。** |

手話表現は？

①の「ばかり」は，「今したところ」という意味ですが，どう表しますか？

手話表現の例

| ①（私は，今彼に全てを）**話したばかりだ。** | ②（私は，彼に事実を）**話しただけだ。** |

① (a) 話す／**きちんと**

(b) 話す／**あっけない（あっという間）**

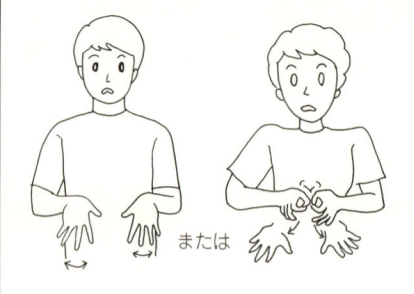

または

② 話す／**だけ**

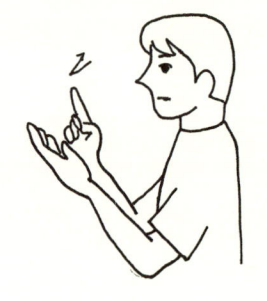

文例12－4の①の手話表現について，いろいろな意見が見られたので，以下に記しておきます。

　『日本語－手話辞典』では，「きちんと」の手話として，〈きちんと①〉と〈きちんと②〉が掲げられており（本書では，前者のイラストしか載せていません），「着いたばかり」は，「来る／きちんと①」という手話で表されていました。また，「あっけない」について，辞典の中では，〈あっけない①〉と〈あっけない②〉があり（本書でも，前ページに両方のイラストを載せました），この「あっけない」が使われている例文を調べると，いずれも「すぐに・たちまち」を意味するものでした。

　これらのことから，文例12－4の「①話したばかり」は，「(a) 話す／きちんと」と表すべきであり，「(b) 話す／あっけない（あっという間）」は「誤用」だと言われるかもしれません。しかし，筆者の近辺では，このような表現をわりとよく見かけるので，「現実に見られる表現例」として載せておきました。

　なお，「きちんと」の手話について，以下に記したように，広い意味で使われているようです。共通しているのは「ＯＫ」という意味でしょうか。

・きちんとした服（きちんと①／服）
・ちょうどの大きさの服だ（服／きちんと①）
・100円あれば足りる（百／円／ある／きちんと①）
・ちょうど1000円になる（千／円／きちんと①）
・20歳になる（20／きちんと①）
・満足な答え（きちんと①／答える）
・条件を満たす（条件／きちんと①）
・目標に命中する（目的／きちんと①）
・電話で用が足りる（電話／きちんと① or きちんと②）
・それでよろしい（それ／きちんと①）
・会議は成立する（会議／きちんと①）
・体調が整う（体／きちんと①）
・友達になる・和を結ぶ（和解／きちんと①）
・着実な仕事ぶり（仕事／きちんと②）
・十分間に合う（きちんと①／できる）

　「きちんと話す」と「話したばかり」，「きちんとした服」と「ちょうどの大きさの服」と「着たばかり」の手話表現について，注意が求められますね。

文例 12 - 5

① （私は）日本に来たばかりだ。　② （私は今）日本に来たところだ。

手話表現は？

「ところ」について，「ここが私の生まれた所だ」では「場所」という手話を，「彼が来たところで終わった」では「時」という手話を使えば良いでしょう。では，この②の「ところだ」は，どう表せば良いでしょうか？

日本語の意味は？　　　　　　　　　　　　　　　　　　　　問題 12 - 5

「彼は，飛行機で日本に来たところだ」の意味は，次のどちらですか？
（　）（ア）ここが，（日本に到着した）空港だ。
（　）（イ）日本に来て時間があまりたっていない。

日本語の意味と答え

この文での「来たところだ」は，ほぼ「来たばかりだ」と同じ意味です。つまり，来てから時間があまりたっていないことを意味します。

問題12 - 5の答え　（イ）

この①と②は，大体同じ意味ですが，「数ヶ月前に日本に来たところだ」という言い方より，「数ヶ月前に日本に来たばかりだ」という言い方の方が，自然な言い方だそうです。その理由として，「～ところだ」は，その行為が行われてから時間があまりたっていないことを表すのに対して，「～ばかりだ」は，心理的にその行為が行われてから時間があまりたっていないと感じることを意味するから，と書かれている本がありました。

手話表現の例

① （私は）日本に<u>来たばかり</u>だ。	② （私は今）日本に<u>来たところ</u>だ。
（a）来る／**きちんと**（ジャストの意）	（a）①の（a）と同じ （b）①の（b）と同じ （c）（①との違いを説明するために） 　「来てから（物理的に）時間が短い」 　などと補足説明する
（b）来る／**あっけない**（あっという間）	
または	
（c）（②との違いを説明するために） 「来てから（心理的に）時間が短いと感じている」などと補足説明する	

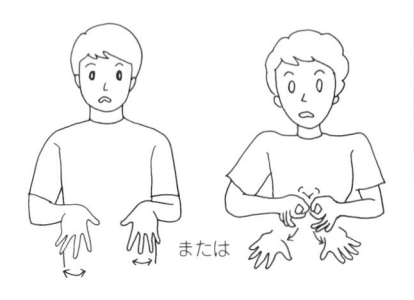

12章　「～だけ」「ばかり」「くらい（ぐらい）」「ほど」などにかかわって

文例 12-6

| ①彼はアメリカへ行ったばかりだ。 | ②彼はアメリカへ行ってばかりだ。 |

手話表現は？

①と②は似ていますが，意味は全く異なります。それぞれを，手話でどう表せば良いでしょうか？

日本語の意味は？　　　　　　　　　　　　　　　　　　　　　問題12-6

「彼は，アメリカへ行ってばかりだ」の意味は，次のどちらですか？
- （　）（ア）彼は，つい最近アメリカへ行ったところだ。（アメリカへ行ってから，時間があまりたっていない）
- （　）（イ）彼は，アメリカへ行くことが多い。

日本語の意味と答え

「行ったばかりだ」は，ほぼ「行ったところだ」と同じ意味です。つまり，行ってから時間があまりたっていないことを意味します。それに対して，「行ってばかりだ」は，文例12-1の「女ばかりだ」の「ばかり」と同じ意味です。つまり，行くことが多いという意味です。

問題12-6の答え　（イ）

手話表現の例

①彼はアメリカへ行ったばかりだ。	②彼はアメリカへ行ってばかりだ。
(a) 行く／きちんと (b) 行く／あっけない（あっという間）	行く／何回も（たくさん）

文例 12-7

①頭が痛いばかりか，気分も悪い。	②飛び上がらんばかりの喜びよう。	③私が目を離したばかりに，こんなことになった。

手話表現は？

「ばかり」は，それぞれ，どんな手話表現になりましたか？

手話表現の例

①頭が痛いばかりか，気分も悪い。	②飛び上がらんばかりの喜びよう。	③私が目を離したばかりに，こんなことになった。
(a) 頭が痛い／加える／気分が悪い	(a)「嬉しくて，飛び上がりたい気持ちだ」「飛び上がることができるような気持ちになった」などと言い換える (b) 飛び上がる／ぐらい（頃）／喜ぶ	(a) 私／目を離す／ので／これ／変わる（～になる）
(b) 頭が痛い／だけ／違う／気分が悪い (c)「もっと」という手話を使う		(b) 私／目を離す／責任／これ／変わる（～になる）（私のせいでこうなった意）

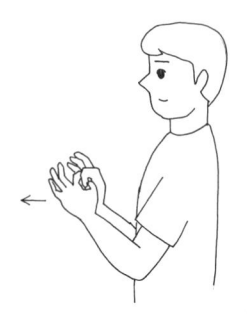

非常にいろいろな意見が出されました。

12章 「～だけ」「ばかり」「くらい（ぐらい）」「ほど」などにかかわって

文例 12-8

| ①これだけ言ってもわからないのか。 | ②（君は賢いから，ヒントを）これだけ言ったら，もうわかるでしょ。 |

手話表現は？

②の「これだけ」は，「これ＋だけ」という意味ですが，①は「こんなに言っているのに」という意味がこめられています。

手話表現の例

①これだけ言ってもわからないのか。	②（君は賢いから，ヒントを）これだけ言ったら，もうわかるでしょ。
(a)「言う（説明）」を何回か繰り返す／**しかし**／知る（わかる）／難しい（できない）／か？ (b) 多い（たくさん）／言う／**しかし**／知る（わかる）／難しい（できない）／〜か？	これ／だけ／言う／**時**／知る（わかる）／同じ？［同意を求める表情］

文例 12-9

①女の子だけに，夜の一人歩きはやめた方がよい。	②予想しなかっただけに，喜びも大きい。	
③自慢するだけあって，すばらしい。	④買うだけのお金がない。	⑤食べたいだけどうぞ。

手話表現は？

「だけ」は，このようにいろいろな意味で使われています。

「だけ」がいろいろな意味で使われていることを知っている人に対しては，これらの文章の「だけ」を，「3つだけ」の時に使う「だけ」の手話表現を用いて表しても，意味は通じるでしょう。けれども，「3つだけ」の時に使う「だけ」の意味しか知らない人に対しては，「3つだけ」の時に使う「だけ」の手話表現を用いて表すと，意味が間違って伝わる可能性があるでしょう。

手話表現の例

①女の子だけに，夜の一人歩きはやめた方がよい。	②予想しなかっただけに，喜びも大きい。
ので	(a) ので (b) ので／もっと

12章 「〜だけ」「ばかり」「くらい（ぐらい）」「ほど」などにかかわって

③ 自慢するだけあって，すばらしい。	④ 買うだけのお金がない。	⑤ 食べたいだけどうぞ。
(a) 自慢／なるほど／立派 (b) 自慢／本当／立派 (c) 自慢／**ぴったり（合う）**／立派	(a) 買う／できる／ぴったり（合う）／お金／ない (b) 買う／できる／**きちんと**／お金／ない	(a) 食べる／好き（～たい）／ぴったり（合う）／どうぞ (b) 食べる／好き（～たい）／**全部**／かまわない／どうぞ，など

「①女の子だけに，夜の一人歩きはやめた方がよい」を「女の子／だけ／夜／一人歩き／やめる／良い」と表すと，「女の子だけが夜の一人歩きをやめるべき。男の子はかまわない」という意味に変わってしまうでしょう。

文例 12-10

①到着は9時ぐらいになる。	②1時間ぐらいかかる。	③すいかぐらいの大きさの石。
④彼ぐらい賢い人はいない。	⑤彼と結婚するぐらいなら，死んだ方がまし。	

手話表現は？

それぞれの「くらい（ぐらい）」をどのような手話で表しましたか？

日本語の意味は？　　　　　　　　　　　　問題12-10(1)

次の文章で，どちらが正しいですか？
(　)（ア）うぐいすは，春が来る頃に鳴き始めます。
(　)（イ）うぐいすは，春が来るぐらいに鳴き始めます。

日本語の意味は？　　　　　　　　　　　　問題12-10(2)

次の文章で，どちらが正しいですか？
(　)（ア）ここから東京まで，3時間頃かかります。
(　)（イ）ここから東京まで，3時間ぐらいかかります。

日本語の意味と答え

「9時頃」と「9時ぐらい」の「頃」と「ぐらい」は，ともに「約，おおよそ」の意味があり，ともに同じ手話単語を使います。けれども，使われる場面は少し異なります。
一般的には，「頃」は時期や時刻につき，「ぐらい」は数値につくと言われている

問題12-10(1)の答え　（ア）
問題12-10(2)の答え　（イ）

12章 「〜だけ」「ばかり」「くらい（ぐらい）」「ほど」などにかかわって

ようですが,「明日の朝, 10時頃に着くと思うよ」と「明日の朝, 10時ぐらいに着くと思うよ」の両方とも使われる例もあります。説明が難しいです。

手話表現の例

①到着は9時ぐらいになる。	②1時間ぐらいかかる。	③すいかぐらいの大きさの石。
時間（腕時計）／9／ぐらい（頃）	(a) 1時間／ぐらい（頃） (b) ほとんど（約）／1時間	すいか／対等

④彼ぐらい賢い人はいない。	⑤彼と結婚するぐらいなら, 死んだ方がまし。
(a)「最高」という手話を使って,「彼は一番賢い」と言い換える (b) 彼／対等／賢い／人／いない（彼と同じぐらい賢い人はいない, の意）	［左側で］彼と結婚する／［右側で］「死ぬ／もっと／良い」

文例 12-11

①1時間ほどかかる。	②母ほど優しい人はいない。
③弱い犬ほどほえる。	④早ければ早いほど良い。
⑤目が回るほど忙しい。	⑥冗談にしても，ほどがある。

手話表現は？

それぞれの「ほど」を，どのような手話で表しましたか？

日本語の意味は？　　　　　　　　　　　　　　　　問題12-11

「コリーほどほしいものはなかった」の意味は，次のどちらですか？
- (　) (ア) コリーはほしくない。コリーはいらない。
- (　) (イ) 一番ほしいのはコリーである。

日本語の意味と答え

「Aほどほしい物はない」は，「Aが一番ほしい」という意味ですが，「ほしい物はない」という部分だけを拾って，「ほしい物は全くない」という意味にとらえる生徒が時々見られます。

問題12-11の答え　（イ）

「Aほど美しい国はない」について，「Aは最も美しい国だ」という意味なので，「A／最高／美しい」あるいは「A／美しい／最高」と表せるが，「～は～ほど～でない」という言い方に慣れてほしいから，「Aは最も美しい国だ」と言い換えて話してばかりで良いのか，という声が聾学校で聞かれたことがあります。

「早ければ早いほど良い」は，単に「早い／良い」という手話ですませる人が多いかもしれませんが，「早いのが良い」と「早ければ早いほど良い」は意味としては同一ではないので，児童生徒には，後者の意味も十分に理解してほしいと思います。

手話表現の例

① 1時間ほどかかる。

(a) 1時間／ぐらい(**頃**)／必要

(b) ほとんど(**約**)／1時間／必要

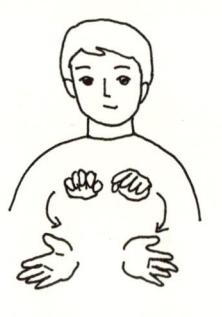

② 母ほど優しい人はいない。

(a) 「**最高**」という手話を使って、「母は一番優しい」と言い換える

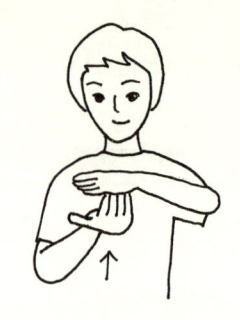

(b) 母／**対等**／優しい／人／いない

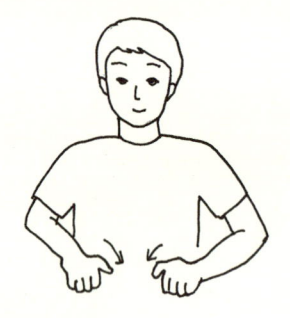

(c) 母／同じ／優しい／人／いない（「母と同じように優しい人はいない」意）

③弱い犬ほどほえる。	④早ければ早いほど良い。
(a) 単に「弱い犬はほえる」とする (b) 左側で「弱い／犬／ほえる」とし，右側で「もっと／弱い／犬／もっと／ほえる」とする	(a) 単に「早い／良い」とする (b) 左側で「早い／良い」とし，右側で「もっと／早い／もっと／良い」とする

⑤目が回るほど忙しい。	⑥冗談にしても，ほどがある。
(a) 単に「とても忙しい」とする (b) 忙しい／超える（オーバー）／ので／目が回る／感じる（「忙しすぎるので目が回るように感じる」意） (c) 目が回る／ぐらい（頃）／忙しい	「冗談／知る（わかる）／しかし／**行き止まり（限界）**／ある」など

いろいろな意見が出されました。

12章 「～だけ」「ばかり」「くらい（ぐらい）」「ほど」などにかかわって

応用問題 12

以下の文章を手話で表してみてください

- 赤だけある。
- 赤しかない。
- 赤だけがない。
- あのお寺は，前もって予約した人しか入れません。
- あいつは，人のあら探しばかりする嫌な奴だ。
- いつもお世話ばかりかけて，申し訳ございません。
- 今家を出たばかりです。5分ほどしたら，そちらに着くでしょう。
- うちの子は本の虫で，家では，本ばかり読んでいます。
- そんなに食べてばかりいると，豚になるよ。
- 考えてばかりいても，何も前には進まない。
- あいつは，なんで私にばっかり仕事を押しつけるのよ！
- その方法は，能率が悪いばかりでなく，費用もかさむ。
- 飲み過ぎで，頭が痛いばかりか，気分が悪い。
- 息子の成績は下がるばかりで，困ったものだ。
- 私が彼に気を許したばかりに，大損をした。
- 私は，その現場に居合わせたばかりか，この目でしかと見た。
- 政府による弾圧は，彼らの独立運動をつぶせなかったばかりか，逆に彼らの独立心を燃え上がらせた。
- 飛び上がらんばかりの喜びようだった。
- これぐらいのことは，子どもでもできるよ。
- いちごぐらいの大きさの小石を拾った。
- 彼にお金を貸すぐらいなら，どぶに捨てた方がましだ。
- おまえほど，歩みののろい者はない。
- 身の程知らず。
- 身の程をわきまえなさい。
- 多ければ多いほど良い。
- 彼ほど，そのことをよく知っている者はいない。
- 考えれば考えるほど，わからなくなった。
- スピードを出すほど危険だ。
- 彼は，娘をたいへんかわいがっていた。それだけに，彼の落胆は大きかった。
- それだけでいいのか。ほしいだけ持って行きなさい。
- そんなに取ったらだめ。食べられるだけ取りなさい。
- 行って見るだけの価値はありますよ。
- 見ているだけではつまらない。
- 家族そろって暮らせるだけでも，十分幸せだと思います。

- ラグビーをやっているだけに,体格ががっちりしている。
- 受かるとは思っていなかっただけに,喜びもひとしおだ。
- 言うだけ無駄でしょう。
- それだけの値打ちはありますね。
- あるだけちょうだい。
- 苦労しただけに,経験をつんでいますね。
- 高そうな品物だね。それは,どれぐらいするの?
- 電話ぐらいよこせばいいのに。
- 忙しくて,お風呂に入る暇もないぐらいだ。
- お風呂に入る暇もないほど忙しい。
- 恥ずかしくて,穴があったら入りたいほどだった。
- 夢は大きいほど良いよ。
- 途中であきらめるぐらいなら,最初から手を出すな。
- その時ほど,彼が頼もしく思えたことはなかった。
- 赤ちゃんは,3月頃に生まれるだろう。
- 100人ばかり集まった。
- その石は,すいかぐらいの大きさだった。
- 彼は,3時間ほどでその仕事を終えた。
- 俺をばかにするな。こんな仕事,1時間ぐらいでできるぞ。
- 集まってきたのは,女ばかりだった。
- 彼にだけ親切にする。
- ほしいだけ持って行ってよろしい。
- できるだけのことをしたい。
- 彼が自慢するだけのことはあって,見事だ。
- 数学ばかりか英語の成績も良い。
- 数学だけではなく,英語の成績も良い。
- 才能があるだけでは,成功は難しい。
- 今来たばかりで,事情が飲み込めない。
- 私は,1年前に日本に来たばかりで,日本語にまだ自信がありません。
- 今,関西空港に着いたところ。1時間後ぐらいに,そちらに着くと思うよ。
- 「今,何をしているの?」「今,帰宅したところ。これから,晩ご飯を作ろうとしているところだよ」
- A氏とB氏,歴史観はこれだけ違うが,拉致事件に対する姿勢には共通点が多い。
- 日本語を学習中の留学生から,「『ペンキ塗り立て』というのはどういう意味か」と聞かれて,「ペンキを塗ったばかり,という意味だ」と説明すると,「では,書いたばかりの時は,『書きたて』と言えますね」と言われ,その説明に苦慮した,という話を聞いたことがある。さらに考えると,「洗いたてのシャツ」とは言えるが,「洗いたての大根」とは言えない。これはどう説明すればよいのだろうか?

- 「2時間ぐらいかかる」と「2時間頃かかる」では，後者が間違いであるが，「6時頃に起きる」と「6時ぐらいに起きる」では，両方とも間違いではない（「前者の方が本当は正しいのだが」と言う人はいる）。しかし，「梅が咲く頃に鳴き始める」と「梅が咲くぐらいに鳴き始める」では，後者が間違いである。その理由をどう説明したら良いのだろうか？
- 「頃」と「ぐらい」について，両方とも「およそ・大体」を意味するが，「1000円ぐらいする」と言えても，「1000円頃する」とは言えない。また，「5時20分頃」は自然な言い方であるが，「5時19分頃」は多くの場合，不自然な言い方である。
- 「子猫が生まれたところだ」と「子猫が生まれたばかりだ」はほとんど同じ意味だが，「生まれたばかりの子猫」は正しい言い方であるのに対して，「生まれたところの子猫」は不自然な言い方であるとされている。

小学校2～3年の国語の教科書にあった文章（一部改変）
- 1匹だけは，カラスガイよりも真っ黒。
- 逃げたのはスイミーだけ。
- うなぎ。顔を見るころには，しっぽを忘れているほど長い。
- 体の長さは，12センチメートルほどです。
- つくつくほうしが鳴く頃になると，……が知らせに来ます。
- テレホンカードぐらいの大きさに切ったボール紙を，2枚作ります。
- スーホは，大人に負けないくらい，よく働きました。
- それは，生まれたばかりの小さな白い馬でした。
- その子馬は，雪のように白く，誰でも，思わず見とれるほどでした。
- スーホの体は，傷やあざだらけでした。
- スーホは，そればかり考えていました。
- かえる君，窓から外ばかり見ていましたね。
- 1つだけ，仲間ではないよ。
- えさが多いほど，においが強くなります。
- 「三年峠で転んだならば，3年きりしか生きられぬ」
- 1人の子どもしか見ることができない。
- 今朝できたばかりの，できたてです。
- 全く，豆太ほどおくびょうな奴はいない。
- もう5つにもなったんだから，夜中に1人でせっちんぐらいに行けたっていい。
- ほっぺたが落っこちるほど，うまいんだ。
- 夜道を1人で医者さまを呼びに行けるほど，勇気のある子どもだった。
- 今日も，お兄ちゃんやちいちゃんぐらいの子どもたちが遊んでいる。
- 大豆は，畑の肉と言われるくらいたくさんの栄養を含んでいる。
- 森さんが，引っ越してきたばかりの谷川さんに，……を教えている。

日本語を理解できているかを調べる問題

本書の中の「日本語を理解できているかを調べる問題」を集めてみました。答えと解説は、本文の中をご覧ください。

問題1-1(1)
冷蔵庫の中に、アイスクリームがありました。太郎くんが、お母さんに「アイスクリームが食べたいな」と言いました。それに対するお母さんの返事として、次のどちらの方が自然ですか？
　　（　　）（ア）「1本だけなら、食べてもいいよ」
　　（　　）（イ）「1本だけなら、食べるといいよ」

問題1-1(2)
お母さんが、病気の明子さんに食べ物をすすめました。お母さんの言い方として、次のどちらの方が自然ですか？
　　（　　）（ア）「これはからだに良いから、食べてもいいよ」
　　（　　）（イ）「これはからだに良いから、食べるといいよ」

問題1-2
「君の両親は、話がわかる人なんだなあ。君の家はいいなあ」と言う時の「君の家はいいな」の意味として、次のどちらの方が適切ですか？
　　（　　）（ア）「君の家は、りっぱな家だね」というように、建物としての家をほめている。
　　（　　）（イ）「君の家族は、良い家族だね」という意味であり、「うらやましい」という意味が強くこめられている。

問題1-3
「ビールをお代わりされますか」と聞かれて、「もうビールはいいです」と答えた時、その意味として、次のどちらの方が適切ですか？
　　（　　）（ア）「ビールがほしい」という意味であり、注文している。
　　（　　）（イ）「ビールはいらない」という意味であり、断っている。

問題1-4
「良い値で売れた」の意味として、次のどれが最も適切ですか？
　　（　　）（ア）高い値段で売れた。
　　（　　）（イ）安い値段で売れた。
　　（　　）（ウ）「言い値」（言った通りの値段）で売れた。

問題1-5
「よく映画を見る」の意味として、次のどちらが正しいですか？
　　（　　）（ア）すばらしい（感動的な）映画を見る。
　　（　　）（イ）何回も映画を見る。いろいろな映画を見る。

問題1-6
「(木に) 実がよくなる」の意味として，次のどちらが正しいですか？
　　　（　）（ア）木に実がたくさんつく。
　　　（　）（イ）木についた実が，見事な実（立派な実）になる。

問題1-7（1）
「よく考えなさい」の意味として，次のどれが最も適切ですか？
　　　（　）（ア）あなたに良いように（好きなように）考えなさい。
　　　（　）（イ）十分に（ゆっくり・時間をかけて・深く）考えなさい。
　　　（　）（ウ）物事を良いように（良い方向で）とらえて考えなさい。

問題1-7（2）
いい加減に歯みがきをしていた子どもに対して，母親が「よく歯をみがきなさい」と言いました。この文の意味として，次のどれが正しいですか？
　　　（　）（ア）良い歯をみがきなさい。
　　　（　）（イ）1日に何回も歯をみがきなさい。
　　　（　）（ウ）ていねいに歯をみがきなさい。

問題1-7（3）
明子「A店のくじを引いたら，当たったわ」
太郎「A店のくじは，なかなか当たらないのに，よく当たったね」
この「よく当たった」の意味として，次のどれが正しいですか？
　　　（　）（ア）何回も当たった。
　　　（　）（イ）当たったなんて，すごい！
　　　（　）（ウ）引いたくじが全部当たった。

問題1-9
「彼は，今回の成功で，高慢（天狗）になっている」を意味する文章として，次のどちらの言い方の方が多いですか？
　　　（　）（ア）彼は，良い気持ち（良い気分）になっている。
　　　（　）（イ）彼は，いい気（ええ気）になっている。

問題1-10
「行くがよい」の意味として，次のどちらであることが多いですか？
　　　（　）（ア）「行くことが良い」と言って，行くことを勧めている。
　　　（　）（イ）「行け」のように，命令調になっている。

問題2-1（1）
母親が太郎くんに「それを食べたらあかんよ」と言い，太郎くんは母親に言われた通りにしました。太郎くんはどうしたのですか？
　　　（　）（ア）太郎くんは，それを食べた。
　　　（　）（イ）太郎くんは，それを食べなかった。

問題2-1（2）
母親が太郎くんに「そのこと，先生に言わなあかんよ」と言い，太郎くんは母親に言われた通りにしました。太郎くんはどうしたのですか？
　　　（　）（ア）太郎くんは，そのことを先生に言った。

　　　　（　）（イ）太郎くんは，そのことを先生に言わなかった。

問題2-2
「(彼の家に) 行くのはかまわないが，彼はいないと思うよ。まあ，行ってみたら」という意味がこめられているのは，次のどちらの方ですか？
　　　　（　）（ア）「行ってもだめだ」
　　　　（　）（イ）「行っては (行ったら) だめだ」

問題3-1(1)
明くんが，みどりさんの家へ遊びに行きました。2人は，楽しく遊びました。
その晩の日記で，「すごく楽しかったので，別れる時，また来たいなと思いました」と書いたのはどちらですか？
　　　　（　）（ア）明くん
　　　　（　）（イ）みどりさん

問題3-1(2)
太郎「窓をあけてほしいのですが，いいでしょうか？」
友子「はい，いいですよ」
この会話の後，窓をあけたのは，誰ですか？
　　　　（　）（ア）太郎くん
　　　　（　）（イ）友子さん

問題3-2(1)
次のどれが，最も自然な言い方ですか？
　　　　（　）（ア）私は，本が読みたいです。
　　　　（　）（イ）私は，本が読みたがっています。
　　　　（　）（ウ）私は，本を読みたがっています。

問題3-2(2)
次のどれが，最も自然な言い方ですか？
　　　　（　）（ア）彼は，本が読みたいです。
　　　　（　）（イ）彼は，本が読みたがっています。
　　　　（　）（ウ）彼は，本を読みたがっています。

問題3-2(3)
「彼はこわいです」は，通常，次のどちらの意味ですか？
　　　　（　）（ア）彼は「こわい！」と思って震えている。
　　　　（　）（イ）私は，彼をおそれている。私にとって，彼は「おそろしい人」である。

問題3-5(1)
「市役所に手話通訳者を置きたい」と言ったのは，普通に考えると，次のどちらですか？
　　　　（　）（ア）市役所の人 (市長や課長など)
　　　　（　）（イ）聴覚障害がある人

問題3-5(2)
田中さんと山田さんは，聴覚障害者です。2人は，喫茶店の中で，いろいろしゃべっています。その会話の中で，田中さんが山田さんに言ったせりふとして，次のどちらが適切ですか？

　　　　（　）（ア）「市役所に手話通訳者を置いてくださいな」
　　　　（　）（イ）「市役所に手話通訳者を置いてほしいな」
問題4-1(1)
　　次の文で，（ア）と（イ）のどちらが適切ですか？
　　太郎くんは，友だちから聞いて，明子さんに言いました。
　　　　（　）（ア）「あの店は，おいしそうだよ」
　　　　（　）（イ）「あの店は，おいしいそうだよ」
問題4-1(2)
　　次の文で，（ア）と（イ）のどちらが適切ですか？
　　太郎くんは，お店のケーキを見て，思わず言いました。
　　　　（　）（ア）「このケーキはおいしそうだ」
　　　　（　）（イ）「このケーキはおいしいそうだ」
問題4-2(1)
　　次の文で，（ア）と（イ）のどちらが適切ですか？
　　太郎「明日の天気はどうなるのかな？」
　　明子「ついさっき，テレビで天気予報を見たら，
　　　　（　）（ア）雨がふりそうだよ」
　　　　（　）（イ）雨がふるそうだよ」
問題4-2(2)
　　次の文で，（ア）と（イ）のどちらが適切ですか？
　　明子さんが，空を見上げて言いました。
　　明子「天気予報では，今日は晴れると言っていたけれど，
　　　　（　）（ア）雨がふりそうだね」
　　　　（　）（イ）雨がふるそうだね」
問題4-2(3)
　　不自然な文章は，どちらですか？
　　　　（　）（ア）「昨日，雨がふりそうだった」
　　　　（　）（イ）「昨日，雨がふるそうだった」
問題4-3(1)
　　次の文で，（ア）と（イ）のどちらが適切ですか？
　　「あの人は，社長ではないのに，
　　　　（　）（ア）社長のように命令する。
　　　　（　）（イ）社長らしく命令する。
　　だから，私は，あの人が好きではない」
問題4-3(2)
　　次の文で，（ア）と（イ）のどちらが適切ですか？
　　僕は，子どもの時，父から
　　　　（　）（ア）「もっと男のように行動しなさい」
　　　　（　）（イ）「もっと男らしく行動しなさい」
　　と，よく怒られたものでした。

問題4-7(1)
　次の文で，(ア) と (イ) のどちらが適切ですか？
　先生「友子さんは，今日はお休みです」
　愛子「どうしてですか？」
　先生「今朝，友子さんのお母さんから学校に電話がありました。友子さんは，熱があって，
　　　（　）（ア）学校を休むそうです」
　　　（　）（イ）学校を休むようです」

問題4-7(2)
　次の文で，(ア) と (イ) のどちらが適切ですか？
　太郎「あれ，弘くん，顔が赤いよ」
　明子「本当だわ。目もぼーっとしている感じ。
　　　（　）（ア）弘くんは，熱があるそうだね」
　　　（　）（イ）弘くんは，熱があるようだね」

問題4-8(1)
　花子はテニスクラブに入り，太郎は野球クラブに入っています。
　この時，「花子は，太郎と同じクラブに入っている」という文章は，正しいですか？
　　　（　）（ア）正しい。
　　　（　）（イ）正しくない。

問題4-8(2)
　花子はテニスクラブに入り，太郎は野球クラブに入っています。
　この時，「花子は，太郎と同じようにクラブに入っている」という文章は，正しいですか？
　　　（　）（ア）正しい。
　　　（　）（イ）正しくない。

問題5-1
　どの「みる」が，最も「見る」などの漢字を使わないで書くことが多いですか？
　　　（　）（ア）朝起きてみると，あたり一面雪景色だった。
　　　（　）（イ）おそるおそる食べてみる。
　　　（　）（ウ）興味をもってビデオをみる。

問題5-3(1)
　次の文で，(ア) と (イ) のどちらが適切ですか？
　母親が，ドリアンという珍しい果物を買ってきました。母親が「これは，くさいけど，おいしいらしいよ」と言ったので，友子は，おそるおそる
　　　（　）（ア）一口食べてみました。
　　　（　）（イ）一口食べてみせました。

問題5-3(2)
　次の文で，(ア) と (イ) のどちらが適切ですか？
　友子さんはおなかをこわしていましたが，今日は治りました。お母さんが心配していたので，安心してもらうために，
　　　（　）（ア）プリンを全部食べてみました。
　　　（　）（イ）プリンを全部食べてみせました。

問題 5-4
次の文で，（ア）〜（ウ）のどれが最も適切ですか？
「雪が見たいの？　もう京都市内にはふらないから，むりだと思うよ。舞鶴あたりまで行けば，
　　（　）（ア）雪を見ると思うよ」
　　（　）（イ）雪が見えると思うよ」
　　（　）（ウ）雪が見られると思うよ」

問題 5-5
次の文で，（ア）と（イ）のどちらが適切ですか？
「あそこのひも，一瞬，
　　（　）（ア）ヘビに見えたわ」
　　（　）（イ）ヘビが見えたわ」

問題 5-6
次の（　）には，（ア）「見ない」，（イ）「見ていない」，（ウ）「見えない」，（エ）「見られない」のどれを入れるのが適切でしょうか？
1）「彼の頭が邪魔で，黒板の字がよく（　　）よ」
2）「君，知らんのか？　紙に書いてあっただろ」「えっ，僕は（　　）よ」
3）「その植物は，南の方へ行かないと（　　）よ」

問題 5-7（1）
「神様，私の願いを聞いてください」の「聞く」の意味に最も近いのは，次のどれですか？
　　（　）（ア）私は，この問題の解き方を父に聞いた。
　　（　）（イ）私は，彼の話を静かに集中して聞いた。
　　（　）（ウ）あれを持ってきたら，君の要求を聞いてやろう。

問題 5-7（2）
次の（　）には，（ア）「聞いた」，（イ）「聞こえた」，（ウ）「聞けた」のどれを入れるのが適切でしょうか？
1）「今日の講演では，良い話が（　　）わ」
2）「山へ行くと，うぐいすの鳴き声が（　　）ような気がしました」

問題 5-7（3）
次の文で，（ア）と（イ）のどちらが適切ですか？
「ただいま」という声を聞いて，花子は「お父さんが帰ってきた！」と言って，玄関へ飛び出しました。ですが，帰宅したのは，お兄さんでした。
花子「あら，お父さんじゃなかったわ。さっきの『ただいま』，
　　（　）（ア）お父さんの声が聞こえたわ」
　　（　）（イ）お父さんの声に聞こえたわ」

問題 5-8
次の（　）には，（ア）「聞かない」，（イ）「聞いていない」，（ウ）「聞こえない」，（エ）「聞けない」のどれを入れるのが適切でしょうか？
1）「ざわざわしていて，先生の声がよく（　　）よ」

2)「君，知らんのか？　彼が前からみんなに言っていることだよ」
　　「えっ，僕は（　　　）よ」
3)「その機械がないと，このＣＤは（　　　）よ」

問題 5-9
次の（　　）には，（ア）「知る」，（イ）「知っている」，（ウ）「知った」，（エ）「わかる」，（オ）「わかっている」，（カ）「わかった」のどれを入れるのが適切でしょうか？
1)「君，Ａ氏が逮捕されたんだって」
　　「ああ，（　　　）よ。今朝のニュースで聞いたよ」
2)「Ａ氏が逮捕されたんだって。君，（　　　）か？」
　　「ああ，今朝のニュースで初めて（　　　）よ」
3)「彼は，物が（　　　）人だよ」
4)（彼が説明した後）「君の説明はよく（　　　）から，もう結構です」

問題 5-10
次の（　　）には，（ア）「知らない」，（イ）「知っていない」，（ウ）「知らなかった」，（エ）「わからない」，（オ）「わかっていない」，（カ）「わからなかった」のどれを入れるのが適切でしょうか？
1)「僕，Ａ氏が逮捕されたことを（　　　）。君はいつから知っていたの？」
　　「今朝，君から言われるまで，僕も（　　　）よ」
2)「彼の説明はよく（　　　）。よく（　　　）まま，帰ってきてしまった」
　　「僕もだよ。彼のあの説明の仕方は，下手だったと思うよ」

問題 6-1 (1)
次の文で，(ア)と(イ)のどちらが適切ですか？
ホームで電車を待っていると，「先ほど事故があったので，
　　（　　）(ア) 電車が遅れます」
　　（　　）(イ) 電車に遅れます」
という放送がありました。

問題 6-1 (2)
次の文で，(ア)と(イ)のどちらが適切ですか？
母親が，高校生の息子に，「早く家を出ないと，
　　（　　）(ア) 電車が遅れるよ」
　　（　　）(イ) 電車に遅れるよ」
と言いました。

問題 6-4
「しまった，寝過ごした！」の「寝過ごす」は，どういう意味ですか？　次の中から，最も適切なものを選びなさい。
　　（　　）(ア) 昨夜遅い時間に寝た。
　　（　　）(イ) ゆっくり寝た。
　　（　　）(ウ) 寝坊した。
　　（　　）(エ) 睡眠時間を必要以上に長くした。

問題6-5(1)
　今，正しい時刻は，8時30分です。明子さんの時計の針は，8時40分をさしています。この時，次のどちらが正しいですか？
　　　（　）（ア）明子さんの時計は，10分遅れている。
　　　（　）（イ）明子さんの時計は，10分進んでいる。

問題6-5(2)
　今，正しい時刻は，8時30分です。太郎くんの時計の針は，8時20分をさしています。この時，次のどちらが正しいですか？
　　　（　）（ア）太郎くんの時計は，10分遅れている。
　　　（　）（イ）太郎くんの時計は，10分進んでいる。

問題6-6(1)
「すぐに計算します」の意味は，通常次のどちらですか？
　　　（　）（ア）計算のスピードを速くします。
　　　（　）（イ）今から直ちに計算に取りかかります。

問題6-6(2)
　今後さらに大雪になるということで，学校側が，いつもは「5時下校」だが，今日は「3時半下校」と決めたことを，通常次のどちらで言いますか？
　　　（　）（ア）生徒の帰宅を早めた。
　　　（　）（イ）生徒に帰宅を急がせた。

問題7-1(1)

| 先生 | A子 | B子 | C子 | D子 | E子 |

　上記のように，子どもたちが先生の方を向いています。先生が，「C子さんのすぐ前の人は，誰ですか？」と尋ねました。答えはどちらですか？
　　　（　）（ア）「B子さんです」
　　　（　）（イ）「D子さんです」

問題7-1(2)
「4月より前」と言う時，「4月」は含まれますか？
　　　（　）（ア）4月は含まれる。
　　　（　）（イ）4月は含まれない。

問題7-2
　先生が「スタートは5分後だよ」と叫んだ時，明子さんが突然倒れました。スタート時刻を9：00とすると，明子さんが倒れたのは，何時ですか？
　　　（　）（ア）8：55
　　　（　）（イ）9：05

問題 7 - 3

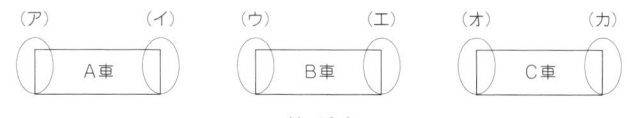

```
  (ア)    (イ)   (ウ)    (エ)   (オ)    (カ)
 ┌─────────┐   ┌─────────┐   ┌─────────┐
 │  A車   │   │  B車   │   │  C車   │
 └─────────┘   └─────────┘   └─────────┘
         ←━━━━━ 進む方向 ━━━━━←
```

上記のように，車が並んで走っています。B車に乗っている太郎くんが，隣に座っている人に次のように言った時，通常（ア）〜（カ）のどの部分に傷があることになりますか？
 1)「車の前に目立つ傷がある」   →（ ）
 2)「後ろの車の前に目立つ傷がある」 →（ ）

問題 7 - 4
「3ヶ月後にある」と答えるのは，次のどちらの問いに対してですか？
 （ ）（ア）「試合はいつあるのか？」
 （ ）（イ）「試合まであとどれぐらいあるのか？」

問題 7 - 7
「（ア）この花は，うちの庭の中に生えているよ」と，「（イ）この花は，うちの庭中に生えているよ」とでは，通常，どちらがたくさん生えている感じを与えますか？

問題 7 - 8 (1)
次の文で，（ア）と（イ）のどちらが適切ですか？
誠くんは，今度アメリカへ行きます。
友達「アメリカにどれぐらいいるの？」
誠 （ ）（ア）「1年間いる予定だよ」
  （ ）（イ）「1年中いる予定だよ」

問題 7 - 8 (2)
次の文で，（ア）と（イ）のどちらが適切ですか？
美奈子さんが住んでいるところでは，
 （ ）（ア）1年間，いろいろな花が咲くそうです。
 （ ）（イ）1年中，いろいろな花が咲くそうです。

問題 7 - 9
「一日中」を「ついたちじゅう」と読むことができるのは，次のどちらですか？
 （ ）（ア）「一日中仕事をする」
 （ ）（イ）「一日中にこれを仕上げる」

問題 7 - 10
「町中」を「まちじゅう」と読むのは，どちらですか？
 （ ）（ア）「町中に噂が広まる」
 （ ）（イ）「町中の家に住んでいる」

問題 7 - 12
「太郎くんは，トレーナーの下に（※）を着ている」の（※）に入るのは，通常，次のどちらですか？
 （ ）（ア）Tシャツ

日本語を理解できているかを調べる問題 339

　　　　（　　）（イ）レインコート（雨合羽）

問題8-1(1)
「ものがのどを通らない」の「もの」の中身は，次のどちらですか？
　　　　（　　）（ア）食べ物や飲み物
　　　　（　　）（イ）食べ物や飲み物ではない少し大きなもの

問題8-1(2)
1）と2）のそれぞれで，どちらが自然な言い方ですか？
1）（　　）（ア）釣り竿とはどんな物ですか？
　　（　　）（イ）釣り竿とはどんなことですか？
2）（　　）（ア）金魚すくいとはどんな物ですか？
　　（　　）（イ）金魚すくいとはどんなことですか？

問題8-1(3)
「塩水を物ともしない木」の意味は，次のどちらですか？
　　　　（　　）（ア）塩水に弱い木・塩水がかかるとすぐに枯れる木
　　　　（　　）（イ）塩水に強い木・塩水がかかっても枯れない木

問題8-2(1)
「昔，御所へ妻と一緒によく行ったものだ」という文の意味として，次のどちらが適切ですか？
　　　　（　　）（ア）御所は，夫婦でよく行った所であることを説明している。
　　　　（　　）（イ）「昔，御所へ夫婦でよく行ったなあ」と思い出して，なつかしがっている。

問題8-2(2)
次の文で，（ア）と（イ）のどちらが適切ですか？
太郎くんは，明日休みなので
　　　　（　　）（ア）「明子の家へ遊びに行こうか」と思いました。
　　　　（　　）（イ）「明子の家へ遊びに行くもんか」と思いました。

問題8-2(3)
次の文で，（ア）と（イ）のどちらが適切ですか？
太郎くんは，今日，学校でいやなことがあったので，
　　　　（　　）（ア）「明日，学校へ行こうか」と思いました。
　　　　（　　）（イ）「明日，学校へ行くもんか」と思いました。

問題8-3
次のどれが，自然な言い方ですか？
　　　　（　　）（ア）某氏というのは，山田さんの物です。
　　　　（　　）（イ）某氏というのは，山田さんの者です。
　　　　（　　）（ウ）某氏というのは，山田さんのことです。

問題8-7(1)
「良いものを聞いた」の意味として，次の2つの文のうち，どちらがより適切ですか？
　　　　（　　）（ア）良い音楽や曲を聴いた。
　　　　（　　）（イ）良い話（心が温まる話など）を聞いた。

問題 8-7（2）
　太郎くんは，明子さんから，「あなたのことが嫌い。絶交よ」と言われて，ショックを受け，明子さんに言いました。そのせりふとして，次のどれが最も適切ですか？
　　（　）（ア）「僕に悪い物があれば直すから，絶交しないでくれ」
　　（　）（イ）「僕に悪いところがあれば直すから，絶交しないでくれ」
　　（　）（ウ）「僕に悪い場所があれば直すから，絶交しないでくれ」

問題 8-8
　次の文章の下線部は，それぞれ（ア）（イ）（ウ）のどれを意味しますか？
　　（ア）ペンキなどの塗料や絵の具のようなもの
　　（イ）塀や壁，板，画用紙のようなもの
　　（ウ）ブラシや筆のようなもの
・1）塗る物→（　　），2）塗られる物→（　　）により，塗料を選ぶ必要があります。
・今回は，3）塗る物→（　　）として，刷毛を使いましょう。
・塗装の前には，4）塗る物→（　　）の表面の汚れやかびなどを落としてください。
・パンに5）塗る物→（　　）で一番好きなのは，イチゴジャムです。

問題 8-9
　以下の文章は，それぞれ（ア）と（イ）のどちらの意味ですか？
　1）「太郎くんは，のけ者にされた（のけ者になった）」
　　（ア）太郎くんは，「仲間はずれにされている人」である。
　　（イ）太郎くんは，「（誰かを）仲間はずれにしている人」である。
　2）「太郎くんは，笑いものにされた（笑いものになった）」
　　（ア）太郎くんは，「笑った人」である。
　　（イ）太郎くんは，「笑われた人」である。
　3）「太郎くんは，笑われものにされた（笑われものになった）」
　　（ア）太郎くんは，「笑った人」である。
　　（イ）太郎くんは，「笑われた人」である。
　4）「太郎くんの待ち人は来なかった」
　　（ア）その「待ち人」が，太郎くんを待っていた。
　　（イ）太郎くんが，その「待ち人」を待っていた。

問題 9-1（1）
　明子「今日のテスト，できた？」
　太郎「漢字の問題，全部できなかったと思う」
　漢字の問題が10問あったとすれば，太郎くんは，何問ぐらい解けたと思っていることになりますか？　最も適切なものを選びなさい。
　　（　）（ア）10問全部解けたと思っている。
　　（　）（イ）8問ぐらい解けたと思っている。
　　（　）（ウ）2問ぐらいだけ解けたと思っている。
　　（　）（エ）解けた問題はない（解けた問題は0問）と思っている。

問題 9-1（2）
　明子「今日のテスト，できた？」

太郎「漢字の問題，全部はできなかったと思う」
漢字の問題が10問あったとすれば，太郎くんは，何問ぐらい解けたと思っていることになりますか？ 最も適切なものを選びなさい。
　　（　）（ア）10問全部解けたと思っている。
　　（　）（イ）8問ぐらい解けたと思っている。
　　（　）（ウ）2問ぐらいだけ解けたと思っている。
　　（　）（エ）解けた問題はない（解けた問題は0問）と思っている。

問題9-3(1)
先生がクラブ顧問会議の後，体育館へ来て言いました。
先生「みんな試合に出られません」
生徒のみんなが思ったこととして，次のどちらが適切ですか？
　　（　）（ア）「試合に出られる人は，0人」と思った。
　　（　）（イ）「試合に出られない人が少しいる」と思った。

問題9-3(2)
先生がクラブ顧問会議の後，体育館へ来て言いました。
先生「みんなが試合に出られるのではありません」
生徒のみんなが思ったこととして，次のどちらが適切ですか？
　　（　）（ア）「試合に出られる人は，0人」と思った。
　　（　）（イ）「試合に出られない人が少しいる」と思った。

問題9-5(1)
次の文で，（ア）と（イ）のどちらが適切ですか？
先生「あなたは，好き嫌いがありますか？」
花子「好き嫌いは，ほとんどありませんが，
　　（　）（ア）梅干しだけはだめなんです」
　　（　）（イ）梅干しだけではだめなんです」

問題9-5(2)
明子さんは，パーティーに招かれましたが，何を持っていけば良いか，悩んでいます。明子さんが「お花だけではだめかしら？」と言うと，太郎くんが「そうだね」と答えました。太郎くんが言った意味は，次のどちらですか？
　　（　）（ア）お花を持って行ってはいけない。
　　（　）（イ）お花の他に，別の物も持っていく必要がある。

問題9-5(3)
明子さんは，「今晩の食事会は，10人来るから，10人分以上あればOKだわ」と言いながら点検しました。
啓子「これから買い物に行くけど，食器は全部そろっている？」
明子「紙コップだけが足りないの」
明子さんが言った意味は，次のどれですか？
　　（　）（ア）紙コップだけ人数分ある。他の食器が不足している。
　　（　）（イ）紙コップだけ不足している。他の食器は人数分ある。
　　（　）（ウ）紙コップの他に，いろいろな食器を買う必要がある。

問題 9 - 6
　　1）「賛成しないぞ！」の意味になるのは，次のどれですか？
　　2）「賛成するはずがない！」の意味になるのは，次のどれですか？
　　　　（ア）「(それは）彼に賛成する意味ではない」
　　　　（イ）「(それでは）彼に賛成する意味がない」
　　　　（ウ）「(私は）彼に賛成するわけではない」
　　　　（エ）「(私は）彼に賛成するわけにはいかない」
　　　　（オ）「(私が）彼に賛成するわけがない」

問題 10 - 1
　　太郎くんは，日曜日の朝，母親に叱られました。その日の昼，クラブから帰ってきた太郎くんは，母親の不機嫌そうな様子を見て，朝からずっと家にいた姉に「お母さんはまだ僕のことを怒っているの？」と尋ねました。それに対する姉の答えとして，次の3つのうち，どれが最も適切ですか？
　　　　（　）（ア）「お母さんはよく怒るよ」
　　　　（　）（イ）「さあ，別のことで怒っているのかもね」
　　　　（　）（ウ）「今，怒っているよ」

問題 10 - 2 (1)
　　「地震の時，あなたは何をしましたか？」の問いに対する答えとして，次のどちらが適切ですか？
　　　　（　）（ア）「私は，机の下にもぐりました」
　　　　（　）（イ）「私は，寝ていました」

問題 10 - 2 (2)
　　「地震の時，あなたは何をしていましたか？」の問いに対する答えとして，次のどちらが適切ですか？
　　　　（　）（ア）「私は，机の下にもぐりました」
　　　　（　）（イ）「私は，寝ていました」

問題 10 - 3 (1)
　　「ご飯を食べる時，あいさつは何と言いますか？」に対する答えとして，次のどちらが適切ですか？
　　　　（　）（ア）「いただきます，と言います」
　　　　（　）（イ）「ごちそうさま（でした），と言います」

問題 10 - 3 (2)
　　「ご飯を食べた時，あいさつは何と言いますか？」に対する答えとして，次のどちらが適切ですか？
　　　　（　）（ア）「いただきます，と言います」
　　　　（　）（イ）「ごちそうさま（でした），と言います」

問題 10 - 4 (1)
　　「あなたは，最近田中さんと会ったことがありますか？」と聞かれ，「はい，東京へ行く時，ばったり会いました」と答えた時，この答えの意味として，次のどちらが適切ですか？
　　　　（　）（ア）私は，東京へ行く途中，田中さんと会った。

( )（イ）私は、東京にいた時（いる間）、田中さんと会った。

問題10-4（2）
「あなたは、最近田中さんと会ったことがありますか？」と聞かれ、「はい、東京へ行った時、ばったり会いました」と答えた時、この答えの意味として、次のどちらが適切ですか？

( )（ア）私は、東京へ行く途中、田中さんと会った。
( )（イ）私は、東京にいた時（いる間）、田中さんと会った。

問題10-5
「彼は結婚していますか？」の意味は、通常次のどれですか？
( )（ア）今、結婚式場で結婚式をやっているか？
( )（イ）既に、ある女性と結婚した（入籍した）か？
( )（ウ）これから、ある女性と結婚する（入籍する）予定であるか？

問題10-7
次の1）～8）の場面では、次の（ア）～（コ）のどれを言うのが適切ですか？
（複数回答可）
（ア）「～がつく」　（イ）「～がついた」　（ウ）「～をつける」
（エ）「～をつけた」　（オ）「～がついている」
（カ）「～がついていた」　（キ）「～がつけてある」
（ク）「～がつけてあった」　（ケ）「～をつけておく」　（コ）「～をつけておいた」

1) 夜、明子さんが勉強していたら、突然停電して、部屋が真っ暗になった。しばらくして、電気が復旧して部屋が明るくなった時、明子さんが言ったことばは、「あっ、電灯（　　）！」である。
2) 母親が外出する息子に「帰宅したら、すぐに集中して勉強ができるよう、あなたの部屋のクーラー（　　）わ」と言いました。
3) 太郎くんが帰宅すると、部屋にクーラーがついていた。母親が「暑かったでしょ。すぐに集中して勉強できるよう、あなたの部屋のクーラー（　　）のよ」と言った。
4) 私の家では、めったにクーラーを使わない。クーラー（　　）のは、お客様が来られる時ぐらいである。
5) 太郎くんが帰宅すると、母親が「あなた、今朝出かける時、クーラーを切るのを忘れたでしょ。あなたの部屋に入ったら、クーラー（　　）よ」と言った。
6) 太郎くんが帰宅すると、母親が「あなた、出かける時、クーラーを切るのを忘れたでしょ。あなたの部屋に入ったら、クーラー（　　）ままだったよ」と言った。
7) 母親が家にいた息子に言った。「帰ったら、クーラー（　　）から、うれしかったわ。ありがとう」
8) 玄関に近づいたら自動的に電灯（　　）ようにしてある家が、最近増えている。

問題10-8
それぞれの文の意味として、次の（ア）～（ウ）のどれが適切ですか？
1)「今、食べるところです」→（　　）
2)「今、食べているところです」→（　　）

3)「今，食べたところです」　→（　　）
　（ア）今，食事中。食べている途中。
　（イ）これから食べようとしている（今は，食べる前）。
　（ウ）今，食事が終わった（今は，食べた後）。

問題 11 - 1 (1)
次の文で，（ア）と（イ）のどちらが適切ですか？
明子「今，大雪だよ。どうするの？」
太郎「今行かないと，遅刻するから，
　　（　　）（ア）雪がふっているけど，行くよ」
　　（　　）（イ）雪がふっても，行くよ」

問題 11 - 1 (2)
次の文で，（ア）と（イ）のどちらが適切ですか？
明子「天気予報を見ると，明日は晴れるみたいだけど，もし雨がふったら，どうするの？」
太郎（　　）（ア）「雨がふっているけど，行くよ」
　　（　　）（イ）「雨がふっても，行くよ」

問題 11 - 3
太郎くんと花子さんは，それぞれ中学校の時どんな状況でしたか？　次の（ア）（イ）のどちらが適切かを考えて，選びなさい。
1）太郎「高校へ行ったら，卓球をがんばりたい」　→（　　）
2）花子「高校へ行っても，卓球をがんばりたい」　→（　　）
　（ア）中学の時も，卓球をがんばっていた。
　（イ）中学の時は，卓球をしていなかったか，または，がんばっていなかった。

問題 11 - 4
1）と2）のそれぞれで，どちらが，適切な言い方になりますか？
1）政夫（　　）（ア）「僕は，行っても，君はどうする？」
　　　（　　）（イ）「僕は，行くけど，君はどうする？」
　晶子「あなたが行くなら，私は行かないことにするわ」
2）（　　）（ア）「行っても，彼はいないだろう。だから，僕は行くのをやめた」
　（　　）（イ）「行くけど，彼はいないだろう。だから，僕は行くのをやめた」

問題 11 - 6 (1)
花子「病気になったけど，海外旅行に行きたい」
花子さんの今のからだのようすは，次のどちらですか？
　（　　）（ア）花子は，病気になっている。
　（　　）（イ）花子は，まだ病気になっていない。

問題 11 - 6 (2)
太郎「病気になってでも，海外旅行に行きたい」
太郎くんの今のからだのようすは，次のどちらですか？
　（　　）（ア）太郎は，病気になっている。
　（　　）（イ）太郎は，まだ病気になっていない。

日本語を理解できているかを調べる問題

問題 11 - 7

庭のいろいろな木が大きくなっています。明子さんは，太郎くんに「あなたも忙しいでしょうけど，（※）」と頼んで，外出しました。明子さんは，帰宅後，梅の木だけではなく，他の木の枝も切られていたのを見て，「他の木は切ってと頼んでいなかったのに」と言って怒りました。この時，（※）の中には，次のどちらの文が入るでしょうか？

  （ ）（ア）梅の木だけ，伸びすぎた枝を切ってください。
  （ ）（イ）梅の木だけでも，伸びすぎた枝を切ってください。

問題 11 - 9

太郎くんは，ある問題を間違えました。それを見た花子さんは，太郎くんに「あなたでも間違えたの」と言いました。この文の背景に隠されている花子さんの気持ちを説明する文として，次のどちらが適切ですか？

  （ ）（ア）花子さんは太郎くんのことを「賢い」と思っている。
  （ ）（イ）花子さんは太郎くんのことを「賢くない」と思っている。

問題 11 - 10

次の文章の正しい方に〇をつけなさい。

1)（ ）（ア）スープを飲むと，音をたてないようにしましょう。
  （ ）（イ）スープを飲む時，音をたてないようにしましょう。

2)（ ）（ア）生水を飲むと，おなかをこわしますよ。
  （ ）（イ）生水を飲む時，おなかをこわしますよ。

問題 11 - 11 (1)

次の文で，（ア）と（イ）のどちらが適切ですか？
明子「夏休みの旅行の行き先を，どこにしようかしら」
太郎（ ）「（ア）長野へ行って，どう？」
  （ ）「（イ）長野へ行ったら，どう？」

問題 11 - 11 (2)

次の文で，（ア）と（イ）のどちらが適切ですか？
明子「昨日，長野県へ旅行に行ってきたのよ」
太郎（ ）「（ア）長野へ行って，どう？」
  （ ）「（イ）長野へ行ったら，どう？」

問題 11 - 12

明子「新聞を読みながら電話するのは，やめて」
明子さんの言った意味は，次のどれですか？　適切なものを選びなさい。

  （ ）（ア）新聞を読んではいけない。
  （ ）（イ）電話してはいけない。
  （ ）（ウ）新聞を読むことと電話することを，同時にしてはいけない。

問題 11 - 13 (1)

次の文で，（ア）「それで」，（イ）「しかし」，（ウ）「そして」，（エ）「ところで」，（オ）「では」のどれを入れるのが適切でしょうか？

1)「昨日，テレビを見たよ。（ ），お風呂に入ったよ」
2)「昨日風邪を引いた。（ ），学校を休んだ」

3）「昨日風邪を引いた。（　　），学校を休まなかった」
4）「いい天気ですね。（　　），あなたのお母さんは元気ですか？」
5）「先生，頭が痛いです」「（　　），保健室へ行きなさい」

問題11-13（2）

1）日常会話の場面です。先生が「傘またはレインコートを持って来なさい」と言った時，「叱られる」ことになるのは，次の誰ですか？（複数回答可）
　（　）（ア）傘だけを持って来たA子。
　（　）（イ）レインコートだけを持って来たB子。
　（　）（ウ）傘とレインコートの両方を持って来たC子。
　（　）（エ）傘とレインコートの両方とも持って来なかったD子。

2）命題論理学の問題です。次の命題のうち，正しくないのはどれですか？　なお，3は奇数で，4は偶数です。（複数回答可）
　（　）（ア）「3は奇数，または4は偶数」は正しい。
　（　）（イ）「3は奇数，または4は奇数」は正しい。
　（　）（ウ）「3は偶数，または4は偶数」は正しい。
　（　）（エ）「3は偶数，または4は奇数」は正しい。

問題12-2（1）

道子さんは，絵の具箱の中を見て，「あら，赤しかないわ」と言いました。
絵の具箱の中は，どんな状態だったのですか？
　（　）（ア）赤だけが入っていた。
　（　）（イ）赤だけが入っていなかった。

問題12-2（2）

正くんのクラスの生徒は，10人です。今，風邪がはやっています。
朝のSHRの時，先生が「今日は，3人しか来ていないね」と言いました。正くんのクラスの生徒は，何人来ていたことになりますか？
　（　）（ア）3人来ていた。
　（　）（イ）7人来ていた。

問題12-5

「彼は，飛行機で日本に来たところだ」の意味は，次のどちらですか？
　（　）（ア）ここが，（日本に到着した）空港だ。
　（　）（イ）日本に来て時間があまりたっていない。

問題12-6

「彼は，アメリカへ行ってばかりだ」の意味は，次のどちらですか？
　（　）（ア）彼は，つい最近アメリカへ行ったところだ。（アメリカへ行ってから，時間があまりたっていない）
　（　）（イ）彼は，アメリカへ行くことが多い。

問題12-10（1）

次の文章で，どちらが正しいですか？
　（　）（ア）うぐいすは，春が来る頃に鳴き始めます。
　（　）（イ）うぐいすは，春が来るぐらいに鳴き始めます。

問題 12 - 10（2）
　次の文章で，どちらが正しいですか？
　　（　）（ア）ここから東京まで，3時間頃かかります。
　　（　）（イ）ここから東京まで，3時間ぐらいかかります。

問題 12 - 11
　「コリーほどほしいものはなかった」の意味は，次のどちらですか？
　　（　）（ア）コリーはほしくない。コリーはいらない。
　　（　）（イ）一番ほしいのはコリーである。

手話イラスト名索引

本書の中でイラストで示した部分を，索引にしました。数字は，文例の番号を示します。例えば「相変わらず（続く）」のイラストは，文例7-8，10-1，10-7，11-3に出てきます。

●

相変わらず（続く）　7-8，10-1，10-7，11-3
間　7-6，7-8，7-10，10-4，11-10
明かり　10-7
あっけない（あっという間）　6-6欄外，12-4，12-5
ある　10-7
あわてる　6-6
行き止まり（限界）　12-11
以降　7-1
以前　7-1
一日間　7-9
一日中　7-9
いつも（毎日）　1-7欄外
祈る　4-6
いばる（自慢）　1-9
今　10-1，10-6
意味（なぜ）　8-3，9-6
いろいろ　1-7
言われる　4-1，4-2，4-7
うぬぼれる（自慢）　1-9
うらやましい　1-2
運転（電話しながら）　11-12
運転（遠くを見ながら）　11-12
延期　6-2
多い（たくさん）　1-7，12-1
遅れる（差がつく）　6-2
落ち着く　6-4
同じ　4-3，4-4，4-5，4-6
思う　4-1，4-2，4-7，5-2，5-7
終わる　8-5，10-3，10-8

●

回復　1-8
帰る（こちらへ）　10-4
帰る（向こうへ）　10-4
過去（～する前）　7-1，10-3，11-10
かな？（「？」と空書）　4-2，4-7
必ず（約束）　9-4
かまわない　1-1，1-3，11-1，11-2，11-6
から　7-1，7-2
変わる（～になる）　1-8
関係（～について）　7-6，7-11
感じる　4-7
簡単　1-4，1-7，11-9
聞いていない・聞こえない　5-8
聴く　5-7
聞く（聞こえる）　4-1，4-7，5-7
きちんと　1-7，12-4，12-5，12-9
希望（願う）　3-4，3-5，4-6
決める　8-4
行列　7-3
きれい（美しい）　1-4，1-7
禁止　2-1，2-2
ぐらい（頃）　12-3，12-7，12-10，12-11
繰り下げ（時間が後にずれる）　6-2
車　7-3
加える　7-11，8-5，12-7
決心（覚悟）　8-4
後期　7-1
向上　1-8
後半　7-1

後方（後ろ）　　7-1
超える（オーバー）　　6-3，6-4
試みる（テスト）　　5-1，5-3
事　　8-1，8-3
断る　　2-3

●

最高　　12-10，12-11
最低（最小限・せめて）　　11-7
しかし　　11-1，11-2，11-4，11-6，11-13，12-8
時間（腕時計）　　6-4
下　　7-12
知っている　　5-9
失敗（ミス）　　6-1，6-2
してみる（1本指で）　　5-1，5-3
示される　　5-3
示す（表す）　　5-3，7-12
集団の前で　　7-5
障害（折る）　　2-4
将来（〜する後）　　7-1，7-2，7-4，7-5，7-11，10-3，11-3，11-10
知らない　　5-10
知る（わかる）　　5-9
診察　　5-2
親切（優しい）　　1-7
好き（〜たい）　　3-1，3-2，3-3，3-5
過ぎる（遅刻）　　6-2，6-3，6-4
すぐに　　6-6
すまない（ごめんなさい）　　2-5
絶対　　8-2，9-4
迫る（もうすぐ）　　4-2，10-8
世話　　5-2
前期　　7-1
前半　　7-1欄外
全部　　1-7，9-1，12-1，12-9
前方　　7-1
そっくり（生き写し）　　4-5
そのまま　　5-2
それ　　8-6

損（無駄）　　2-2，11-4

●

た（〜した）　　10-3，10-6，10-8
対等　　12-10，12-11
高い（高価な）　　1-4
だけ　　11-7，12-1，12-2，12-3，12-4
尋ねる（質問）　　5-7
頼む（お願い）　　3-1，3-3，3-4，3-5，3-6
だめ（×）　　2-1，2-2，9-5
違う　　9-2，9-3
ちんぷんかんぷん（わからない）　　5-10
次　　7-5，11-13
続く（続ける）　　7-8，10-1，11-3，11-12
つぶす（つぶれる）　　2-4
倒産（つぶれる）　　2-4
時　　7-10，7-11，8-6，11-4，11-10，12-8
ところで（横に置く）　　11-13
途中　　7-10，8-5，10-4，10-8，11-10
とても　　1-7
止める　　2-1，2-2

●

ない（自分の意志）　　5-6，5-8
ない（単なる打ち消し）　　5-6，5-8，9-2
内容　　8-1，8-3
中（内）　　7-10，7-12
中（真っ最中）　　7-8欄外，7-10，10-8
なかなか　　6-1
なかなか（待ちぼうけ）　　6-1
眺める　　5-4
なくなる（消える）　　1-4，1-8
何回も（たくさん）　　1-5，1-7，12-1
似ている　　4-4，4-5
寝坊　　6-4
残る　　7-4
ので　　7-11，11-13，12-7，12-9

●
生える（たくさん）　7-7
場所　7-10，8-6, 8-7
はっきり　1-7
はやい　6-5, 6-6
はやい（京都の手話）　6-6欄外
ぴったり（合う）　1-4, 4-3, 12-9
必要　2-1
必要ない（いらない）　1-3
人々　8-1
副　7-12
普通　8-2
平行（同時進行）　11-12
部屋（範囲・限定）　8-5
他（別・以外）　9-5, 12-2
ほとんど（約）　9-1, 12-3, 12-10, 12-11

●
まさか　9-6
貧しい（足りない）　9-5
また　11-13
まで（終わる）　7-1, 7-9, 7-10
まで（ずーっと）　7-10
まとめる（結局）　8-3, 8-4, 11-13
見えない（見ていない）　5-6
水の泡　2-4
見つめる　5-2
認めない　2-3
認める　5-7
見る（1本指で）　5-1

見る（2本指で）　4-1, 4-7, 5-1, 5-2, 5-4
みんな　7-10
難しい（できない）　2-3, 5-6, 5-8, 9-3, 9-6
盲　5-6
目的（目標）　4-6
もし　11-11
もっと　11-9, 12-9, 12-10
求める　3-6
物　8-1, 8-7

●
役に立たない　2-4
安い　1-4
優先　7-5
ゆっくり　6-1, 6-3, 6-5
良い　1-1, 1-2, 1-3, 1-4, 1-5, 1-9
様子（状態）　4-2, 4-7
予想（想像・夢）　4-2
予定　8-4

●
らしい（おそらく）　4章の冒頭
立派　1-4
例（仮）　5-2, 11-11
聾　5-8

●
わざわざ（苦労）　1-7
悪い　2-1, 2-3, 2-5

あ と が き

　本書は，前書『聾教育現場における手話表現―日本語の指導に思いをめぐらせて―』を修正・加筆したものです。
　前書および本書は，京都府立聾学校教職員の手話研修をきっかけとして作られました。文例や単語例は，下記のような取り組みの中で，筆者が徐々に集めていったものです。

　①1996年度以降の高等部教員手話研修（全教員が持ち回りで担当し，単語の語彙数を増やし，紛らわしい手話単語について学習する取り組みを含む）
　②1999～2005年度の新転任教職員に対する手話実技講座
　③2004年度と2005年度の全校教職員手話研修
　④2003年度以降の京都府立聾学校のホームページにおける「今月の手話」作成
　⑤2004～2006年度の小学部教員手話研修
　⑥2005年度の高等部生徒に対する取り組み
　　・文章理解実態調査
　　・文章の意味の違いを生徒に説明する（日本語の意味の説明に重きをおいたが，どのような手話が適切かについても，できる範囲で紹介した）
　　・手話単語について，語彙数を増やし，正確に表現する

　冒頭のところでも述べたように，本書は，聴覚障害児教育現場で，「日本語の力を高めるために，手話を用いて日本語の意味をどう説明すればよいか」を念頭において検討したものですので，日常会話ではほとんど用いられないような手話表現の例や，手話の「初心者」にとってすぐにマスターされやすい手話表現の例，現実に見られる手話表現の例などが収集されています。言い換えると，本書は，一般の手話学習者を対象として作られたものではなく，日本語の細やかな指導が求められる場面を想定して作られたものです。このことについて，是非ご理解をお願いします。
　本書で示した「手話表現の例」以外に，もっと良い例があるかもしれません。しかし，あえて「本の形」にまとめた理由は，今後，さらに正確な手話通訳，あるいは聴覚障害児童生徒の日本語の力の向上につながるような手話の使い方を考えるき

っかけとしていただきたいと考えたからです。

　前書について，全国の聾学校にしか案内を差し上げませんでしたが，筆者の予想以上にたくさんの先生方にご購入いただきました。また，一般の手話学習者からの購入希望の声，出版社からの継続的な出版を求める声，励ましのことばなどをいただきました。特に，「手話－手話論争」の中で，筆者は，聾学校教員以外の方々を販売対象とすることに消極的になっていましたが，手話を導入しながらも高いレベルの日本語を児童生徒に獲得させることを大切に考えて実践を積み重ねておられる方々の励ましのことばに，背中を押されて，やっと本書を出版する決意ができました。そして，前書の出版後も書きためてきた文例をかなり加えました。また，日本語を学習しようとする方にも使っていただけるよう，日本語の意味を理解できているかを調べる問題を，各文例に挿入しました。これらの作業を行う中で，日本語を自由自在に駆使できるレベルにまで到達するためには，日本語を直接使用する回数が多い方が有利なことを改めて痛感させられました。言い換えると，日本語を「からだ」で獲得できていればいるほど，コンテクスト（文脈）に依存することなくその文章の意味を理解する（日本語を「あたま」で理解する）力を獲得しやすいと感じています。

　筆者としては，今後の課題として，以下の３点を感じています。

(1) 手話を活用して日本語の力を獲得しようとする児童生徒にもっと使いやすいものにすること

　前書は，聾学校教員を購入層と考えて作成しましたが，本書は，手話を活用しようとする保護者や児童生徒にも使われる可能性を考え，「よく似た日本語の文例 → 日本語を理解できているかを調べる問題 → 日本語の答えと解説 → 手話表現の例」という流れが中心になるよう，リニューアルしました。

　けれども，文例全てに，日本語の意味を理解できているかを調べる問題を挿入できていません。また，なぜそのような答えになるのかについて，わかりやすく説明できていないところもたくさんあります。

　もし本書を日本語学習の教材として活用しようとする児童生徒が多いようであれば，「日本語の力はあり，本書を通して手話表現の仕方をさらに考えていきたい人」（聾学校教員や手話通訳者など）とは別個に，「日本語の力を獲得するために，本書を活用しようとする人」のニーズにあわせた本を作ることが求められるだろうと感じています。

(2) 手話表現の仕方について，さらに良い表現例を検討すること

「このような手話表現の方が，より意味を正確に伝えられるのではないか。子どもたちの日本語のリテラシー獲得をより容易にするのではないか。手話の初心者にもより容易にマスターされるのではないか」というようなご意見が多いようであれば，ご意見を集約して，改訂版の発行につなぐことができたらすばらしいなと思います。

冒頭のところでも述べたように，筆者としては，日本語の力のレベルや唇の動きを参考にする度合いなどによって，さまざまなタイプの手話を使い分ける必要があると考えています。すなわち，同じ日本語の文章でも，聞き手の日本語の力の実態や指導目標などに応じて，手話表現の仕方を工夫する必要があるでしょう。

聾教育現場におり，新転任の先生に手話を指導したことがある立場として，また，講演の時は話者の話をできるだけ正確に手話通訳してほしいという願いをもっている者として，下記のようにさまざまな条件をもった手話表現が求められていると感じています。

①短時間で内容を最大限に伝えられるような手話表現，冗長ではない手話表現（特に，講演の通訳場面では，時間に追われるので，できるだけ短い時間で正確にかつ内容を最大限に通訳することが求められるでしょう）
②手話の「初心者」でも獲得が容易な手話表現（日本語の語順との一致度が高い方が，獲得されやすい傾向にあります。また，表情を豊かに使うことが苦手な人にとっては，眉・口の動きや頷きに文法的な意味をもたせている手話表現の仕方を獲得することは難しいでしょう）
③児童生徒の日本語力の向上につながりやすい手話表現（英語では，日本語の「〜したい」と「〜したがる」はともに「want」になりますが，もしそれぞれに相当する英単語があれば，英語の話者にとっては，現在以上に，「〜したい」と「〜したがる」の使い分け方の理解や獲得が容易になるでしょう。それと同じ意味です。また，「人数」と「人口」について，最近「人口」に相当する手話単語が作られたので，それが児童生徒になじみ深いものになれば，「人数」と「人口」の使い分け方の理解も，以前以上に容易になるでしょう）

(3) 他にもいろいろな文例が見られるが，それを収集すること

前書を出版した後もいろいろな例が見つかり，それを書きためていましたが，本

書の原稿執筆にあたって、それらを追加しました。すると、ページ数がかなり増え、その量の多さに改めて驚かされました。

本書を出版した後も、文例が見つかるだろうと思いますが、引き続き書きためるよう心がけたいと思います。例えば、話法の表し方について検討したかったのですが、今後の課題とさせていただきます。

本書（第1巻〜第2巻）は、どちらかと言えば「文法編」と言えるかもしれません。そして、今度は、「単語編」とでも言うべき本ができればいいなと思っています。例えば、「村の人口」とは言えても、「学校の人口」とは言えませんね。また、「わらをもつかむ」とは言いますが、「わらをもにぎる」とは言いませんね。それから、「梅雨明け」の手話表現と「梅雨が始まる」の手話表現が同じになっている人が時々見られます。

このような例についても、書きためておくように心がけたいと思います。

最後に、手話表現の仕方を考えるにあたって、たくさんの教員や何人かの手話通訳者・士、聴覚障害者の方々に、大変お世話になりました。また、手話表現の記入の仕方を考えるにあたって、たくさんの教員にお世話になりました。さらに、生徒の理解状況を調べる問題の作成に関わってご意見をくださった高等部教員の方々、「子どもがこの文をこのように解釈していたよ」などとつまずきの例を集めて教えてくださった教員の方々、文章の書き方やレイアウトなどを検討する中で、いろいろとご意見をくださった教員や管理職の方々、手話に関する論争を目の当たりにして、前書の出版を何度か「断念」しようとした筆者を励ましてくださった故伊東雋祐先生や教員、管理職の方々、前書の自費出版にあたって製本会社との交渉などお手伝いしてくださった京都市立二条中学校の高井小織先生、前書の発送作業など事務的なことを引き受けてくださった萩原雅次氏、前書および本書に載せる手話のイラストをていねいに描いてくださった萩原牧子先生、本書を出版社から出版するよう強く励ましてくださったたくさんの方々、本書の原稿をていねいに検討してくださった方々、出版社との話し合いの際手話通訳してくださった方々、本書の発行にあたって推薦の文章を書いてくださった南村洋子先生および立入哉先生、本書の出版にあたってていねいに相談にのってくださった北大路書房の関一明代表取締役・編集部長など、たくさんの方々に、この場を借りて御礼を申し上げます。

2007年4月

脇中起余子

【著者紹介】

脇中起余子（わきなか・きよこ）
新生児の時に，薬の副作用で失聴
京都大学大学院教育学研究科博士後期課程中退
現在，筑波技術大学障害者高等教育研究支援センター准教授（教育学博士・学校心理士）

主著・論文

K聾学校高等部における養護・訓練の時間の指導内容と手話に対する考え方の変遷　特殊教育学研究，35（5），p.9-16，1998年

認知と言語　中野善達・吉野公喜（編）　聴覚障害の心理　田研出版，p.65-79，1999年

手話で数学を指導する─教科指導の実際と課題─　手話コミュニケーション研究，No.41，p.32-39，2001年

K聾学校高等部における九九に関する調査から─九九の読み方をどれぐらい覚えているかを中心に─　ろう教育科学，44（1），p.37-46，2002年

聴覚障害者本人および親の意識調査（1）─「京都難聴児親の会」親と本人に対するアンケートから─　ろう教育科学，44（2），p.55-72，2002年

聴覚障害者本人および親の意識調査（2）─障害の呼称の違いによる意識の違いを中心に─　ろう教育科学，44（3），p.115-128，2002年

K聾学校高等部生徒の記憶方略に関する一考察─「音声方略」と「手話口形方略」のどちらが有効か─　ろう教育科学，45（2），p.53-70，2003年

聾教育の課題と展望─コミュニケーション論争を中心に─　発達，102号（2005年4月号），p.70-76，2005年

K聾学校高等部の算数・数学における「9歳の壁」とその克服の方向性─手話と日本語の関係をどう考えるか─（龍谷大学博士論文，未発表），2005年

からだに関わる日本語とその手話表現　第1巻・第2巻　北大路書房，2008年

聴覚障害教育　これまでとこれから─コミュニケーション論争・9歳の壁・障害認識を中心に─　北大路書房，2009年